シリーズ　日本の中の世界史

日本で生まれた中国国歌

シリーズ
日本の中の
世界史

日本で生まれた中国国歌

「義勇軍行進曲」の時代

久保 亨
Kubo Toru

岩波書店

刊行にあたって

人や社会のあり方が、それらを取り巻いて生起する世界中のさまざまな出来事によって突き動かされ、方向づけられてきたこと、そしてそのような衝迫《インパクト》に対する人や社会のさまざまな反応《レスポンス》が、人や社会の内実を形づくってきたこと、このことは過去のどの時代についてもいえることである。しかし、それが特に目に見える形をとって現われるのは近代という時代においてである。

幕末・維新期以降、日本の近代を生きた人々は世界中の政治や経済や文化の動きに否応なく巻き込まれると同時に、それらの動きを取り込んで、自らの主体を形づくってきた。その過程で、「国民」と「国民国家」の形成という一九世紀世界史の基本的な動向が日本列島にも貫徹して、人々を「日本国家」という鋳型の中にがっちりと嵌《は》め込んでいった。それは同時に、人々が「日本国民」という意識を自らのものとして受け入れていく過程でもあった。ただ、この「日本国家」、「日本国民」という枠組みは、沖縄の人々やアイヌ（ウタリ）の人々、そして後には、「在日」を生きることになる人々などに対する差別の構造を深く内包するものであった。

このようなものとしての日本の近代においては、法律や社会制度、社会運動や社会思想、学問や芸術等々、何をとっても、日本に「固有」といえるものは存在しない。それらは、いずれも、「日本の中の世界史」の現れとして存在しているのである。

それゆえに、私たちはいたるところに、「日本の中の世界史」を見出すことができるはずである。本シリーズの七名の著者たちは、二〇一四年八月以来、数カ月に一度の研究会を積み重ね、政治や経済、文化や芸術、思想や世界史認識など、それぞれの関心領域において、「日本の中の世界史」を「発見」するために、持続的な討論を行ってきた。本シリーズは、その過程で、七名の著者たちがそれぞれの方法で「発見」した「日本の中の世界史」の物語である。

今日、世界中の到る所で、自国本位《ファースト》的な政治姿勢が極端に強まり、それが第二次世界大戦やその後の種々の悲惨な体験を通して学んださまざまな普遍的価値を否定しようとする動きにつながっている。日本では、道徳教育、日の丸・君が代、靖国といった戦前的なものの復活・強化から、さらには日本国憲法の基本的理念の否定にまで行き着きかねない政治状況となっている。

私たちは、日本の中に「世界史」を「発見」することによって、日本におけるこのような自国本位《ファースト》的政治姿勢が世界的な動きの一部であることを認識するとともに、それに抗する動きも、世界的関連の中で日本のうちに見出すことができると確信している。読者のかたがたに、私たちのそのような姿勢を読み取っていただければ幸いである。

二〇一八年一〇月一七日

池田忍、木畑洋一、久保亨、小谷汪之、
南塚信吾、油井大三郎、吉見義明

目　次

目　次

目　次

目　次

凡　例

- 叙述の際に参考にした文献は、原則として本文中に［執筆者名、発表年］で略記し、巻末の文献一覧にまとめた。
- ただし全集、日記などの頻出文献については、原則に拠らず、以下の略称を用いた。

『聶全集』：聶耳、一九八五『聶耳全集』全二巻、文化芸術出版社。

『邵文集』：邵元冲著、中国国民党中央委員会党史委員会編、一九八三『邵元冲先生文集』全三冊、中国国民党中央委員会党史委員会。

『邵日記』：邵元冲、一九九〇『邵元冲日記　一九二四―一九三六年』上海人民出版社。

- 巻末の文献一覧は、日本語書籍、中国語書籍、英語書籍にわけ、それぞれ執筆者名のアイウエオ順ないしアルファベット順で排列してある。なお中国人の人名は、日本語の漢字音読みに拠った。
- 日本語に訳された中国人の著作類や中国人執筆者による日本語書籍については、「鹿錫俊、二〇〇一(日)」のように発表年の後に(日)を付し、日本語書籍の部分に排列した。
- 引用に当たっては、原則として旧字体を新字体に、旧かな遣いを新かな遣いにあらためた。また、適宜ふりがな(ルビ)を付した。ひらがなは日本語の訓読み、もしくは音読みにしたがった読みであり、カタカナは、現代中国語の発音に由来する読みである。
- 中国語文献の引用に当たっては、特に断りのない限り、引用者(久保)の訳文を用いた。

邵元冲・張默君・聶耳の略年譜

	中国・日本・世界	邵元冲	張默君	聶　耳
1880			83 湖南省湘郷で生まれる	
1890	94-95 日清戦争	90 浙江省紹興で生まれる		
1900	04-05 日露戦争 05 東京で同盟会結成	06 杭州高等学堂(-10)	04 上海、務本女塾(-07)	
1910	11 辛亥革命 12 中華民国成立 13 袁世凱、大総統選出 14 第一次世界大戦(-18) 東京で中華革命党結成 (19に中国国民党に改組) 15 日本、対華21カ条要求 19 五四運動 ― 中国国民党結成	11 日本留学 12 『民国新聞』(上海)記者 13 日本亡命(-14) 14 東京で中華革命党入党 19 渡米、欧米歴訪(-24)	12 神州女界協済社設立 13 『神州女報』刊行 ― 神州女学創設　校長(-27) 18 渡米、欧米視察(-19) 19 江蘇女子師範校長(-27)	12・2・15 雲南省昆明で生まれる 18 県立師範附属小学(-22)
1920	21 中国共産党結成 24 国民党第1回全国大会	23 国民党の訪ソ団に合流 24 国民党中央委員		22 求実小学(-25)

	1930
25 国民革命(-28) 27 四・一二事件 28 日本、山東出兵 —国民政府全国統一	30 日中関税協定 31 満洲事変 33 日本軍華北侵攻 中国軍長城抗戦 塘沽停戦協定 35 幣制改革 36 西安事件 37 日中戦争
28 国民政府立法委員 【24・9・19 上海で結婚】	32 国民党宣伝委主任(-35) 36・12・14 西安で撃たれ死亡
25 中国婦女協会副委員長 29 国民政府考試院専門委員	30 国民政府立法委員 33 国民政府考試院考選委員 35 国民党監察委員
25 雲南第一連合中学(-28) 28 雲南省立第一師範(-30) —短期間、志願して従軍(-29) 29 軍を離れ復学、翌年卒業	30 上海に出て雲豊商店上海支店に勤務(-31) 31 明月歌舞劇社入社(-32) 32 北平で音楽学校受験、失敗 —上海で連華影業(映画)公司に入社(-33) 34 百代唱片(レコード)公司入社、年末退社 35・4 東京で「義勇軍行進曲」完成 —7・17 湘南の鵠沼海岸で水死

1934 年当時のアジア地図(『昭和 9 年版　復刻版地図帳』帝国書院, 2006 年を参照し筆者作成)

プロローグ——世界に目を開く中国

中国の国歌「義勇軍行進曲」(中国語「義勇軍進行曲」)は、日本で生まれた。ニュースやスポーツ番組で、抑揚の大きな、あの独特のメロディーを耳にする機会があるかもしれない。その原曲の楽譜は、日中戦争の前夜、東京で仕上げられ、上海に送られた。国歌に採用されたのは、戦後、中華人民共和国が成立した時である。

「敵の砲火を冒《おか》して(屈せず)前進しよう」と抵抗を呼びかける「義勇軍行進曲」は、元来、一九三五年に制作された映画「嵐の中の若者たち」(「風雲児女」)の挿入歌だった。そして作曲者の聶耳《じょうじ》(中国音ニエ・アル、一九一二―三五年)は、同年四月に来日し、東京で楽譜を完成させ、上海の映画制作会社に送っていた。聶耳は、その三カ月後、七月一七日に湘南の海で溺れ、二三歳の若い命を落としている。

「義勇軍行進曲」が日本で生まれたというのは、メロディーだけのことではない。この歌の作詞者も、それが挿入された映画の監督も、その映画の撮影を指揮した若者も、すべて長い日本留学経験を持つ中国人であった。作詞者の田漢《でんかん》(一八九八―一九六八年)は東京高等師範学校(東京教育大学の前身)に、監督をつとめた許幸之《きょこうし》(許達、一九〇四―九一年)は東京美術学校(東京芸術大学の前身)に学び、卒業している。そして映画「嵐の中の若者たち」のテーマは、当時の緊迫した日中関係に深く関わっていた。

図1　聶耳

聶耳が一九三〇年代上海の左翼的な映画人のネットワークの中にいたことから、そして「義勇軍行進曲」が革命で成立した人民共和国の国歌に採用されたことから、彼については革命運動に献身したという文脈で語られることが多い。中国で書かれた評伝［王懿之、一九九二］にも、日本で刊行された伝記［岡崎、二〇一五］にも、そうした偏りがみられる。その結果、彼が当時の中国にいた多くの普通の若者の一人であった事実が見落とされ、彼を育んだ時代全体に対する理解が不足しているのではないか。そんなもどかしい思いが、本書を書く動機の一つになった。

映画「嵐の中の若者たち」が上海で初めて上映されたのは一九三五年五月、日中戦争が勃発する二年前のことであった。三一年九月に満洲事変が起き、その後「満洲国」がつくられた。日本軍の華北への侵入も三三年頃から始まっていたので、侵略への抵抗をテーマにした映画が制作されたこと自体に不思議はないかもしれない。しかし、「義勇軍行進曲」をつくった若者は、なぜその楽譜を一九三五年四月に東京で完成させ、同じ年の夏に日本の海で泳いでいたのであろうか。聶耳の日本に対する思いは深い。それを理解するには、彼が生まれた雲南の近代まで視線をさかのぼらせなければならず、さらに彼が雲南の省都昆明《こんめい》で過ごした少年時代にも思いを馳せなければならない。緑の美しい亜熱帯の昆明を訪れた時、それを痛感した。むろん彼が青春真っ只中を過ごした一九三〇年代上海映画界の活況にも目を遣《や》る必要がある。聶耳自身が書き綴った日記や作文、書簡などを読み解き、当時の時代全体の中で彼の一生を眺めていくことによって、初めて我々は、聶耳の日本に対する思いを、そして彼が一九三五年四月から七月まで東京の神田で暮らした意味を理解できるであろう。

もう一つ、引っかかる疑問があった。「嵐の中の若者たち」制作に携わったのは左翼の映画人であったのに対し、当時、中国を統治していたのは、左翼運動を厳しく取り締まっていた国民党政権であり、映画制作もその統制下に置かれていた。そうした中で、なぜこのような映画の制作・上映が可能になったのであろうか。この問いに答えるには、一九三二年から三五年まで国民党中央の宣伝委員会主任として政権の文化統制の責任者を務めていた邵元冲《しょうげんちゅう》(中国音シャオ・ユェンチュン、一八九〇—一九三六年)らの思想を、その形成過程まで含め深く理解する必要がある。邵元冲も、若き日、日本の土を踏んだ留学生の一人であり、多くの日本人と交友があった。彼の親しい友人で親族でもあった蔣作賓《しょうさくひん》(一八八四—一九四二年、略伝は第Ⅱ章八九頁参照)は、やはり日本留学の経験があり、当時、駐日中華民国大使の任にあった。聶耳追悼文集が日本で留学生らによって出版された際、蔣作賓は刊行資金拠出者の筆頭に名を連ねている。彼ら二人は、蔣介石(一八八七—一九七五年)とも親しく、翌年一二月に蔣介石が西北視察に向かった時もそれに随行した。その時、勃発したのが西安事件である。こうした政権中枢にいた人々は、当時、どんな姿勢で文化統制にあたり、日本をどう見ていたのだろうか。

一連の謎を解くためには、少し時代を遡らなければならない。大切なことは、「義勇軍行進曲」が生まれたのは中華民国の時代(一九一二—四九年)であり、現在の中華人民共和国が成立する前の時代だったという事実である。中華民国時代の一九三〇年代半ば、当時の日中関係を背景に生まれたのが、この曲であった。したがって本書の表題である『日本で生まれた中国国歌——「義勇軍行進曲」の時代』とは、それが広まり歌い継がれてきた時代という意味にとるならば一九三〇年代から現在までということになり、それが生まれた時代に狭く限定するならば、一九一〇年代に幕を開ける中華民国の時代、わけても一九三〇年代ということになる。

「義勇軍行進曲の時代」を通じて日本の中の世界史を考えるため、本書は三人の人生に光を当てる。一人はすでに言及した作曲者の聶耳であり、あとの二人は国民党政権の文化教育方面の幹部であった邵元冲とその妻張黙君《ちょうもくくん》（中国音チャン・モーチュン、一八八三―一九六五年）である（略年表参照）。

政権の文化政策トップの座にあった邵元冲は、映画の統制にも当たっていた。聶耳より二回りほど上の世代に属し、清朝の末期、一度は地方の司法官に就いたにもかかわらず、日本に留学した後、辛亥革命に参加した人物である。蒋介石と同じ浙江省の出身であり、一九二三年秋には、モスクワの公園を散策しながら、ソ連の協力を得て国民党の革命運動を進める可能性を論じた仲であった。孫文（一八六六―一九二五年）に指名され使節団の一人としてソ連に派遣された蒋介石と、その三年ほど前から欧米に赴き見識を広めていた邵元冲とがモスクワで落ちあったという経緯である。

対日政策をめぐって起きた、その西安事件の際、邵元冲は命を落とす。一九三六年一二月、凍てつく中国西北の寒さの中、張学良（一八九八―二〇〇一年）、楊虎城《ようこじょう》（一八九二―一九四九年）などの軍人が政権指導者蒋介石らを拘束し、共産党軍の討伐停止と抗日を迫った事件である。中国国内のみならず世界中が固唾《かたず》を呑んで事態を見守るなか、蒋介石は抗日に力を入れることを約束し、無事解放された。しかし、全員が無事だったわけではない。犠牲者はいた。蒋介石に随行していた邵元冲は、張学良側の兵士から銃撃を受け一二月一四日に絶命している。

一方、夫の邵元冲より一足先に革命運動に加わった張默君は、幼い頃から詩文に親しむとともに、清末、日本の影響が強かった新しい女子教育を受け、女性の地位向上をめざす教育に情熱を傾けた。教職に就いた後に欧米を視察し、ニューヨークのコロンビア大学で学ぶ一方、民族運動や女性運動にも積極的に関わっていく。一九三〇年代に国民政府の立法委員をつとめた数少ない女性の一人でもある。邵元冲と張默君は、どんな理想を共有し、政治と社会に向きあっていったのであろうか。そして、日本に対しどんな思いを抱いたのだろうか。これまでの歴史研究は、こうした国民党政権の中枢を担った人々の政治思想や活動に対する探究を、あまりにも疎かにしてきた。本書が邵元冲と張默君についてもあえて多くの頁数を割くのは、そうした事情からでもある。

若き邵元冲と張默君は中華民国をつくる革命運動へ身を投じ、聶耳は中華民国が成立した年に生まれていた。この時期、中国は日本をモデルに猛烈な勢いで近代化を進める。その波は雲南にも押し寄せていた。当時、三人が生きていた中国社会の様子と中国にとって近代日本が持った意味について、第Ⅰ章で扱う。

第一次世界大戦を機に、中国も、日中関係も、大きな変容を開始する。ソ連の影響を受けながら高揚した中国国民革命の展開である。第Ⅱ章では、邵元冲、張默君、聶耳の三人の人生を通じ、この革命の実相を検討する。なお「義勇軍行進曲」の作詞者で、映画「嵐の中の若者たち」のシナリオを書いた田漢は、ちょうど国民革命が始まる時期、一九一〇年代末から二〇年代初めにかけ東京高等師範学校に留学していた。彼らの世代の日本留学も注目に値する。

その後、国民革命を経て成立した国民党政権の下、短いながら日中が対等に向きあう可能性をはらむ時期が訪れた。この時、中国は、国家主権の確立に向け大きな一歩を踏み出し、関税自主権も回復している。一九二〇年代末のことだ。日本の中にも国民党政権の中国を見直そうとする機運が生まれた。一方、「嵐の中の若者たち」の監督をつとめた許幸之も、撮影を担当した司徒《しと》慧敏《けいびん》(一九一〇—八七年)も、この頃に上野の東京美術学校に留学しており、当時、日本で影響を広げていた社会主義リアリズムに触れている。こうした新しい日中関係をめぐる動きについて、第Ⅲ章でとりあげたい。

しかし、満洲事変の勃発により、中国の政治状況と日中関係のあり方は激変した。三人の運命も一九三〇年代半ばの中国で複雑に交叉していく。「義勇軍行進曲」をつくった聶耳は中国共産党に近いところにいたし、それが挿入された映画「嵐の中の若者たち」の制作を許可した邵元冲は中国国民党の古参幹部であった。妻の張默君も国民党政権を支える立法委員に就いている。一九三〇年代の中国国内で、三人の政治的な立場は大きく異なる。聶耳は上海の左翼的な映画人のネットワークの中で生きていたし、一方、国民党政権の宣伝委員会主任としてメディア行政に関わっていた邵元冲は、そうした映画人たちの活動を統制する立場にあった。第Ⅳ章では、事変勃発後の中国と日中関係の中で「義勇軍行進曲」が生まれていく過程を明らかにする。

戦後の東アジアを覆った冷戦構造は、中国認識にも大きな影響を及ぼした。近現代史の理解に即していえば、国民党と共産党の間の関係を水と油のように全く隔たったものにみてしまい、以上のような時代の全体像を把握することがきわめて困難にされてきた。一九四九年以降、国民党政権の独裁が長く続いた台湾では、聶耳のように共産党に近いところにいた人物の研究はタブーであった。逆に共産党政権下の大陸では、邵元冲に国民党右派というレッテルを貼るだけで済ませ、本格的な評伝は一冊も書かれていない。また大陸における聶耳の理解では、革命運動に献身したことばかりが強調され、彼が中華民国成立直後の雲南で生まれ育ったことの意味を広い視野で考察する叙述は欠如している。国民党政権による文化統制の下、なぜ「義勇軍行進曲」が挿入された映画を制作し上映することが可能であったかという問題も、一部の研究を除き、ほぼ不問に付されてきた。さらに邵元冲の死後、社会的活動から遠ざかった張默君に至っては、多くの漢詩を書いた女流文学者という面に関わるいくつかの研究を除き、台湾でも、大陸でも、これまでほとんど注目されてこなかった。

図2 「義勇軍行進曲」楽譜

　幸い聶耳と邵元冲の日記は公刊されており、張默君を含め三人の書いた文章も、それぞれの全集や著作集に集められている。こうした素材に加え、同時代に発行されていた新聞や雑誌を読んでいくならば、かなりの程度まで三人の実像に迫ることが可能になる。

　世代も政治的立場も異なる三人は、ともに中華民国の時代を生き、メディアや教育に関わった知識人であった。三人とも世界に目を見開き、外国で長期にわたって暮らした経験を持つ。とくに邵元冲と聶耳の二人は、ともに日本の土を踏み、日本に何かを見つけようとしていた。国民党関係者と親しかった山田純三郎——兄の山田良政は辛亥革命前夜の武装蜂起に参加し亡くなっている——、その同志宮崎滔天の息子宮崎龍介(一八九二—一九七一年)——妻は歌人柳原白蓮である——をはじめ、邵元冲と交流のあった日本人も少なくない。一方、映画「嵐の中の若者たち」の制作スタッフであった人々は、日本の左翼的な文化人との間に交友があった。聶耳が湘南海岸で亡くなった一九三五年の年末、その死を悼む文章を朝日新聞に寄せた秋田雨雀《うじゃく》は、新劇の源流、築地小劇場で活躍した劇作家である。

いったい中国人である邵元冲や聶耳が日本で見いだそうとしたものは何であったのか。そして日本は彼らの期待に応えたのか。いや日本は、当時、応えるべき何を持っていたのだろうか。

本書で扱う「義勇軍行進曲」の歌詞を最後に掲げておこう。それが意味するものは、第Ⅳ章で検討する。

起て！　奴隷になりたくない人々よ！
われらの血肉で、われらの新たな長城を築こう！
中華民族は最も危険な時を迎え、
　一人ひとりが追いつめられ最後の叫びをあげようとしている。
起て！　起て！　起て！
我ら民衆が心を一つにし、敵の砲火を冒して前進しよう！
敵の砲火を冒して前進しよう！　前進！　前進！　前進！

第Ⅰ章

日本に倣《なら》った近代化

——中華民国の樹立　一九一〇年代初め

今から一〇〇年ほど前、中国では専制王朝の時代が終わりを告げ、共和国の時代が始まった。一九一一年一〇月に勃発した辛亥革命の結果であり、翌一九一二年一月、各地の代表を南京に集めて樹立された新政権は、「中華民国臨時政府」を名のる。母国の変動を聞いて、日本にいたたくさんの中国人留学生が帰国し、新たな人生の道を探った。その一人邵元冲は、上海に帰国し、中華民国政府を支える革命派の政党機関紙の記者になっている。一方、近代日本の影響が強い女子教育を上海で受け、その近辺で教職に就いていた張默君も、辛亥革命とその後の新政権樹立を支援する活動に加わっていた。二人は、この時初めて出会う。

辛亥革命は全国各地に革命勢力の地方政権が樹立される形で進んだ。中国西南に位置する雲南でも、日本に留学したことのある若手軍人を中心に雲南の革命政権が樹立されている。その統治下で一九一二年二月に生まれたのが聶耳である。

邵元冲、張默君、聶耳の三人は、どのような人生を歩みだし、日本にどのような目を向けるであろうか。

一　日本モデルと日本留学ブーム

法律の整備から教育制度まで

辛亥革命が勃発した頃、日本には年間数千人にのぼる中国人留学生が来ていた。清朝政府が音頭をとって、日本をモデルにした改革に懸命だったからである。法律の整備から教育制度、産業技術に至るまで、たくさんのものが日本から導入され、日本のものを真似てつくられた。そんなに何から何まで日本がモデルにされた時代は、それほど長く続いたわけではない。しかし、まさに中国が近代国家の建設をめざしてスタートを切った時期に、そうした状況が生じたため、日本モデルは後々まで中国に大きな影響を及ぼした。

皇帝が支配する時代から民が主権者となる時代へ、そして近代国家の形成へ、——こうした大きな転換が中国で始まったのは、二〇世紀初頭のことであった。一度は戊戌《ぼじゅつ》の変法という急進的改革の動きを押さえ込んだ清朝は、一九〇一年、漸進的な政治改革を意味する新政の開始を宣言する。やがてそれは立憲君主制を模索する動きへとつながっていった。しかし一九一一年一〇月、その清朝を倒して共和国の樹立をめざす辛亥革命が勃発した。革命の波は急速に全国に広がり、一九一二年一月、南京で中華民国臨時政府の成立が宣言され、二月には北京の清朝政府も新政府へ政権を委譲するにいたる。情勢の急展開には、清朝下での立憲主義的な改革を求め、その遅れや不徹底に失望し始めていた諸勢力が、革命派の動きに各地で合流していったことが大きく影響した。

最後の時を迎えていた清朝が新政を標榜して試みた諸改革と、辛亥革命で成立した中華民国政府が推し進めた変革の内容とは、実はたいへん似通ったところを持っており、その多くが冒頭に述べたように近代日本をモデルにしたものだった。当時の日本に倣うようにして、中央集権的な近代国家を形成するための行政機構と法制の整備が推進され、経済の発展と教育の近代化が重視された。初めて国歌や国旗が制定されたのも、この時期である。

たとえば清末に整備された外交部、商部(後に農工商部に改称)、学部などの新たな中央省庁は、いずれも明治日本の外務省、農商務省、文部省などに通じるものであり、名称も活動内容も類似したものになっている。そして、このような形で発足した清末の体制が、そこに勤務していた人員まで含め、ほぼそっくりそのまま新たに成立した中華民国に引き継がれた。

刑法や民法などの基本的な法規も同様である。罪刑法定主義をはじめ近代西欧起源の法的概念を基礎に置き、今でも中国で用いられている各種の具体的罪名を規定した「大清新刑律」は、日本から招聘した前東京帝大教授岡田朝太郎(一八六八―一九三六年)の緊密な協力の下、一九〇六年から一九〇八年にかけ沈家本《しんかほん》(一八三七―一九一三年)、伍廷芳《ごていほう》(一八四二―一九二二年)らがまとめた初の近代的刑法であった。草案のままに終わったとはいえ、その後の民法制定作業に多大な影響を及ぼした「大清民律草案」も、日本で裁判官を務めていた松岡義正の協力を得て編成されたものであった。その他にも「刑事訴訟律草案」、「民事訴訟律草案」、「大清商律草案」などが当時の日本の法律を参照しながら起草され、いずれも中華民国になってから正式の法律として制定されていく〔陳旭麓、一九九二、二四二―

二四三頁〕。

軍隊については、武備学堂という士官学校を各地に設け、そこで養成された若手軍人を軸に新軍を編成することがめざされ、ドイツに倣った近代化が進められた。普仏戦争でフランス軍を破ったプロイセンの軍隊に対しては、当時世界中の国が注目していた。近代的な軍隊の装備や訓練について学ぶため、多くの士官及びその候補生がドイツ、イギリス、フランスをはじめとする諸外国に派遣された。そうした派遣先の中で最も多く中国の軍人を受け入れたのが日本である。その数は、一九〇二―一九〇八年の七年間だけで一〇〇〇〇人以上に上った。いうまでもなく、日本陸軍が同じドイツをモデルに組織されていたことも一つの理由であった〔陳旭麓、一九九二、二三七頁〕。

また学校制度の整備に際しても、同時代の日本の制度が参照された。日本型の学制に関する説明書から教科書の類にいたるまで、あらゆるところに中国語に訳された日本のものが使われている。清末に制定されたのは一九〇二年学制（原文では干支表記を用い「壬寅《じんいん》学制」以下同様）と一九〇四年学制（癸卯《きぼう》学制）であり、民国初年には一九一二年学制（壬子《じんし》学制）、一九一三年学制（癸丑《きちゅう》学制）があいついで制定された。何度も変わったように見えるが、基本線はそれほど変化したわけではない。初等教育・中等教育・高等教育という三段階区分、初等小学五年・高等小学四年・中学五年という五‐四‐五制、普通教育・実業教育・師範教育という複線型コース、修身・国語（原文では「本国文字」）・算術・歴史・地理・理科（原文では「格致」）・図画・体操といった各教科のカリキュラムと時間配分（右記は一九〇四年学制の高等小学の科目編成）など、いたるところに日本を参照した制度設計があった。

むろん全て日本と同じだったわけではなく、たとえば一九〇二年学制・一九〇四年学制では、「女子は家庭で学ぶもの」として学校教育の対象から除外されていたり、「読経」という日本にはない儒教の経典修得の科目が設けられていたり、といった部分的差異は存在する。ただ女子教育に関しては、一九〇七年に制度が改定され、女子のための小学校が設けられることになった。また一九一二年学制・一九一三年学制になると、初等小学四年・高等小学三年・中学四年とそれぞれの修学年数が一年間ずつ縮小され、日本との相違が拡大した。その一方、一九一二年以降は、高等教育まで含め男女共学の徹底が図られ、日本に比べてもその程度は徹底したものになった〔銭曼倩等編、一九九六、二〇二頁〕。このように日本の教育制度がそっくりそのまま用いられていたわけではない。しかし、一九一二年、一九一三年といえば革命直後で万事に余裕がなかったという事情もあり、中華民国が成立した後も、学制の基本的な構造には手が加えられることはなく、日本型がほぼ継承されたのである。

日本型の導入によって、近代的な教育体系を全国へ短期間のうちに普及させることができたのは、大きな成果だった。種々の問題もあったとはいえ、また義務教育が明文化されず、就学率の向上は長く課題として残されるとはいえ、小学校・中学校の在学生総数は一九〇七年の一〇二万六九八八人から一九一七年の三九七万一七七三人へと激増した〔同前、一九九六、一〇四頁、一二五頁、二一一頁〕。邵元冲や張默君もそのように近代教育が導入されていく中で育った人材であり、聶耳は中華民国時代の雲南の教育制度の下で学び、成長した。

法制であれ、学制であれ、新政を標榜《ひょうぼう》した清朝から革命後の中華民国政府へ、ほぼそのまま継承された政策は少なくなかった。* それなのに、なぜ清朝の下での改革ではなく、清朝を倒す革命へと、情勢が急展開したのか。清朝の改革が不徹底なものに終わっていたことが、理由の一つであるのは疑いない。近代国家を模した官僚機構が形式的には整備されたとはいえ、財政難のため、実際に施行された産業振興策はわずかな範囲にとどまっていたし、一九〇八年に「欽定憲法大綱」を公布して九年後の立憲制実施を約束しながら、一九一一年五月に発表された閣僚名簿一三人の中には清朝の皇族が七人も名を連ね、「皇族内閣」と批判された。同じ五月に内閣が打ち出した鉄道国有化政策も、民間資金による鉄道敷設を進めていた各地の有力者たちの反発を招いた。さらに深刻な問題は、配慮の足りない諸改革が膨大な経費を要したことである。様々な名目で税が課され、民の反発を招いてしまった。不徹底な改革それ自体が革命を呼び起こしたともいえる［川島、二〇一〇、六四―六五頁］。

＊新たな国旗や国歌が制定されたとはいえ、そうした国家統合シンボルの制定自体、やはり清末から中華民国へ継承された近代国家建設のための方策の一つであった［小野寺、二〇一一］。

産業技術についていえば、この時期、日本もまだ工業化が進み始めたばかりの段階であり、それほど多くの技術が日本から中国に導入されたわけではない。蚕糸業、綿織物業、マッチ製造業、紙巻煙草製造業などの簡単な技術や機械が日本から持ち込まれた程度である。しかし、工業化が始まった初期の段階では以上のような工業分野はそれぞれ大きな意味を持ち、中国の工業化を促す重要な役割を果たした。

清朝の日本留学奨励

このように清末の改革から辛亥革命後の諸政策に至るまで、多くの場面で近代日本がモデルになったのは、なぜだろうか。二つの大きな理由を挙げておく。一つは、何といっても日清戦争（一八九四―

九五年）に敗北したという衝撃である。それまで、イギリスとのアヘン戦争、フランスとの清仏戦争などに敗れてきたとはいえ、いずれも相手はヨーロッパの大国であり、清国側が失ったものも、領土という面ではきわめて小さな面積にとどまっていた。日清戦争は全く異なる。敗北した相手は、元来、中華の文明圏にあった小さな島国であったし、失った領土は、清朝がまさに開発に力を入れつつあった台湾省の全域である。知識人の間に、清朝が敗北し日本が勝利した原因は、日本が近代化をいち早く進めてきたところにある、という理解が生まれ、日本に倣って社会全体の近代化を急ぐべきだという主張が広がっていた。

もう一つの理由は、日本が手近な、いわば参照しやすい存在だったからである。明治時代の日本語文献には漢字が多く、中には中国人にとっては古文に当たるいわゆる「漢文」で書かれた本まであった。欧米の文献を用いるより、日本ですでに大量に翻訳されていた文献を使う方が、はるかに効率的であった。日本への渡航費や生活費が、欧米に比べ格段に安かったことも大きな理由である。

その他に日本がモデルとして選ばれた理由として、日本はフランスやアメリカのような革命の歴史を持たず天皇制を保持しており、清朝の秩序に適合していると思われたこと、一九世紀半ば以来、武力も行使して上海、天津、広州など各地で利権を拡張してきた英仏、一九世紀末に満洲で利権を要求したロシア、山東で利権を要求したドイツなどと異なり、二〇世紀初めの日本は清朝の立場を尊重する姿勢を見せ、日本への留学生も積極的に受け入れたこと、などがあげられる［川島、二〇一〇、六九―七〇頁］。

実際に日本モデルを導入する直接の担い手になったのは、中国から大量に日本へやってきた留学生であり、日本から中国に派遣された専門家や教員であった。日清戦争終結の翌年、一八九六年に始まった日本への留学は二〇世紀に入ってから急増し、一九〇五年頃、中国人留学生の数は一万人に近い規模に達した［さねとう、一九六〇］。まだ少数の高等教育機関しか整備されていなかった明治の日本にとって、これは驚異的な受入人数であった。日本留学がブームになった一つの要因は、伝統的な教育制度の根幹にあった官僚選抜試験「科挙」が廃止され、留学が、官僚になるための新たなルートと見なされたことである。そのため、半年、ないし一年程度の短期間の教育で日本留学の学歴を得ようとする者が留学生の多数を占め、その後、留学の「質」の改善が課題になる（コラム1「東亜高等予備学校と松本亀次郎」参照）。とはいえ、日本への留学は、清末民国初期の司法や議会、軍隊、教育をはじめとする各分野への人材供給に、きわめて大きな役割を果たした。

また北京大学の前身の京師大学堂など各地の学校に「日本教習」と呼ばれた日本人教員が招聘され、人材養成にたずさわった［汪向栄、一九八八］。その数は四六一人に達したとの調査もある［さねとう、一九六〇］。多くの場合、彼らが話す日本語の講義の通訳には、日本から帰国したばかりの留学経験者が当たった。日本教習の中には、その後、さまざまな分野で活躍する人物もいた。たとえば京都帝国大学文学部教授（中国近代史担当）として中華民国を論じ、戦前日本の対華世論に大きな影響を及ぼした矢野仁一（一八七二―一九七〇年）は、一九〇五年からの七年間、北京で日本教習として過ごしている［久保、二〇一二］。一九一四年に東亜高等予備学校を創設し中国人留学生教育の第一人者となる松本亀次郎（一八六六―一九四五年）も、一九〇八年から一二年まで京師法政学堂の日本教習を務めた。正規の教習に加え、招かれて袁世凱の息子の家庭教師を務めた吉野作造のような例もあった。

コラム……1

東亜高等予備学校と松本亀次郎

東亜高等予備学校は、一九一四年、松本亀次郎らによって神田区中猿楽町（現在の千代田区神田神保町）に設立された、戦前日本を代表する最大手の日本語学校である。周恩来も、聶耳も、ここで学んだ。在校生の数は、日中両国の経済情勢や日中関係の影響を受けて変動するが、一九二〇年の学生数は一〇〇〇名、三五年末は一九八〇名であった。一九四〇年、東亜学校に改称し敗戦を迎えている［東亜学校、一九四〇（日）］。

日本へ留学する中国人が年間一万人近くに達した一九〇五年頃、東京には中国人留学生教育機関が多数設立されていた。官吏志望者に人気があったのは、清朝要人とも交流があった嘉納治五郎が一九〇二年に創立した宏文書院である。静岡師範などで教員経験があった松本は、この宏文書院の日本語教師の一人であった。一方、軍人志望者は、一九〇三年に日本陸軍の支援を受け設立された振武学校に集まっていた［さねとう、一九六〇］。

留学生が激増した一因は、速成教育という当時の言葉が示すとおり、短期間での人材養成を優先させ、たとえ学力が不足していても安直な卒業が認められていたところにあった。その弊害が日中両国で議論され、留学の「質」を高めることが課題になったことから、清国政府も一九〇六年から「速成科」への留学を規制するようになり、留学生の数は漸減傾向をたどる。それにともない、日本語学校の中には経営が立ちゆかなくなって閉校したり、日本人相手の私立学校に改組したりするところが増えた。宏文書院も速成科志望者の減った一九〇九年に閉校している。振武学校は一九一一年の辛亥革命で公費留学の留学生らが一斉帰国したのを機に閉鎖された。

ところが中華民国が成立した一九一二年以降、再び日本への留学生が増えた。革命派の子弟が「論功賞与的に多数日本へ派遣された」［松本、一九三一］という要因も恐らく働いていたであろう。加えて、新しい国づくりが始まり、いっそう多くの新しい人材が求められるようになったという基本的事情も見落とすべきではない。かつて宏文書院で日本語を教え、その後、北京の京師法政学堂で日本教習を務めた松本亀次郎は、一九一二年に日本へ帰ってからは東京府立一中（都立日比谷高校の前身）に勤務する傍ら、手の空いた時に留学生教育に当たっていた。しかし日本語習得を望む留学生が増え続けたことから、一九一四年、府立一中を辞し東亜高等予備学校を創設する。学年制を採らず、日本語・英語・数学・物理などの科目ごとに二カ月ないし三—四カ月で履修する制度を採り、留学生が学びやすかったこと、地の利もよかったことから、日本にいる中国人留学生の三分の二がここで学ぶまでに発展した［さねとう、一九六〇］。

後のことになるが、一九三一年、国民党政権下の中国を訪れ、政界、経済界、教育界など各界で活躍するかつての留学生の姿に接した松本は、「中華重要の人物が多数に輩出」するとともに、日本が「国交上・通商上・個人の交際上に便益を受けている」ことを実感し、自らの三〇年近い留学生教育が持った意味を再確認する。しかし同時に松本は、日本人が「新興国たる気分が十分に横溢している」中国の状況を直視せず、「依然として自己優越感を抱いているのは、我が国家の発展上大いに戒慎すべき事と思われる」と記さざるを得なかった［松本、一九三一］。満洲事変は目前に迫っている（第Ⅲ章参照）。

邵元冲の日本留学と辛亥革命

では、当時、中国の若者たちは、どのような気持で日本に接し、日本へ渡ったのだろうか。邵元冲は、日本にやってくる以前、中国国内の学校で法律を学び、地方政府の司法官に就職している。清朝まで続いた中国の伝統社会で高位の官僚になるためには、科挙という官吏登用試験で優秀な成績をおさめることが不可欠であった。科挙の試験では、四書五経と称される儒教の古典を頭にたたき込み、それを組み合わせて文章を書き解答する能力が求められる。邵元冲も、一九〇三年に優秀な成績で「秀才」になった。* 科挙の最初の関門を通過したものが得る資格であり、それなりに安定した地位を約束されたことになる。そのような若者までが、なぜ日本留学を志し、革命思想を抱くようになったのか。

＊およそ三〇年後の一九三二年一〇月一一日、政権幹部の彼の下へ、青年時代の彼が科挙に備えて書いた文章を紹興の知人が持参するという出来事があった。「字に勢いがあり、なかなかよく書けている」と、邵元冲は自ら悦に入るが、それは遥か後の話である〔『邵日記』九一七頁〕。

実は一九〇五年、先に述べたように清朝が取り組んだ教育改革の中で科挙は廃止され、新たな学校制度の開設という大変動が始まっていた。エリートへの道を歩み始めたかに見えた邵元冲にとって、それは大きな衝撃だったに違いない。邵元冲は、一九〇六年、故郷にほど近い浙江省の杭州高等学堂（現在は杭州高級中学＝日本の高等学校に照応）に入学し、そこで新たな学問に触れた。高等学堂は、立憲主義的改革をめざした清朝政府が、その実施を担う新たな官僚を養成すべく各地に設けた教育機関の一つであり、近代の法律や政治経済を教授した。そこで使われた教科書は、前述したように明治日本の教科書を中国語に翻訳したものが多かった。日本に対する関心は、そうした事情からも深まっていったものと思われる。

一九一〇年、杭州高等学堂を卒業した邵元冲は、江蘇省鎮江の裁判所に司法官として就職した。清朝の官僚としてある程度の前途は約束されたことになる。ところが翌一九一一年、彼は忽然と日本へ向かう。何しろ就職したばかりのことである。公式の留学ではない。伝記にも「革命運動へ参加するため日本に渡った」と記されるのみである〔『邵文集』上冊二頁〕。あるいは本当に日本で革命運動に加わる心づもりがあったかもしれない。しかし辛亥革命の直前、日本での革命団体の活動はそれほど活発なものではなく、来日早々の若者が、そうした活動に専業的に従事して生計を立てていけるような状況にはなかった。邵元冲の来日も、革命運動への参加が主目的ではなかっただろう。

渡日の動機を探る鍵になる文章が残されていた。一九一〇年、官吏としての配属先が決まる試験を受けるため首都北京に赴いた邵元冲は、市内各地を熱心に見て回る。その時の見聞録である。由緒ある寺院や賑やかな町並みに加え、各種の学校、商品陳列所、農事試験場、勧業会場など、清朝が改革事業の一環として設けた諸施設を、彼は次から次へと見て回った。優れた点は評価しつつも、形ばかりで実質を伴わない施設に対しては容赦なく批判する言葉も残している。そして彼の専門領域の高等教育機関に当たる法政学堂に関しては次のように記した。

「成立してからすでに時日が経過しているので、教科は整備されているし建物も立派である。教育内容は中程度であるが、日本人の教員や職員がおり、教材にしても、我が国の法律に基づくもの以外は、全て日本の教科書を使っている。従って日本語を学ぶようになっている」〔『邵文集』下冊五〇一頁〕。法律家、もしくは行政官として身を立てるには、日本語を身につけ、日本の法律を理解する力を備えなければだめだ、邵元冲は、杭州高等学堂時代に抱き始めていたであろうそうした思いを、この時いっそう強めたに違いない。

前に述べたように、当時、キャリア・アップのため、日本へ私費で留学する若者が激増していた。邵元冲もその一人だったと考えられる。鎮江の司法官という仕事に対し、「わが志に酬《むく》いるものではない」と語った逸話が伝記に記されているので〔『邵文集』上冊一頁〕、やはり地方の司法官という職務には飽きたらず、より高い職位をめざそうとしたことが、日本に向かった基本的な動機だったように思われる。たとえ革命運動への関わりを持っていたとしても、そうした運動への参加が留学の主たる目的であったわけではなく、日本語を含む新たな知識を日本で身につけ、何らかの学歴を得て将来を期することこそ、邵元冲の場合も、留学の基本的な目標であった。

ただし一九一一年の邵の日本留学は、同年秋に辛亥革命が勃発したことによって短期間で終結した。各地に革命政権が成立する動きを知った邵元冲は、他の多くの留学生と同様、急ぎ中国に帰国し、新たに生きる道を探すことになる。そして邵元冲が見いだしたのは、「国民党上海交通部」という組織に加わり、『民国新聞』の編集に参加する活動であった。ここにいう国民党は、辛亥革命における革命派が中心になって組織した政党であり、人的なつながりはあるとはいえ、一九二〇年代にロシア革命の影響下で改組される中国国民党と同じものではない。また「交通部」というのは、日本語でいえば連絡所という程度の小さな機構であって、すでに述べた国民党が各地に急遽《きゅうきょ》設立した地方組織であった。ともあれ邵元冲は、こうして上海で革命派が発行する政治紙の記者になった。ここで彼は一年あまり活動する。

当時上海では、堰を切ったような勢いで、さまざまな勢力が自らの政治的主張を訴える新聞を発行するようになっていた。清朝による圧迫が消え去り、一九一二年一月、人権の擁護と言論の自由を掲げる中華民国政府が成立したからである。章炳麟《しょうへいりん》*（字は太炎、一八六九―一九三六年）らの『大共和日報』（一九一二年一月四日創刊）、黄侃《こうかん》らの『民声日報』（同二月二〇日創刊）、戴季《たいき》陶《とう》**（一八九〇―一九四九年）らの

『民権報』（同三月二八日創刊）等々〔方漢奇編、一九九二、一〇二一―一〇三一頁〕。その数は、既存の一般紙を含め六〇種類以上に達した。そうした政治紙の一つが「共和政体を保障し、民生主義を宣揚する」ことを標榜した呂天民らの『民国新聞』（同七月二五日創刊）であり、邵元冲は一九一二年九月からその主筆を務めている〔馬光仁主編、一九九六、三九七頁、四〇〇―四〇一頁〕。この時期、彼は、後に伴侶となる張默君と初めて出会った。後に詳しく触れるように、張默君をはじめ辛亥革命に参加した女性たちが創刊した『神州女報』誌にも、邵元冲は寄稿している。

＊浙江出身で革命団体の光復会を一九〇三年に組織した一人。

＊＊日本留学が長かったジャーナリスト出身の国民党幹部。浙江出身。

しかし一九一三年秋、再び邵元冲は日本へ渡った。この時の渡日は、袁世凱政権の独裁化に反対する運動が失敗した後、政権側の反政府勢力に対する弾圧を避ける亡命に近い行動であり、中華革命党を結成した孫文らの革命運動に関わりながらの日本滞在であった。邵は中華革命党が東京で発行した『民国雑誌』の編集に参画している〔『邵文集』上冊一四二頁〕。この時期、もう少し正確にいえば一九一三年一一月から翌一四年一月にかけ、日本で邵元冲が記した覚書の断片が、一九三七年二月、つまり彼の死後に発表されている〔『邵文集』下冊五〇七―五〇八頁〕。日本で生活していた時の彼の内面が窺え興味深い。

勉強熱心な彼は、革命運動に参加するかたわら、「最近、日本語の文章を少し読めるようになったとはいえ、まだまだ表面的なことしか理解できていない」と素直に自分の語学力の不足を記しながら、それでも、日々、日本語の本を読む努力を続けていた。この時、彼が感銘を受けたと挙げる本の中に

『偉人修養の径路』〔高須、一九〇七〕という一冊がある。著者の高須梅渓は一般向けの啓蒙書を多数執筆していた文筆家だった。この本は、世界で偉人と呼ばれる人々の「努力修養」の過程を考察し、それを読者の励みに提供するという通俗的な人生読本である。孔子とソクラテス、西郷隆盛とガリバルディーなど、かなり大胆な東西偉人比較を試みた後、本書は最後に「純粋な偉人」と「不透明な偉人」の二類型を提示している。後者は、権力欲と功名心、獣欲に駆られながらも大事業を達成した人物として描かれ、ナポレオン、シーザー、チンギスハン、項羽、曹操らの名が挙げられた。高須は、こうしたタイプの偉人もいた、と指摘するだけであって、必ずしも彼らの存在や役割を否定しているわけではない。しかし、邵元冲は、「権力欲や功名心によって行動するという、わが国の今日の士大夫の病根は、まさにここにある」と理解し、当時の中国の現状を嘆くのであった。

そもそも高須の「偉人」論が適切な整理か否か、また邵元冲の理解が正確なものであったか否か、疑問を抱かざるを得ない。しかし、この小さな例からも知られるように、当時の邵元冲にとって、日本語、及びそれを通じて知る近代日本の文化は、十分学ぶに値する対象として意識されていた。その意味は大きい。歴史を振り返れば、邵元冲が生まれた浙江省は、江南デルタの中心に位置し、かつて多くの陽明学者を輩出し、高い水準の政治思想が育まれた地域でもあった。また、上海のすぐ南に位置することから、近代上海を代表する経済人の多くは浙江の出身であり、その港町寧波《ニンポー》の方言を基礎に上海語が成立した。要するに政治的・文化的にも、社会的・経済的にも、相当の歴史と厚みを備えた地域が浙江であった。その出身であったにもかかわらず、邵元冲は、当時、近代日本に学び、日本語で書かれた書籍を読み解こうと懸命に努力していたのである。この時期、文学者の魯迅（一八八一―

一九三六年）や蔣介石を含む浙江出身の多くの若者が日本に留学してきたのも、このような雰囲気の中でのことであったと理解しておく必要がある。

二　女たちの辛亥革命と日本モデル

黎明期の女性教育

後に邵元冲と結婚する張默君（昭漢）は、一八八三年の生まれで邵より七歳年上であった。湖南省湘郷の出身。父張通典（伯純、一八五九—一九一四年）は地方教育などに関わった清朝の官僚、母何承徽《かしょうき》（懿生、一八五七—一九四一年）も詩文をたしなむ教養人で、娘の張默君は幼い頃から漢詩に親しみ高いレベルの教育を受けた。父は女性に纏足《てんそく》をさせない運動（「天足」運動）に参加し、娘にも纏足をさせず教育を受けさせるなど、反骨精神と改革志向が旺盛な官僚であった。改革を志す知識人が一八九八年、湖南で結成した南学会に参加した張通典は、やがて革命派を支援するようになり、一時、安徽省蕪湖《あんきぶこ》で皖江《かんこう》中学堂の校長（「督学」）を務めた後、当局の嫌疑を逃れるため一家で上海に移り住む。*

＊後述する雲南の李根源によれば、一九〇五年七月に東京で結成された同盟会設立総会に出席した三七人の名簿は、最終的に張通典が収蔵していたという［中国科学院歴史研究所第三所編、一九五八、序一頁］。張通典の同盟会参加は一九〇五年一二月で、彼自身が東京の設立総会に参加したわけではない。しかし、貴重な名簿の収蔵者になったことは、張通典が革命派の人々に信頼される存在であったことを示唆している。

時代の先端を行く大都市上海で暮らすようになった張黙君は、務本女塾《むほんじょじゅく》という新設の女学校に一九〇四年に入学し、一九〇七年、その師範科（教員養成課程）を卒業した。多くの女性教育者、社会活動家を輩出した務本女塾は、「女子は国民の母であり、健全な国民を陶冶するには女性の権利を提唱しなければならない」（呉馨「務本女学史略」）と、良妻賢母の女子教育振興を志す若い知識人によって一九〇二年に創設された［朱有瓛主編、一九八九、五八九頁］。一九世紀後半、欧米のキリスト教宣教師らが設立した女学校は上海に幾つか存在していたが、中国人が経営する女学校はまだ珍しい存在で、経元善の中国女学堂、蔡元培《さいげんばい》（一八六八―一九四〇年）の愛国女学校などと並び、最も早い時期に創立された私立の女子校である。

創設者呉馨《ごきょう》（一八七三―一九一九年）は、懐久（疚）と号した知識人で、辛亥革命後は上海県の民政長に就くなど地元有力者の一人になる［『申報』一九一九年五月二一日、一一面、中華職業教育社記事］。ただし彼の政治的な立場は、それほど革命派に近かったわけではない。張黙君は三〇年後に、彼女が革命派に加わっていることを察知した校長の呉馨が、学校に迷惑をかける危険があるとして、革命派との関係を断つよう彼女に迫ったと回想している。もっとも、張黙君が「すべての責任は自分個人で引き受ける」と主張すると、呉馨は「見事な覚悟」と言って引き下がったというから、やはり彼もなかなかの人物であったと言うべきだろう［『申報』一九三六年四月一八日、一七面］。

すでに触れたように、清朝が制定した当初の学制は、男子だけを学校教育の対象とし、女子を除外していた。そうした男女差別に対する反発が、愛国女学校や務本女塾のような私立の女学校を設立する動きにつながっていた。その基礎には、学ぶ機会を切望する女性たちがいた。卒業生の一人で一九六〇年代に上海市の教育局副局長に就く呉若安は、八〇年前、務本女塾へ入学する前の気持を、最晩年にこう語っている。「同じ年頃の男の子たちが勉強しているのが羨ましくてしょうがなかった。学校から賑やかな声が流れてくるのを聞きながら、自分は勉強できないことが悲しく辛かった」〔朱有瓛主編、一九八九、六〇七頁〕。実際、思いを同じくする女性たちは少なくなかった。本来、初等教育の場として設立された務本女塾に、一四歳以下という規程の学齢を過ぎた女子も入学を求めてきたため、特別クラス、専修クラスなどを設けて対応することになったという。特別クラスは翌一九〇三年に師範科というコースに改編された。張默君が学んだのもこのコースである。

務本女塾が掲げた校訓は「温、誠、勤、朴」であり、明治日本の学校をモデルに良妻賢母を育てることが目的とされ、料理、裁縫、医薬衛生などの家事一般を身につけることも重視された。むろん明治日本の女子高等教育機関が全て良妻賢母の育成を目標にしていたわけではない。しかし、有力な潮流として良妻賢母の育成をめざす教育思想が存在したことは確かであり、それを主導した一人が実践女学校校長の下田歌子(一八五四―一九三六年)であった。務本女塾創設者の呉馨は、その下田に書簡を送り、日本人女性教員の紹介を依頼する。その結果、東京女子高等師範学校(お茶の水女子大学の前身)に学び県立長野高等女学校に奉職していた河原操子《みさこ》(一八七五―一九四五年)が務本女塾に招かれ、中国人女性の教育に当たった〔故下田校長先生伝記編纂所編、一九四三、四三四―四三六頁〕。作新社という初期の日本留学生らが経営する出版社が、当時、上海で外国の教科書類を中国語に翻訳した書物を盛んに出版しており、その一冊に下田歌子の『新編家政学』が含まれていたことも、おそらく影響を及ぼしたであろう〔下田、一九〇二(中国語版)〕。

呉若安の回想によれば、河原は英語を教えたというが〔朱有瓛主編、一九八九、六〇五頁〕、河原自身の回想によれば、日本文、日本語、算術、図画の担当であった〔福島、一九三五〕。河原は、以前、横浜の大同学校（校長・犬養毅）で華僑の子弟教育に携わった経験があり、北京官話と呼ばれた標準的な中国語をそこで学んでいた。もっとも北京官話は上海であまり通じないから苦労したという。

このように中国に女性教育が広がる過程でも、先行した日本の事例が重要な役割を果たしていた。教育理念を比較すると、蔡元培の愛国女学校が掲げていた鮮明な国家主義の建学理念より務本女塾の理念は保守的にみえたとはいえ、当時の上海ではそれを支持する親たちも多かったため、愛国女学校を上回る数の学生を集めた時期もあった。河原操子も「校長の熱心なりしためか、教習の勉強なりし〔この「勉強」は努力の意、引用者注〕ためか、はた気運之《これ》を然《しか》らしめたものか、兎《と》に角、学堂は成功せり。生徒は半年を出でずして百名以上となり〔開学当初は四五名、引用者注〕、尚次第に増加せり。此学堂の成功を見て、幾多の学堂は各地に於て東洋人の手によりて開かれぬ。今は務本女学堂の卒業生、之れが教習たるもの少からず」との手記を残している〔福島、一九三五、三四―三五頁〕。

務本女塾に学び活発に活動した女性たちの数は少なくない。張黙君の一年下には教育者で詩人の湯《とう》国梨《こくり》（黎、一八八三―一九八〇年）がおり、二人はたいへん親しかった。湯は辛亥革命後の一九一二年、後述する『神州女報』の刊行に携わり、一九一三年に張黙君の父張通典の紹介で革命派の政治評論家章《しょう》炳麟《へいりん》（太炎）と結婚している〔章念馳、一九八七〕。その他、やはり『神州女報』の編集に携わる楊季威、日本へ六年間留学して東京女子高等師範学校を卒業し、帰国後は北京女子師範学校の校長になる楊《よう》蔭楡《いんゆ》（一八八四―一九三八年）らも、この時期に務本女塾で学んでいた〔杉本、二〇〇八〕。辛亥革命前夜の上海で、張默君や湯国梨たちは、在学中から、アメリカの中国人労働者排斥に抗議する運動(一九〇五年)や鉄道建設の主権擁護を求める民族運動(一九〇七年)など、さまざまな社会運動に参加していた〔方祖猷、二〇一七、五〇五頁、五一一頁〕。なお務本女塾は、中華民国の成立後、上海市立の名門女子中学(日本の高校に相当)になった。*

*創立二〇周年の新聞記事には卒業生七百余人、在校学生五百余人と記され〔『申報』一九二二年一〇月二三日〕、創立三三周年の祝賀会には、来賓として上海市教育局局長潘公展・警備司令部軍法処長陶百川ら当時の著名人が出席した〔『申報』一九三四年一〇月二五日〕。中国人留学生教育で知られる松本亀次郎も、一九三〇年、務本女子中学を視察に訪れた。人民共和国成立後、同校は、一九五二年に上海市第二女子中学と改称され、一九六七年から男女共学の上海市第二中学になり、現在に至っている。

務本女塾を卒業した張默君は、景海女学という蘇州にあったアメリカ系のミッション・スクールで英語の補習授業を受け、アメリカ留学を志した。しかしこの時は留学には至らず、父の張通典が発起人に名を連ねていた南京の粋敏《すいびん》女学(設立時の名は旅寧第一女学堂)で三年ほど教務を担当することになり、歴史地理などを生徒に教えることもあった。この学校は、その後、私立江南女子公学を合併して寧垣《ねいえん》属女子師範学堂となり、さらに辛亥革命後の一九一二年、江蘇省立第一女子師範学校に改組される。一九二〇年、ほかならぬ張默君がその校長に招かれることになるのだが、それは後の話である。

張默君は、一九一一年春、粋敏女学の職を辞しセントジョンズ女書院で英語の学習を再開した。再びアメリカ留学の準備に取りかかったのかもしれない。その矢先、辛亥革命が勃発した。

一九一一年一〇月以降、武昌蜂起に呼応する動きが全国に広がると、革命勢力に加わる女性が各地に出現した。張黙君もその一人であり、蘇州で父の張通典らとともに革命に呼応する宣伝活動を展開した後、上海に駆けつけ、女子後援会と女界協賛会の結成に加わった。女子後援会は、革命派の秘密結社、同盟会の会員であった唐群英(一八七一―一九三七年)、張黙君、張漢英らが上海とその近郊の女性教員を集めて組織した団体であり、革命支援の資金集めなどに奔走した[万祖猷、二〇一七、五八二―五八三頁]。一方、女界協賛会は、著名な外交官や財界人の夫人を発起人とし、務本女塾の卒業生たちが中心になって組織した団体で、務本女校(女塾を改称)に事務所を置き、上海と江蘇・浙江両省各地にネットワークを張った大規模な募金組織である。張黙君はこの組織の幹事長を務めた。協賛会は、上海の大きな公園でチャリティーバザーを開くなどして数万元の資金を集め、南京の臨時政府へ持参している[同前、五八三―五八五頁]。ただし湯国梨の回想によれば、孫文は、この資金を女性たち自身の学校を設けたり新聞を創刊したりする経費にも用いることを提起したという[章念馳、一九八七]。

南京では、革命支援の資金を渡す際、女性参政権の実現を臨時政府に強く迫った。その激しい剣幕に、臨時政府の孫文らもたじたじとなったと伝えられる。しかし、世界の多くの国々で女性参政権がまだ実現していなかった当時、革命派の間にも女性参政権を即時実現するまで進む合意はなかった。失望した女性たちの中には、制止を振り切って臨時政府の会議場に強引に押し入り、女性参政権の実現を訴えるものまで出た。

『神州女報』と張黙君

辛亥革命期に女性参政権を求める運動に関わった女性たちの目標は、完全に一致していたわけではない。同盟会の最初の女性会員で日本に留学した経験を持ち、反清武装蜂起に失敗し処刑された女性革命家秋瑾《しゅうきん》(一八七五―一九〇七年)の同志でもあった唐群英は、女性参政権の即時実現を主張する急先鋒であった。一方、張默君らは、女性に教育を普及し、その政治意識を向上させながら徐々に女性参政権の実現を図ろうとする漸進主義の立場をとっており、当時の運動参加者の間では、こちらのほうが多数派であった。彼女たちの考えからすれば、メディアや教育を通じ、いかに一般女性の意識向上を図るかが大切な課題になる。

こうした考えに基づき、一九一二年三月、上海で、張默君を社長とする神州女界協済社が設立された。同社には、張默君の他、湯国梨、楊季威ら総勢一二〇名余りが結集し、『神州女報』の発行*、神州女学の設立、働く場を確保する女子畜殖場(家畜・家禽類飼育)の設立などに取り組んだ〔談社英、一九七八〕。前述したように辛亥革命支援のため彼女たち自身が集めた募金の一部が、こうした多彩な活動を支える財源になっていたかもしれない。

＊同名の雑誌が秋瑾の死を悼む革命派によって一九〇七―〇八年に刊行されており〔方祖猷、二〇一七、四七八―四七九頁〕、張默君らが発行した雑誌は、その名を引き継ぐ第二期『神州女報』となる。生前の秋瑾と交流があった神州女界協済社の面々は、この誌名を掲げ革命派の精神を受けつぐ意志を鮮明にした。

彼女たちの思想は、一九一二年末に旬刊として創刊され、翌一三年四月に月刊化された『神州女報』の文章で確かめることができる。月刊『神州女報』の執筆陣には、神州女界協済社社長の張默君、副社長の姚景蘇、編輯部長の楊季威、編輯副部長の談社英らが顔をそろえ、社説、時評、内外のニュース、小説、文芸欄、海外の雑誌記事の翻訳など、多方面にわたる文章が掲載された。毎号、表紙には多色刷の中国画を掲載し、写真版頁も綴じ込まれた豪華な雑誌である。『神州女報』の発行地は神州女学に置かれ、全国各地のほか、アメリカ、イギリス、フランスにも講読連絡先が設けられている。月刊第一号には、務本女塾出身の楊季威が執筆した「知識人女性に告ぐ」(知識人女性と訳した部分の原文は「読書明理之女子」)という巻頭言が掲げられた。「ああ、わが国の女性で、この暗黒の女性界の中にあって、泣きながら歌い暮らしたことがないものなどいるだろうか！　男女不平等の苦しみを受けずにきたものなどいるだろうか！」と男女不平等の現実を糾弾しつつ、楊は知識人女性の存在とその役割に焦点を合わせ、現状の問題点を冷静に論じていく。

思うに、そうした暗黒を悲嘆することができ、そうした苦しみを理解することができるものは、どれほどいるだろうか。たとえいたとしても、それを根本から解決するために努力するものは、どれほどいるだろうか。……全国の女性の中にあって、わが知識人女性は、鳳毛麟角、すなわち想像上の鳥である鳳凰の羽毛、想像上の動物である麒麟の角のように、きわめて少数の存在であるにすぎない。しかも知識人女性の中には、われ関せずという女性もいれば、大言壮語するばかりという女性もいる。

では、どうすればよいか。楊季威は、われわれ女性自らが責任をもって改革を進めなければ男女不平等という現実を変えることはできない、として、知識人女性の責務は「根本から問題を解決することであり、教育こそ目下の急務である」との認識を示す。そして「全国の女性に知識を普及し男女平等の教育を受けることができるようにするとともに、女性の権利を損なう悪習を改める社会改良の事業にも努力しなければならない。……ともに努力しよう」と呼びかけ、最後を結んでいた。

楊季威の文章が示すように——そして間違いなくそれは張默君らも共有していた考えだったであろうが——『神州女報』が主な対象とした読者層は、清末以来の教育改革を通じて徐々に増え始めた知識人女性だった。彼女たちは、自ら主体的に行動し、女子教育の普及と社会改良を通じて女性差別を漸次解消していくことをめざしていたといえよう。楊季威は、『神州女報』創刊の一年ほど前、一九一二年三月に『民立報』誌上で女性参政権をめぐり、否定派の男性記者との間で論争を展開したことがある〔須藤、二〇〇七、一三二―一三五頁〕。『神州女報』の巻頭言には、革命後も女性参政権に対する無理解が蔓延している現実を踏まえ、教育と社会改良を通じ女性の地位向上に努力する決意が滲み出ていた。

以上の巻頭言の次に、邵元冲による「女性の権利と国家の関係」という女性参政権を熱烈に支持する一文が並んだ。月刊『神州女報』に掲載された文章の中で、これは異色を放つ存在だった。他の多くの文章が神州女界協済社に参加する女性たちが書いたものであったのに対し、外部の、しかも男性からのものだったからである。邵が『神州女報』と特別に親しい関係にあったことが窺える。実は邵元冲は、月刊化する前の旬刊時代の『神州女報』にも「女子教育の先決問題」という短評を書いていた。女子大や女子専門の法律専門学校などの増設に力をいれる前に、学ぶ機会を失っていた一般女性向けの社会教育〔原文では「補習教育」〕を充実させることが大切であり、女性教員の養成課程も重視されなければならない、との主張である。邵元冲と張默君は、同じ国民党の上海交通部に所属し、邵元冲は国民新聞社の記者として、また張默君は文書の起草と整理の担当者として、ともに党務に携わっていた。そうした事情が、こうした親しい関係の背後にあった〔張默君、一九八三、五三〇頁〕。ただし二人が結婚するのは一〇年以上後のことになる。

話を『神州女報』に戻す。月刊第一号には、楊季威の巻頭言のほか、談社英の「女性が備えるべき責任感を論ず」、姚景蘇の「家庭の改良に関する討論」、同じく姚景蘇の「国会について思うこと」の三本の評論が掲載されていた。談社英は、後に国民党系の女性運動の歴史をまとめる女性運動の幹部である〔談社英、一九七八〕。月刊第一号の巻頭言を書いた楊季威は、後に江蘇省徐州で女子師範（一九二一年に江蘇省立第三女子師範として設立）の開学準備に尽力するとともに、クリスチャンとしてキリスト教の普及に力を入れるようになった〔同前、八頁〕。

図 3　『神州女報』第 4 号（1913 年）

『神州女報』月刊第一号が刊行された直後、国民党の指導者宋教仁（鈍初、一八八二―一九一三年）が上海駅頭で暗殺されるという衝撃的な事件が起きた。各地で進められた国会議員選挙で国民党が優位を占める中、そうした動きに対抗するため北京の袁世凱政権側が放った刺客によるものとされる。これを受け、一九一三年五月に刊行された月刊第二号は宋教仁追悼特集を組んだ。張黙君も「宋鈍初先生を哭す文」という追悼文を書き、天下のために行動し、自らの命を捧げた宋教仁を、イエス・キリスト、リンカーン大統領に並ぶ存在として追悼するとともに、民権を拡大し強固なものにするため努力することを誓っている。

『神州女報』自体は、月刊になった後、四号を出しただけで停刊した。編集に関わっていた談社英が後に記した文章によれば、刊行資金が尽きたためである〔談社英、一九七八、七頁〕。あるいは袁世凱政権に反対する第二革命と呼ばれた動きが制圧されたことが影響したかもしれない。しかし同誌に健筆を振るった女性たちは、その後、メディア界や教育界に活躍の場を見いだした。張默君は、上海の新聞『時報』が毎週掲載した特集面「新婦女」の編集を、談社英は『中華新報』の特集面「婦女与家庭（婦女と家庭）」の編集を担当している。張默君の親友、湯国梨は、張默君を手伝い、長く神州女学の教員を務めた。一九二七年まで存続した神州女学については、入学希望者が後を絶たないとの報告が創立四年後の『中華婦女界』に掲載されており、一九二〇年代には文学者の周建人が教鞭を執り、著名な教育家、陶行知《とうこうち》を迎え、「中国女子教育の過去と将来」というテーマで講演会が開かれたこともあった〔杉本、二〇〇八、一六一頁〕。神州女学に関しては第Ⅱ章でも改めて触れる。

神州女界協済社と『神州女報』、そして神州女学の中心に、張默君がいた。そして、彼女の活躍ぶりを、やや離れたところから眩しい気持で見つめる若き邵元冲がいたことは、すでに記したとおりである。

日本モデルの光と影

張默君が学んだ務本女塾の存在が示すように、女子教育が普及する過程でも日本の影響には大きなものがあった。そもそも清末の中国人女性の留学先も、やはり日本が多かった。東京女子高等師範学校をはじめとする国立の教育機関に加え、実践女学校、日本女子大学校、女子美術学校、東亜女学校、成女学校、共立女子職業学校、東京音楽院など民間の女性向け高等教育機関にも中国人女性留学生が学んでいる。中国人留学生全体の中で占める比重は一〇〇分の一程度に過ぎなかったとはいえ、一九〇七年に中国人女性留学生の数は一〇〇人近くに達していた〔さねとう、一九六〇、七五―七九頁〕。

中国人女性留学生の受入れに最も積極的だったのが、前にも触れた下田歌子の実践女学校である。国学者だった父の薫陶を受けて育った下田は、天皇家にも仕えた経験があり、近代国家の発展を支える良妻賢母を育てるという教育思想の下、一八八五年に華族女学校〔学習院女子部の前身〕を、また一八九九年には一般女性向けの教育機関たる実践女学校を設立した。創立時の同校規則は、「本校は本邦固有の女徳を啓発し日進の学理を応用し勉めて現今の社会に適応すべき実学を教授し賢母良妻を養成する所とす」〔私立実践女学校規則〕とその建学理念を謳っている。さらに下田は、一八九三―九五年に欧米へ留学したのを機に、日本が中国の近代化を助け日中が協力して欧米に対抗する必要があるというアジア主義的な考えを抱くようになり、一九〇二年に来日し中国人留学生会の幹事長を務める楊度《ようたく》〔一八七四―一九三一年〕にも女子教育の重要性を力説した。実践女学校は、一九〇一―一二年に一〇〇名近い中国人留学生を迎えている。下田はまた中国への教員派遣にも力を入れ、北京、南京、福州、成都など全国の二〇を超える女子学校へ日本人の女性教員を派遣した。前に見た上海の務本女塾に派遣された河原操子もその一人であった。

女子留学生の中には湖南出身の唐群英や浙江出身の秋瑾《しゅうきん》のように、同盟会に加わり、革命運動に挺身する女性も出てくる。本来、皇帝専制の清朝の打倒をめざした秋瑾たちと天皇制の護持を大前提に置く下田歌子との間には隔絶した距離があり、両者の政治思想は相容れない。しかし女性が自由に学べる雰囲気を秋瑾は喜び、下田は自主的に学ぼうとする彼女たちを受け入れた。

一九〇七年に清朝が定めた「女子師範学堂章程」、「女子小学堂章程」など女子教育に関する制度には、日本の良妻賢母主義に基づく内容が盛り込まれた〔方祖猷、二〇一七、三七一頁〕。この一九〇七年に中国各地に設立されていた女学校は、清朝政府の統計によれば、学校数四三六校、学生が一万五四九六人であった。ただし遺漏もあり実際はこれよりかなり多かったという〔同前、三七六頁(出所は『中国婦女史論文集』第二集、二〇〇三年、二五二―二五三頁)〕。須藤の総括によれば、清末の良妻賢母教育は、裁縫や手芸などを含め家政学の教育を重視する傾向、自らを正統化するため儒教的価値規範の継承を意識する傾向、女性の生来の特性と中国の国情に合致することを強調する傾向、などを特色としていた〔須藤、二〇〇七、一四四―一四九頁〕。明治日本の女子高等教育における有力な潮流が採り入れられていたことを見てとることができよう。

しかし、この時期の中国の女子教育に関する思想が、すべて日本の色に染まっていたわけではない。一部には良妻賢母主義を批判する論調が見られるようになり、中には、その元凶として日本を厳しく批判する陳志群(以益)「男尊女卑与賢母良妻」(『女報』一九〇九年)のような主張まで出てきていたことは注目に値する〔方祖猷、二〇一七、四一五―四一七頁〕。こうした流れは、その後、一九一〇年代の後半から二〇年代にかけ、急速に広まっていくことになる。

三　辛亥革命期の雲南と日本

世界につながる辺境——雲南の近代

聶耳は、中華民国が成立した一九一二年の二月、雲南の省都昆明に生まれた。幼少時の名は嘉祥、学齢期に達してから使った本名は守信、字《あざな》は子義で、自ら聶耳と名のるようになったのは上海時代である。彼の思想は、一九三〇年代上海における左翼の文化運動という角度から語られることが多い。確かに彼は左翼の文化運動に深く関わったし、それは彼の人生に大きな影響を与えた。しかし、聶耳は上海で急に革命思想に目覚めたわけではないし、一九三五年春に実行した日本留学にしても、突然、思い立ったわけではない。彼の思索の跡を理解するためには、彼を育んだ雲南の近代を振り返ってみる必要がある。

聶耳が生まれた雲南省は、西南中国にあってミャンマー、ラオス、ベトナムと国境を接する面積三九万平方キロの、つまり一つの省とはいえ日本とほぼ同じ広さの、広大な地域である。北京や上海からは辺境のようにみえるが、実際に省都昆明におり立って見ると、東南アジアから香港方面までを扇のように広く見渡す中心に位置することが実感される。雲南から見れば、北京や上海のほうが、はるかかなたの周縁である。亜熱帯系の温暖な気候の下、雲南は天然資源にも恵まれ、近代になると世界市場向けの錫の採掘や茶の栽培を通じて商品経済が発展し、相当の経済力を有するようになっていた

［陳征平、二〇〇七］［石島、二〇〇四］。緑豊かな山々からは、日本でいう漢方薬に用いる薬材が多くとれ、昆明の中心街には今も薬材問屋が数多く集まる一角がある。一九二〇年代に昆明市内には薬材を売る店が一三三軒あった［昆明市政公所総務課編纂、一九二四、一三六頁］。聶耳の生家は、そうした薬材を商う店の一つであり、漢族だった父は薬局を兼営する漢方医であった。その父は、聶耳が四歳の時に病死する。母は、中国の西南から東南アジア一帯に居住するタイ族の出身であり、父が亡くなった後は、母が薬局の経営を引き継ぎ、聶耳とその兄や姉たちを育てあげた。それほど裕福ではなかったにせよ親族からの支援もあり、子どもたちは皆、学校に通いながら育った。

タイ族をはじめ、雲南には漢族以外の民族も多く暮らしており、彼らの間では歌や踊りなどの伝統芸能が盛んだった。幼い聶耳は、タイ族の母からは歌を、隣人たちからは笛や二胡、三弦など伝統楽器の演奏を学び、三人の兄弟で家庭コンサートを行うこともあった。母の実家があった農村を含め、地元で開かれる歌や踊りの集まりに接することも多かったという［王懿之、一九九二］。こうして子どもの頃から豊かな音感が培われた。

聶耳が生まれ育った近代の雲南は、国際市場との結びつきを強めながら経済成長を遂げ、社会改革という面でも中国全体の先頭を切る存在になっていた。豊かな資源を抱える雲南には、一九世紀後半からフランスをはじめとする列強が利権獲得をめざし入り込んでいた。一八八九年には、紅河を経てベトナム――当時はフランス領インドシナの一部にされていた――の海港ハイフォンにつながる蒙自《もうじ》が開港地になり、新たな通商ルートが開かれた。これによって、広西省百色から香港を経由していた従来のルートに比べ輸送コストが半減し、対外貿易は年々拡大を続けるようになった［謝本書ほか、一

九九三、一三八―一四四頁〕。錫、アンチモニー、コバルトやプーアル茶、それに一時期までは地元産のアヘンが輸出され、多額の外貨を雲南にもたらしていく。食器や花器に用いられる錫は、銅との合金である青銅にして建材や彫像に広く用いられたことに加え、とくに一九世紀半ば以降、鉛との合金であるハンダが近代の工業生産に欠かせぬ存在になり、鋼板を錫で覆ったブリキが缶詰缶や石油缶、玩具材料など様々な分野で使われるようになったため、世界的な規模で大量の需要が生じるようになっていた。一九世紀末から二〇世紀初め、雲南の輸出額の実に九割を錫が占める。一方、輸出で得られた多額の外貨を用いて、綿糸布、マッチ、灯油、紙巻煙草など様々な工業製品が外国から雲南に輸入された。

そして、経済発展の一つの大きな画期になったのが、省都昆明とベトナムの海港ハイフォンを結ぶ全長八五〇キロの雲南鉄道の開通である。一九一〇年に完成したその路線には、雲南―ベトナム間の境界地帯にそびえ立つ二〇〇〇メートル級の山なみを縫うように走る区間が含まれ、建設は難工事の連続であった。利権拡大を狙うフランスの資金と技術によってようやく開通したとはいえ、急峻な山々に一五八本のトンネルを掘削する難工事が続く中、完成までに事故死した労働者の数は五〇〇〇人以上にのぼり、当初の建設会社は破産に追い込まれたほどであった〔東亜同文会編、一九一七〕。そうした事実を忘れるわけにいかないにしても、そしてまた狭軌の単線鉄道だったため輸送量には限界があったことを念頭に置くとしても、従来、外国貿易が可能な港まで陸路と水路を組み合わせ二〇日間以上かかっていた輸送期間が一挙に四日間に短縮され、大量輸送が可能になったことの意味ははかりしれない。膨大な犠牲の上に、画期的な交通手段が開設されたことになる。雲南鉄道の開通以降、それまで通商の要地であった蒙自が急速に寂れる一方、鉄道の起点になった省都昆明が通商面でも雲南の中心に躍り出た。一〇万人以上が住むようになった一九二〇年代の昆明には、デパート、書店、レコード店(後に一時期、上海で聶耳が働くことになるレコード会社百代唱片公司《パテ・レコード》の販売店。一九九頁参照)や大病院が建設され、欧米のミッショナリーによるキリスト教の布教や教育活動も盛んになり、日本を含む外国へ働きに出る者が急増した。

ほかならぬ聶耳の三番目の兄聶叙倫《じょうじょりん》も、職業学校でビジネスの実務を学んでから日本へ働きに出た一人であり、一九二〇年代末、大阪で雲南特産の水牛の皮を売る商売に従事したことがあった〔王懿之、一九九二、一〇〇頁〕。ずっと後のことになるが、老境を迎えた聶叙倫は、一九八一年、晩秋の日本を再び訪れている。共産党政権が改革開放政策に転じた後、聶耳が亡くなった藤沢市と聶耳が生まれた昆明市が、その縁にちなみ友好都市協定を結ぶことになり、昆明市の工商業連合会秘書長という資格で来日し、藤沢を訪れたのである。聶叙倫は、四六年前に弟が亡くなった異国の海辺を感無量の思いで眺めた〔『読売新聞』一九八一年一一月一〇日〕。それはともかく、兄の一人が日本で暮らしたことがあったという事実は、聶耳が訪日を考える重要な動機の一つにもなったに違いない。

雲南の革命政権と日本留学生

一九世紀末から二〇世紀初めにかけ雲南の経済と社会が大きな変容を遂げる中、清末の新政はこの地にも波及し、近代教育の端緒が切り開かれた。一九〇四年には、日本語と日本の教科書を使って近代知識を学ぶ東文学堂が地方政府によって昆明に設立されている〔朱有瓛主編、一九八九、五三五—五三六頁〕。中国語が堪能な東亜同文書院*の日本人卒業生二人が招かれ、教員(「日本教習」)を務めた。

＊東亜同文書院は、一九〇一年、上海に日本人が設立した教育研究機関であり、中国人学生には日本語を、日本人学生には中国語と中国事情を教えるとともに、学生たちの中国各地への実習旅行などを通じ、膨大な中国関係情報を蓄積していた。戦後、東亜同文書院が蓄積していた資料の一部が愛知大学に継承され、『中日大辞典』が編纂されている。

東文学堂に継いで設立された雲南高等学堂にも三人の日本教習が招聘された。その一人、神奈川県師範学校(所在地に因み鎌倉師範と称された)の教員だった河合絹吉(一八七五―一九四七年)は、東京高等師範学校時代の恩師嘉納治五郎の紹介で昆明に赴任し、一九〇六年初めから翌年末までの約二年間、日本語で物理化学、数学を教えた。河合は、それから三〇年を経た後、通訳の足らざるところについては、自らが板書した拙い漢文と昆明に来てから独習した中国語で補い、雲南の中国人学生を相手に苦労しながら授業した思い出を綴っている〔河合、一九三八a、四二―四六頁〕。

時期を同じくして雲南から日本への留学も盛んになり、やがて日本から帰国した留学生が中心になって経済や教育の改革を推し進めるようになった。一九〇二年から一九一一年までに雲南から日本にやってきた留学生は、姓名がわかるものだけで三七二人に達する〔周立英、二〇一一、三頁、二三二―二六六頁〕。四〇〇〇キロ離れた雲南から、百年以上前、これだけの人々が日本へ学びに来ていた。雲南出身の留学生は、故郷の名士や雲南出身でミャンマー在住の華僑らから資金援助を受け、一九〇六年、東京で中国語の雑誌を創刊する。神田三崎町の雲南同郷会の一室に編集部を置いた『雲南雑誌』は、その後、辛亥革命が勃発し多くの留学生が帰国することになる一九一一年の第二三号まで五年間発行を継続し、『浙江潮』、『江蘇』、『湖北学生界』など在日留学生が刊行したこの種の雑誌のなかでも、最も長期間存続した雑誌になった。『雲南雑誌』の「発刊の辞」は、国家を支えるのは国民であり、その国民の思想を改革すれば、国家全体を改革することができる、と主張し、一人ひとりの思想改革をめざすことを目標に掲げている。では、どんな思想改革が必要なのか。実際に『雲南雑誌』で論じられた中心的な課題は、雲南鉄道の経営権や雲南各地の鉱山の採掘権を外国から中国の手に取り戻すことであり、地方自治を確立し、教育を普及し、軍事力を強化し、産業開発を進め、欧米の植民地主義勢力を排除することであった。『雲南雑誌』第三号に掲載された「雲南人の責任を論ず」という一文は、雲南に隣接し、すでに植民地化されていたフランス領インドシナと英領ビルマ(現ミャンマー)の状況に触れ、中国人の国家意識の欠如、団結心の不足を嘆くとともに、雲南の危機を多方面から論じ、雲南人としての責任感を訴えている〔『雲南雑誌』第三号、一九〇六年〕。強烈な対外的危機感と民族主義的な意識の下、どのように故郷雲南の近代化を進め、どのようにして「雲南を雲南人の雲南にする」(「発刊の辞」)かが、熱気を帯びて議論されていたのである。

日本の陸軍士官学校で学び、発刊から暫くの間『雲南雑誌』の編集者を務めた李根源(一八七九―一九六五年)は、帰国後、清朝が一九〇九年に設立した雲南陸軍講武学堂という軍人教育機関の責任者の座に就いた。彼は他の多くの日本留学生と同様、革命思想の洗礼を受けており、雲南の軍人教育の場を通じて同志を募っていく。ついには講武学堂の教員四七人中に同盟会の会員一七人、同調者一一人を擁するようになり、革命派が軍内で強い影響力を持つようになる。

こうした条件の下、雲南は辛亥革命が一九一一年一〇月一〇日に武漢で勃発した際、それに最も機敏に呼応した地域の一つになった。一〇月二九日には軍内の革命派が一斉に蜂起して権力を掌握し、一一月一日、革命政権「大中華国雲南軍都督府」を樹立している。日本に留学し陸軍士官学校を卒業していた蔡鍔《さいがく》(一八八二―一九一六年)を指導者とする革命派は、同盟会会員であった若手の軍人を多数結集して社会経済改革を推進した〔謝本書ほか、一九九三〕。蔡鍔自身は湖南省出身で梁啓超《りょうけいちょう》の時務学堂で改革思想を学んだ青年であったが、日本の陸軍士官学校に留学し中国へ帰国した後は、赴任先の昆明で、講武学堂の李根源らと協力し雲南軍を指揮する若手軍人の一人になっていた。袁世凱政権の帝政の試みに対し、蔡鍔が護国軍を組織し、全国的な反撃の口火を切ったことはよく知られている。その後、若くして病死した蔡鍔の後を継いだ唐継尭《とうけいぎょう》(一八八三―一九二七年)も同じく日本留学生出身であり、近代化政策を推進した。唐継尭は、北方の山西省で辛亥革命を主導した閻錫山《えんしゃくざん》(一八八三―一九六〇年)と日本の陸軍士官学校の同期生である。雲南の革命政権の中に日本留学経験者が多かったことは、聶耳が早くから日本を意識し、日本語の修得をめざしたこととも無縁ではなかったであろう。

蔡鍔―唐継尭の雲南政権は、北京の中華民国中央政府に対し距離を置き、官吏の給与を引き下げて人件費を節約する一方、資本金五〇〇万元の富滇《ふてん》銀行を設立し、「雲南愛国公債」を発行するなどして財源を確保し、財政力と軍事力を強化する独自の政策を推し進めた(「滇」は雲南を意味する漢字)。その結果、財政面では、年に二〇〇万元程度の収支改善を達成することができたという。これは清末に年間八〇〇万元程度の財政規模であった雲南省にとって、大きな意味を持つ数字であった〔周立英、二〇一一、一八六―一八九頁〕。そして、蔡鍔―唐継尭政権は、こうして得た資金を使って模範工廠、勧業工廠などを開設し、雲南の経済発展を促した。それと並行して近代教育の拡充にも力を入れ、在来の私塾を改造した学校を増設して初等教育の普及につとめるとともに、教員の質の向上を図るため師範学校を六校設立し、外国語を重視する教育改革を推し進めた〔謝本書ほか、一九九三、二三一頁〕。雲南省にある初等小学校の数は一九一二年から一五年の四年間に倍増し、一九二二年からは義務教育の普及が課題とされている〔周立英、二〇一一、一九一―一九四頁〕。さすがに義務教育が実現したのは省都昆明を中心とした一部地域に限定されたとはいえ、雲南の革命政権が、社会経済の改革に意欲的に取り組んだことは疑いない。

聶耳を育んだ民国期の雲南

聶耳は、中華民国が制定した一九一三年学制の下で初等教育を受け、一九二二年学制の下で中等教育を受けた。初等教育についていえば、昆明師範の附属初等小学を卒業した後、求実学校の高等小学へ一九二二年に入学している。

求実学校は、元来、教員経験のある蘇鴻綱《そこうもう》（一八七八―一九五六年）らによって一九二〇年に設立された私立の小学校であった。昆明の孔子廟（文廟）の一角にあった建物を間借りし、友人、知人たちから出資金六二二元を募るとともに昆明勧学所という政府機関からの助成金二〇〇元も得て創立された。その後、雲南省政府が都市における義務教育の普及を決めたことにともない、公立化されている。*良質の児童教育を志した求実学校では音楽教育にも力を入れ、一九二四年に「求実小学校学生音楽団」を発足させた。校舎である孔子廟の前で記念写真のポーズをとる九人のメンバーの中に、最前列で弓を三弦にあて演奏するポーズをとる少年聶耳の姿も写っている。こうして聶耳の音楽生活は、新たな

図4　求実小学校学生音楽団の聶耳

一歩を踏み出した。

＊求実学校の中学校の後身が現在の昆明市立第一〇高級中学である。昆明十中のホームページによる。

初等教育を終えた一三歳の聶耳は、一九二五年、雲南第一連合中学に進学する。第Ⅱ章で触れるように、アメリカ型と評される一九二二年学制のカリキュラムで教育を受けたはずである。中学一年生の聶耳は、五・三〇事件（第Ⅱ章九〇頁参照）の後、全国に広がった労働争議の波について、次のような感想文を書いた。

上海の紡績工場の次には、〔出版社の〕商務印書館と中華書局が続き、最近は電報局と漢陽の製鉄所でもストライキが起きた。……このようなストライキが国内に与える影響は甚大である。電報局のストライキは全国の電信網に障害を与えるであろうし、漢陽製鉄所のストライキは全国の軍需産業に影響を与えるであろう。こうした事態が常態化してよいものだろうか。もし常態化したら、中国は衰亡するほかないだろう。……この数年来、資本家階級が増大し、ストライキの風潮が強まるようになっ

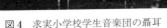

た。ストライキの危険を除去するためには、資本家階級を打倒しなければならない。

この作文を読んだ昆明第一中学の教員は、「一部に不適切な語句があります」との評語を書いていたことが、全集では注記されている[『聶全集』下巻七頁]。「衰亡」や「打倒」といった、直截に過ぎる言葉が使われていることに注意を促したのであろうか。しかし昆明の中学一年生がこのような文章を書くほどに、全国的な政治社会問題が伝えられていた事実に、やはり一つの時代の空気を感じざるを得ない。あるいは、聶耳の場合、当時すでに電報局で働き、労働運動にも参加していたという兄・聶子明[王懿之、一九九二、五二頁]から、いろいろな話を聞いていたのだろうか。

一方、聶耳は、中学で学ぶ傍ら、ＹＭＣＡの英語教室にも通うようになった。ＹＭＣＡ(Young Men's Christian Association)は、中国で基督《きりすと》教青年会と訳されるアメリカ系のキリスト教青年団体である。昆明のＹＭＣＡは一九一二年に設立され、一九二四年の会員数は四六〇人で英語教室を開いていた[昆明市政公所総務課編纂、一九二四、六〇頁]。この時期、昆明市内には他にも英語学校が開設されており、英語学習が盛んだったことが見てとれる。一九二二年学制の影響があったのかもしれない。

昆明のＹＭＣＡは、聶耳にとって運命的な出会いの場になった。中国系フランス人である柏励《はくれい》(字・希文)に学ぶことができたからである。柏はフランス人の父と広東人の母を持ち、幼い頃をイギリスで過ごし、フランス語、中国語、英語に通じ、ピアノを演奏する技能も身につけていた。聶耳は、柏に英語を学ぶとともにピアノの演奏や音楽理論も学んだ[王懿之、一九九二、四四—四五頁、五二頁]。上海の音楽界で聶耳が活躍する素地はこの時期に培われた。その後、雲南省立第一師範学校高級部に進学した後は、親しくなった付属小学校の若い教員からバイオリンの手ほどきを受けることもあった。

以上の過程全体を顧みると、辛亥革命を経て成立した民国期雲南の新政権の下、近代教育の体制が急速に整備され、その中で、幼少の頃から中国と西欧の楽器に親しみ、やがて本格的な音楽教育も受けながら聶耳が育っていったことを確認することができる。

四　相対化される日本

日本の中の西欧近代の導入

これまで見てきたように、確かに中国は日本を近代化のモデルにし、最盛期の一九〇五—一九〇六年には毎年八〇〇〇人程度の中国人留学生が日本へ派遣されるとともに、日本からも四〇〇人を越える教員が中国に招聘された。しかし、こうして中国が学ぼうとした日本は、欧米から様々なものを採り入れながら、ひたすら近代化をめざした明治の日本であって、それ以前から存在していた日本在来の文化や伝統は、ほとんど何も学ぶ対象になっていない。明治日本の刑法や民法を参照したといっても、その基礎になっていたのはドイツの刑法やフランスの民法であって、当然ながら日本古来の法律というわけではなかった。教育制度とて同様である。明治の日本は、確かに早いうちから国民教育の整備に力を入れたとはいえ、また、寺子屋教育をはじめとする近世以来の蓄積が重要な意味を持っていたとはいえ、学制の基本的な体系や教育内容は、やはり西欧諸国のものを参照し編成されたものであった。それを中国は採り入れようとしたのである。昆明の雲南高等学堂で日本教習の河合絹吉らに期待された教育内容も、近代西欧の科学知識とそれを学ぶための道具としての日本語であった。要するにこの時期、中国は、近代日本が摂取していた近代西欧文明を、日本を通じて摂取しようとしていた。

別の角度からいえば、近代化の道を歩み始める以前の日本は、当時の中国人の眼中にあっては、圧倒的な中華文明の影響下にあった東方の小さな島国に過ぎず、あえて意識する対象にもなっていない。中国は、自らの近代化を手っ取り早く進めるため、日本が欧米から採り入れたものの一部を利用しようとしたに過ぎない。多くの場合、日本へのこだわりは、その程度のものであったことに留意しておく必要がある。

一九〇七年頃を境に、中国の教育機関にいた日本教習の数は減少に転じた。日本留学から帰国した中国の知識人が日本教習に替わって教育を担当するようになったこと、欧米が中国での教育事業に改めて力を入れるようになったこと、日本教習の中に水準の低いものが混じり評判を落としたこと、などの原因が指摘されているが［さねとう、一九六〇、九九―一〇四頁］、根本的には、以上に述べたような事情が存在したことを考慮しなければならない。

明治の日本を越える中国、中国を見失う日本

清朝末期から民国初期にかけ、行政機構の大枠や法制、学制などをあらかた整え、近代国家としての骨格を備えた時点で、中国が近代日本から急いでそうしたものを採り入れる作業は、ほぼ一段落したともいえる。新生の中華民国は、世界全体に対し近代国家として臨む立場になり、日本に対してだ

け格別の注意を払う必要性は急速に薄まりつつあった。そうした事情が反映し、中華民国が成立した後、一九一三年に袁世凱政権が獲得した善後借款と呼ばれる二五〇〇万ポンドの外国借款は、英仏日独露の五カ国共同によるものになっている。日本以外の列強も中国に資金を提供して影響力を確保しようとし、互いに牽制しあっていた。また、たとえ日本が単独で中国に資金を提供しようと考えたとしても、当時、日本経済自体が不安定な動きを見せ、財政的余裕を失っていたことも影響している。

一九一〇年代までに学制の整備が進み、中国国内でも近代的な高等教育を受けることが可能になったことから、海外留学に向かう流れが鎮静化した。それにともない日本への留学ブームも収まり、欧米への留学に以前より高い関心が向けられるようになった。日本への留学をめざす若者は依然として多かったとはいえ、留学生全体の中で日本留学生が占める比重は次第に低下した。折からアメリカが義和団賠償金の一部を中国人のアメリカ留学支援に振り向けるなど、中国人留学生の受入れを推進する政策をとるようになったことも影響している。

こうして、さまざまな面で、近代国家をめざす中国の動きの中で日本が占める位置は、相対的に小さなものになりつつあった。

さらに留意されるべき点は、中華民国が、皇帝を廃した共和国として樹立されたことである。一九一二年に定められた暫定憲法、中華民国臨時約法は国民主権を明記しており、この規定は、それから何度も憲法改正が繰り返されたにもかかわらず、全く変わらなかった。これは、天皇に大きな権限を与えていた明治憲法に比べ、中国が一歩先んじたともいうべき事態にほかならない。少なくとも自由民権運動の流れを引きつぐ宮崎滔天、犬養毅らはそのように受けとめ、中華民国の誕生を感激をもって受けとめていた。また、この時期、「藩閥政治打破・憲政擁護」を掲げて展開された大正政変について、「大正の維新は、ある意味において第二の支那革命たり」と、辛亥革命との連動性を明確に指摘する者もいた。一方、政権中枢にいた寺内正毅は、大正政変を促した民衆運動には辛亥革命に関わった日本人が参加しているとみて、警戒を強めている［櫻井、二〇〇九］。

国民主権という規定だけに限らない。女性参政権をめぐる議論は、日本より中国のほうがむしろ活発であったし、学制における男女平等も、日本より中国のほうが進んでいた。なぜか。簡潔にいえば、明治日本が一九世紀半ば過ぎの世界の流れを採り入れ形成されたものであったのに対し、中華民国は、二〇世紀初めの世界の流れを採り入れるようになっていたからである。女性参政権を求める運動にせよ、教育における男女平等にせよ、そこには世界的な広がりが存在していた。

こうした状況が進行していたにもかかわらず、当時の日本では、中国の新しい動きを認識する姿勢は微弱であった。雲南高等学堂で日本教習をつとめ、自らは中国語を独習して日本に帰った河合絹吉は、その頃の日本の様子について、「当時英語を断片的に会話の中へ入れるのが学者であり紳士であって、支那語等知った顔をすれば笑わるる程にて、更に知らぬ顔をして居たものだ」と述懐している［河合、一九三八b］。こうして同時代の中国を認識することを大切にするどころか、むしろ逆に、日本が近代化を一歩先んじて進めてきたと考え、遅れた中国を見下すような意識が広がっていた。清末に北京で日本教習の一人として法律や政治を教え、日本に帰国した後は、同時代の中国を論じる代表的な中国史研究者となった矢野仁一もその一人である。

矢野仁一の中華民国認識の特徴を一言でまとめるならば、伝統中国を近代国民国家とは異なる前近代の「帝国」とみなす一方、あるべき近代国民国家の姿を基準にして、眼前の中華民国はその条件を満たしていないと辛辣に批判する観点である。「支那無国境論」、「支那は国に非《あら》ざる論」など一連の論稿を通じ、矢野は繰り返し中華民国は国家ではないと断じた［矢野、一九二三］。彼の主張は、当時の中国には国家意識を明瞭にする政治や文化が育っておらず、国民教育も普及していないという事実を根拠に、当時の中国、すなわち辛亥革命後に成立した中華民国が、近代国民国家にはなっていないとするものである。前近代の帝政とは異なる近代国民国家を建設しようとする精神こそ、当時の中国に最も欠けていたものであり、そうした精神の確立こそ中華民国の最大の課題でなければならない、というのが、矢野の基本的な観点であった。ただし一九三七年の日中戦争勃発以降、矢野仁一の認識は微妙に変化しており、戦後、さらに大きく転換していくことにも注意を払っておく必要がある［久保、二〇一一］。

一九一四年に第一次世界大戦が始まると、そうした日本人の中国認識が持っていた限界や問題点が一挙に露呈してくることになる。

第Ⅱ章

日本モデルとの決別
——国民革命へ 一九一〇年代後半〜二〇年代半ば

誕生早々の中華民国は、人類が初めて経験する地球規模の大戦争、第一次世界大戦(一九一四—一八年)によって大きく揺さぶられる。西欧からの輸入が激減する中、国内経済が活況を呈し工業化が進展するとともに、欧米から社会主義、プラグマティズムなど新しい思潮が押し寄せ、様々な社会運動が勃興した。一方、東アジア情勢に目を転じれば、権益拡大を狙う日本が青島を占領し続け、二一カ条要求を突きつけて中国を圧迫した。

こうした激動の下、邵元冲と張默君は、欧米諸国を自らの目で見て回り新たな方向性を模索する。一九二〇年代の半ば、帝国主義に反対し北京政府打倒を掲げる国民革命の高揚が中国全土を包み始める頃、邵元冲は国民党の革命運動に身を投じ、張默君は国際的な広がりを持つ女性運動に参加していた。一方、雲南で少年時代を過ごしていた聶耳も、世界の変化に強い関心を寄せ、自らの将来を真剣に考えるようになる。この時期、中国は、日本モデルと決別し、隣国ソ連の発展を意識しながら独自の進路を歩み始めた。

一　第一次世界大戦の衝撃

押し寄せる欧米の新思潮

第一次世界大戦は、中国の人々にも大きな衝撃を与えた。その後に起きた第二次世界大戦の記憶が強烈な現在の日本では、初めて世界大戦が起きた意味が見えにくくなっている。しかし第一次世界大戦は、四年間、世界規模の闘いが続き、犠牲者が一一〇〇万人*を超えるという人類が初めて体験する大戦争だったのであり、当時の人々にとって測り知れないほどの衝撃だった。当初、大戦に巻き込まれることを警戒し中立の立場をとった中国は、大戦末期の一九一七年、ドイツなどに宣戦して連合国に加わり、後方支援のため二〇万人近い労働者を欧州戦線に派遣したりした。その結果、中国は、戦勝国の一員としてパリ講和会議に出席するなど、国際政治の中である程度の発言力を得ることになる。一連の変化は考え方や価値観にまで及び、新たな思想潮流が知識人の間に広がるとともに、中国が日本を見る眼差しも大きく変わっていく。

*犠牲者数については、八〇〇万人から一五〇〇万人まで様々な推計がある。

第一次世界大戦の主戦場になったヨーロッパ諸国では統治体制が揺らぎ、大戦争を引き起こした既存の社会経済に対する疑問が膨らんだ。資本主義を批判する様々な社会主義思想や平和思想の影響の下、新たな選択肢が模索されるようになる。インドや中東、東南アジアなど西欧の植民地にされていた地域では民族運動が勃興した。国際連盟が発足した一方、ドイツへの過大な戦後賠償など新たに引きおこされた問題も少なくない。他方、国際政治の中でアメリカと日本の存在感が格段に大きくなり、ロシアには「パンと平和」を求める民衆に支持されて革命政権が生まれた。

一九一五年に上海で陳独秀(一八七九―一九四二年)らが創刊し、若い世代に大きな影響を及ぼす『青年雑誌』(翌年『新青年』に改称)は、創刊号の表紙にフランス語で「青年」と記し、アメリカの企業経営者カーネギーの写真を掲げた。表紙をめくると、自主的・進歩的・進取的・世界的・実利的・科学的という六つの方向性を示し、中国社会の旧弊克服を呼びかける創刊の辞が掲載されている。

他にも多くの雑誌や若者のサークルが生まれ、欧米の新しい思想潮流を積極的にとりいれようとする雰囲気が溢れていた。一九一八年に創刊された北京大学学生の同人誌『新潮』は、最新の世界の潮流に合流し、未来の中国社会の先導役になることを呼びかけている〔坂元責任編集、二〇一〇、一三一頁〕。また一九一九年、「科学的精神に基づき社会的活動を行い、もって〝少年中国〟を創造する」として結成された少年中国学会の一会員は、機関誌『少年中国』に次のように書いた。

ヨーロッパでの戦争終結後、世界の潮流は怒濤のごとく東方に押し寄せた。衝撃を受けた中国の青年たちは、一挙にある種の不安の相におおわれ、旧社会、旧家庭、旧信仰、旧組織その他すべての旧制度に対し、あらゆる面で懐疑心をいだき、常々その改造に思いを巡らせ、かくして「新生活」を求める声が至るところ異口同音にあがっている〔坂元責任編集、二〇一〇、一四四頁〕。

世界大戦の帰趨が見えてきた一九一八年、李大釗《りだいしょう》(一八八九―一九二七年)は『新青年』誌上に「民衆の勝利」、「ボリシェヴィズムの勝利」という論文を立て続けに発表し、人道主義、民主主義、社会主義の勝利を賞賛している。ここに社会主義への期待感が示されていることは疑いない。しかし人道主義や民主主義と社会主義を並置する論調から知られるように、一九一〇年代末の段階では、中国の知識人の間における社会主義認識は漠然としたものであった。

女性の地位をめぐっても、伝統的な家族制度や政治状況が批判され、親に命じられた結婚を拒み自殺した湖南省長沙の女性のことが各地の若者らによって真剣に議論されている。一九一三年に『神州女報』が発した問いかけは、一回り大きな広がりをもって受けとめられるようになった。一九一八年にイギリスで女性参政権が部分的に認められ、二〇年にはアメリカで女性参政権が実現するといった世界的な動きも、当然、影響を与えている。一九一五年に創刊された『婦女雑誌』、張默君を主編者に迎え二〇年から連載が始まった『時報』毎週特集版「新婦女」など、女性の生活や権利に関わる多彩な記事を載せた定期刊行物も増えた。

清末以来の教育改革によって、以上に挙げたような雑誌類を読みふける若者が増えていたことにも注意すべきであろう。全国の大学や高等専門学校の卒業生は一九一二―一六年度平均で年に八一四七人に達し〔潘懋元等編、一九九三、八〇五頁〕、師範学校の一九一二―一三年の在学生は三万八二七七人で、その一七・六%にあたる六七二四人が女性であった〔程謫凡編、一九三六、一九八―二〇〇頁〕。女性を含め高いレベルの教養を身につけた社会層が辛亥革命以来の一〇年間に急増していた。そうした共鳴板があったからこそ、さまざまな思想潮流を紹介する雑誌の出版が可能になったのである。

要するにプラグマティズムもあればアナキズムもあった。国家主義を標榜するものもあれば、人道主義やトルストイ主義の影響もあった。こうした多種多様な思想の一つとしてマルクス主義思想も流入した。一九一〇年代後半から二〇年代前半にかけての時期は、共産主義やマルクス主義といっても外来の多様な思想の一つに過ぎず、格段に大きな存在だったわけではない。ただし、世界大戦という惨禍を生みだした根源的な悪として、帝国主義や資本主義が非難されるようになり、それがもたらす諸問題を克服する対抗的な理念として、さまざまな社会主義思想が注目を集めるようになっていたことは、新しい時代の到来を示唆するものであった。後に述べるように、大戦後に欧米諸国を回る邵元冲も、さまざまな社会主義思想に触れ、視野を広げていく。

二一カ条の日本への反発と五四運動

新しい思想を若者たちが求めた背景には、中国内外の政治状況も大きな影を落としている。皇帝専制は一九一一年の辛亥革命によって崩壊したとはいえ、それに代わる新たな共和政体は容易に確立しがたい状況に置かれていたからである。

一九一二年、中華民国の実権を掌握した袁世凱は、一九一三年四月に英仏日独露の五カ国から善後借款と呼ばれる二五〇〇万ポンドの借款を獲得し、それを財源として経済行政機関の拡充、新通貨の発行、経済関係の法整備など積極的な経済政策を展開した。さらに一九一四年五月、大総統権限を強める中華民国約法(新約法)の公布、参政院という大総統諮問機関の設置、地方の権限を縮小する官制改定などを矢継ぎ早に進め、政権基盤の強化を図った。

しかし、一九一四年七月の世界大戦勃発以降、袁世凱政権を取り巻く情勢は一変する。西欧列強からの新規借款は、その西欧が戦火に覆われたため期待できなくなった。他方、東アジアで力を持ち始めていた日本が、新たな権益の獲得をめざし行動を開始した。大戦開始直後、山東省青島にあったドイツ軍基地を攻略した日本は、占領を継続して多くの紡績工場を開設するなど日本主導の経済開発を図るとともに、満洲での権益拡大も狙い、二一カ条の要求を中国に突きつける。袁政権は日本の要求に困惑し、欧米に支援を求めた。しかし大戦への対応に追われる西欧諸国に中国を支持する余裕はなく、袁政権は、結局、一九一五年五月、日本が武力行使の姿勢も見せて突きつけた二一カ条要求の大部分を受け入れざるを得なかった。

袁世凱は、揺らいだ政権基盤を立て直すため帝政への移行を図る。中華民国を中華帝国へと改変し、強力な統治体制を確立しようと試みたのである。だが、帝政の採用には、袁政権の支持層さえも批判的な態度を示した。一九一五年末になると、雲南をはじめ各地の地方軍が中華民国を護る「護国軍」を名のって次々に中央政府に反旗を翻す。行きづまった袁は、ついに一九一六年に帝政を取り消し、まもなく病死した。袁の死後も政情不安はおさまらず、中華民国の将来への見通しは急速に色あせていく。新しい思想を若者たちが求めた背景には、以上のような国内の政治的混迷が存在した。

他方、日本の山東占領長期化に対する中国民衆の反発は高まり、ついに一九一九年五月、五四運動が勃発した。大戦終結後に開かれたパリ講和会議が山東の即時返還という中国の要求を顧みなかったことから、中国の民衆が政府に対し講和条約への調印拒否を求めた反日民族運動である。北京の学生デモに端を発した運動は、一般の市民や商工業者にも支持されて上海、天津などの大都市に広がり、ついには中国政府をも動かし、講和条約への調印を拒否させることになる。その後、英米日中などが一九二一―二二年に開催したワシントン会議の結果、ようやく山東は日本から中国に返還された［川島、二〇一〇、一九〇―一九六頁〕。

民族運動の高まりは、世界大戦期を通じて中国経済が急成長を遂げたことによっても支えられていた。戦火に覆われた西欧からの工業品輸入が激減し、国産品が販売できる国内市場が拡大した結果、一九世紀末から始まっていた工業化の流れが一挙に加速されたからである。袁政権が展開した一連の経済政策もそれを促す役割を果たした。機械紡績綿糸の生産量は一九一〇年から二〇年までに八万六〇〇〇トンから一六万八〇〇〇トンへ、機械製粉による小麦粉生産量は一九一三年の一〇三万トンから二一年の二二一万トンへと、いずれも約一〇年で倍増した。上海の江南造船所がアメリカから受注した一万トン級の汽船を四隻製造したのも大戦期のことである。製造業のこうした発展は商工業全般に活況をもたらし、自立的な経済発展を支える政策を求める動きが強まった〔久保・加島・木越、二〇一六〕。五四運動を多くの商工業者が支援したことは、このような背景を抜きにしては理解できない。

様変わりした世界の情景を凝視しながら、中国知識人の日本を見る目も大きく変わっていく。変わったことの一つは、日本モデルの改革推進に期待を寄せていた中国の知識人が、ひたすら利権を追求する日本の動きを警戒するようになり、代わって欧米の新しい潮流に強い関心を向けるようになったことである。一九一五年初め、日本が中国に突きつけた二一カ条要求に対し、在日中国人留学生の間では、抗議の意思を示すため中国へ帰国する動きが広がった。一九一五年五月九日、中国政府が日本の要求の大部分を受け入れると、その日を国恥記念日として記憶に刻む運動が継続され、一九一八年には、中国の主権を脅かす日中軍事協定に反対する運動が展開される。一九一九年三月、朝鮮で起きた三一独立運動は、中国人の対日警戒心を一挙に高めるものになった。こうした中で、五四運動も勃発し拡大したのである。

ロシア革命の影響

地続きの隣国で起きた事件であったとはいえ、ロシア革命は、すぐに中国へ影響を及ぼしたわけではない。一九一七年に生まれた革命権力は、長期にわたって存続できるかどうかも疑われる脆弱なものであったし、革命に反対する武装勢力が各地に割拠し、列強の干渉行為も繰り返されていた。しかし一九二〇年頃になると、革命権力の基盤は固まり、列強も次々に撤兵していく。

そのなかで、中国の人々のロシア革命に対する関心は、いくつもの径路を通じて高まっていった。まず一つは、大戦期にヨーロッパ各国へ派遣された中国人労働者を通じての影響である。彼らは後方支援部隊の要員として、中国政府が国内で募集し連合国に派遣した労働者であり、その数は二〇万人近くにのぼる。その中にはロシアの兵士と行動をともにし革命を経験する人々も出たとはいえ、労働者の多くは外国語を理解する力などを十分身につけていなかったため、彼らを通じて中国国内へロシア革命の政治的、思想的な影響が及んだという事例は少なかった。

第二に、革命ロシアからの直接的な働きかけが挙げられる。一九二〇年春には、ソヴェト政府が旧ロシア帝国時代の在華特権を否認し、中国人民との平等互恵、友好関係を提唱したカラハン宣言(第一次宣言、一九一九年七月二五日付)が中国国内に伝わり、各界に歓迎されて親ソ的ムードが高まった。さらに一九二〇年代に入ると、共産主義者の国際組織であるコミンテルンから中国の知識人に対し中国共産党の結成をめざす組織的な働きかけがあり、共産党一党独裁を合理化するプロレタリア独裁論も含め、ソ連共産党の主張が系統だった形で紹介されるようになった。

そして第三に、恐らくロシア革命の影響が最も強く現れたのは、ヨーロッパや日本に長期にわたって滞在し、戦後の新しい思想潮流に接していた中国人留学生の間でのことであった。世界大戦の終結後、ヨーロッパ各国をおおった不況の波は、働きながら学ぶ中国人留学生の生活を苦境に陥れ、それがいっそう彼らの資本主義、帝国主義に対する批判的な意識を研ぎすませていく。ヨーロッパの中国人留学生の一部には、一九二〇年頃からロシア革命を主導したボリシェヴィキの社会主義思想がひろがり、一九二二年六月、フランスのパリ郊外で中国共産党欧州支部が設立された。一九二三年に欧州支部の党員数は約五〇〇人に達し、当時の中国国内の党員総数にほぼ匹敵する規模になっている。そのメンバーには、後に中華人民共和国の指導部を担う周恩来（一八九八―一九七六年）、鄧小平（一九〇四―九七年）、李富春（一九〇〇―七五年）、聶栄臻《じょうえいしん》（一八九九―一九九二年）らが含まれていた。

日本で学んでいた中国人留学生の中にも社会主義思想は広がった。中国共産党を設立する中心メンバーになる陳独秀と李大釗《りだいしょう》の二人は、いずれも日本留学生であり、李大釗は一九一四年から一六年まで早稲田大学で学んでいる。当時、早稲田大学の学生たちの間には、一九一九年に創設された建設者同盟という社会主義団体に連なる流れが存在していたし、河上肇がマルクス主義を紹介した著作は、李大釗に大きな影響を与えた。後述するようにヨーロッパで中国共産党を組織する周恩来は、一九一七年秋から一九年にかけて日本に留学し、そこで社会主義思想に触れた（コラム2「神田神保町を歩いていた若き周恩来」参照）。また「義勇軍行進曲」の誕生に深く関わる田漢と許幸之もこの時期の日本留学組であり、田漢は日本でモダニズムに心酔し、許幸之は社会主義に出会った。

コラム……2

神田神保町を歩いていた若き周恩来

後に首相になって活躍する周恩来（一八九八―一九七六年）も、若き日、神田神保町の界隈を行きかう中国人留学生の一人であった。ちょうど百年ほど前、一九一八年頃のことだ。天津の南開学校という名門校を卒業した後、日本の大学に進学することを志し、神保町の東亜高等予備学校（第Ⅰ章コラム１「東亜高等予備学校と松本亀次郎」参照）で日本語を学んでいたのである。明治、日大、中央などの大学と日本語学校が建ち並び、学生相手の下宿が軒を連ねた神田界隈は、当時、多くの中国人留学生が暮らす地域になっていた。中華料理の店が増えたのもこの頃のことといわれる。

一九〇八年以降、留学の「質」を確保することを主な目的として、第一高等学校、東京高等師範学校など指定校の入学試験に受かれば中国政府が学費を支給するという制度が設けられたため、ひとまずは私費で日本に渡って日本語を学び、その試験に挑戦する中国人留学生が増えていた。しかし、その枠は大きなものではなく、周恩来も合格していない。日本語の修得が難しかった、と周自身は後に語っている。

一九一七年秋に来日した周恩来は、一九一九年春、当初の目標を達せず、失意のうちに帰国した。その間、一九一八年一月から一二月まで、几帳面に書いていた日記が写真版で公刊されている［周恩来、一九九八］。一九歳から二〇歳にかけての青春の記録、ということになる。全体に毛筆の整った字で記され、書き損じや訂正の跡が少ない。頭の中がよく整理された状態で書いていたのであろう。さすがに名門校を優秀な成績で卒業した周恩来らしい日記である。

そんな彼のことだから、当時の日中関係を憂う中国人留学生たちが激高した議論を交わしていた時も、政治運動の先頭に立つような行動はとっていない。一九一八年春、中国の主権を損なう日中軍事協定への反対運動が留学生の間に広がり、抗議のための意思表示として全員帰国という強硬な方針案が提起された時も、周恩来は、自分がとった態度について「持消極反対主義閉口不言」(消極的な反対主義という立場を保持し、黙っていた)と、五月四日の日記に記した。

しかし、周恩来が政治や社会の動きに注意を払っていなかったわけではない。むしろ逆である。たとえば、日記の二月一八日から二一日にかけての頁で、周は、ドイツと日本の軍国主義、袁世凱政権の限界などに関する考察を書き連ね、中国は軍国主義や賢人政治を越え、国家主義、世界主義をめざすべきである、との議論を展開している。一九一八年の二月といえば、まだ第一次世界大戦の帰趨は見えず、ロシア革命の行方も定かでなかった頃であり、もちろん中国共産党も結成されていない。そうした時、ようやく二〇歳を迎えようとしていたばかりの若者が、留学先の異境の地で、このように考えをめぐらせていた。時代の空気のようなものを感じざるを得ない。

およそ一年半で終えることになった日本留学は、比較的短い期間であったにもかかわらず、周の人生にとってきわめて大きな意味を持つことになった。友人たちとの交流と読書を通じ、日本で社会主義思想に触れることになったからである。一九一九年春に中国へ帰った周恩来は、天津で五四運動に参加した後、一九二〇年、ヨーロッパへと旅立っていく。そして一九二一年に創立される中国共産党員の一半を占めた欧州在住中国人留学生の、その中心に、われわれは周恩来の姿を見出すことになる。

二　新思潮の下の教育と若者たち

アメリカ型学制への転換

政治外交面で日本離れが進んだのに並行して、教育の分野でも日本型の学制を改め、アメリカ型の学制を採用する動きが広がった。ただしこれは、必ずしも反日運動が直接影響を及ぼした結果ではない。教育現場からの声に基づき一九一三年学制を改善することが模索され、種々の努力の総和として一九二二年学制（壬戌《じんじゅつ》学制）が編成されたというのが実際に近い。その背後には、欧米の新思潮や辛亥革命の影響に加え、第一次世界大戦を機とした経済の発展も含め、さまざまな要因が働いていた。

一九一三年学制に対し、日本型の機械的導入だとの批判が存在したことは確かである。天津で一九一五年に開かれた第一回全国教育会連合会で、湖南教育会の代表は「日本の真似で問題が多い」と主張した。しかし第Ⅰ章で述べたように、一九一三年学制は、すでに日本型の一九〇四年学制に変更を加え、初等小学、高等小学、中学の修学年数をそれぞれ一年ずつ縮小している。そのほうが教育の普及に役立つと考えられたためである。しかし修学期間の縮小が実際にもたらしたのは、子どもたちの大幅な学力低下であり、そのことが一九二二年学制への転換を促す一因になった。

学制改編に向けた議論は、教員、教育行政関係者らによって各地に組織された教育会を中心に一九一〇年代半ばから始まった。各省の教育会代表を集め毎年大会を開いていた全国教育会連合会は、一九二一年、広州で開いた第七回大会で、学制改革に関する討論を本格的に開始した。大会は広東省教育会の提案を基礎に、他省の教育会の提案も一部に採り入れ、新たな学制の草案をまとめ、全国で討論することを呼びかけた。その結果、翌二二年、山東省済南で開かれた第八回大会で最終案を確定し、政府に提出する。政府は、全国教育会連合会の案をほぼそのまま受け入れ、同年一〇月、一九二二年学制として公布施行した。以上の過程が示すとおり、中華民国北京政府の下で官民の協力によって実現したのが、この一九二二年学制であった〔銭曼倩等編、一九九六〕。ただし官民の妥協の産物であり、それ以前の学制の基本的な性格は継承されたとする見方もある〔今井、二〇一〇〕。

一九二二年学制の基礎になった広東省教育会の案は、同会内部に組織された学制系統研究会というワーキング・グループが作成したものである。小中学校の校長や教育学者、教育行政関係者ら七一人で組織された研究会は、英米独仏日の教育制度に関する文献を揃え、検討を重ねた。その結果、彼らが到達した結論が、六－三－三－四制の採用だったのであり、たんにアメリカの制度を導入すればよいという安直な行き方ではなかった。その際、修学年数を短縮した一九一三年学制が子どもたちの学力低下をもたらしたことに鑑み、一九二二年学制では小中学校を合計した修学年数を再び九年に戻すことになった。また、従来の複線型にかわって単線型が採用されるなど、中等教育の教育制度も大幅に改編され、子どもたちや社会の状況に応じ、教育内容を柔軟に対応させていくことが可能になった。

それにしてもこの時期、アメリカの教育思想の影響は大きかった。北京大学などに招聘され一九一九年五月から二一年七月まで中国に滞在したコロンビア大学の教育学者デューイ John Dewey（一八五九―一九五二年）は、各地の大学で講義を行うとともに市民向け講演の求めにも積極的に応じ、プラグマティズムの教育思想を世に広めた。たとえば一九二〇年六月、張默君を含む教育関係者が名を連ね、江蘇省北部の地方都市徐州で開かれた教育問題講演会も、その看板スターはデューイとなっている〔『申報』一九二〇年六月一日〕。彼の講演録や著書がベストセラーになり、コロンビア大学に留学し彼に学んだことのある若手の知識人、すなわち思想家の胡適（一八九一―一九六二年）、生活教育に身を捧げる陶行知《とうこうち》（一八九一―一九四六年）、教育行政の道に進む蔣夢麟《しょうむりん》（一八八六―一九六四年）らも、それぞれの教育思想を説いて回った〔銭曼倩等編、一九九六、二二七―二二八頁〕。

海外留学の新たな波

さまざまな新しい思想に接した若者たちが、海外、わけても欧米への憧れを強めるのは自然の勢いであった。依然として日本への留学が多数を占めたとはいえ、一九一〇年代末から二〇年代にかけ、欧米に留学する中国人が増加した。張默君と邵元冲も、この時期に相前後して欧米へ旅立っている。帰国後、張默君は女性の権利獲得をめざす社会運動に積極的に関わるようになり、邵元冲はロシア革命の影響を受けた新たな革命運動の波に加わっていった。二人が結ばれるのは、その中でのことである。そして世界の激動は、雲南の中学で学ぶ、まだ十代の若者だった聶耳にも確実に伝わっていた。

三人の人生にわけいる前に、この時期の海外留学全体の様子を見ておきたい。そもそも清末から民国初期にかけ、中国から日本への留学熱が高まった理由の一つは、旅費や生活費を含め、日本に行くほうが欧米より安くすむという経済的な条件にあった。しかし第一次世界大戦の勃発以降、事情が大きく変化する。敗戦国ドイツを筆頭に西欧諸国の通貨の価値が下落し、中国元の外国為替レートが上昇したことから、以前に比べ半分程度の軽い負担で欧米留学をめざすことが可能になった〔謝長法、二〇〇六、一二三―一二四頁〕。

また大戦中、戦場に多くの兵士を動員し労働力が不足した西欧諸国では、中国人のような外国人も働き口を得やすくなっていた。そうした条件を利用した試みの一つが、フランスで働きながら学ぶことを呼びかけた勤工倹学運動である。後に中国共産党の指導者となる鄧小平も、この時、中国から渡った私費留学生の一人であった。もっとも一九二〇年の秋、一六歳の鄧がたどりついたフランスは戦後不況の真只中にあり、働きながら学ぶという当初の夢はたちまちのうちに破れ、彼の前には外国人労働者としての厳しい生活が待ち受けていた。前に触れたように鄧小平らがフランスで社会主義運動に惹かれていったのは、そうした中でのことであった。

本題に戻る。欧米への留学が増加したもう一つの要因は、希少価値が薄れた日本留学という経歴に比べ、欧米留学は社会的に高く評価される傾向にあり、出世の早道と考えられたことにあった［謝長法、二〇〇六］。一九一〇年代になると、義和団賠償金を用いたアメリカの資金援助があった清華大学に入学し、公費でのアメリカ留学をめざす道も開かれる。ただし、やはり欧米へ公費留学するルートは限られたものだったので、私費留学の比率が高かった。ある統計によれば、在米中国人留学生のうち、一九一五年には六八％、一九二四年にも六五％が私費留学生だった。また、私費留学に関しては、一九二四年に「管理自費留学生規程」という規程が整備されるまで、かなり自由に認められていたという事情も働いていた。

一方、日本に留学する若者たちの間にも新たな動きが生まれていた。それは、世界大戦の頃から欧米に広がった新しい思想潮流に、日本で触れるようになったからである。後に「義勇軍行進曲」の作詞を担当する文学者田漢も、その一人にほかならない。湖南に生まれ、長沙師範学校を一九一六年に卒業した田漢は、それから一九二二年までの六年間、湖南省派遣留学生を監督する職に就いた叔父に連れられ、日本に留学した。一八―二四歳の多感な時を、第一次世界大戦期から戦後にかけての日本で、比較的恵まれた条件の下で暮らしたことは、田漢の思想形成に大きな意味を持った。田漢は浅草の映画館や築地の劇場に通い、大正モダンの東京で近代文学、近代劇、アメリカ映画にひたった。彼が見た近代劇にはシェークスピアの「ヴェニスの商人」、トルストイの「復活」、メーテルリンクの「青い鳥」などがあり、映画についていえば、社会派的色彩の強いアメリカ映画「シューズ」をふくめ、六年間に一〇〇本以上を見ていた[小谷、二〇一三]。文学青年になった田漢は、新劇運動を牽引した秋田雨雀《うじゃく》(一八八三―一九六二年)、英文学者厨川白村《くりやがわはくそん》(一八八〇―一九二三年)、作家の村松梢風(一八八九―一九六一年)、谷崎潤一郎(一八八六―一九六五年)らと交流する機会も持つようになった。

田漢は先に述べた少年中国学会の一員になり、一九二〇年五月、中国からその代表団が来日し東京帝国大学の新人会と交流した時は、通訳の一人として同席している。新人会は「世界の文化的大勢たる人類解放の新気運に協調し之が促進に努む」ことを綱領に謳い、東京帝大の学生を中心に一九一八年一二月に成立した団体であり(第Ⅲ章コラム5「宮崎龍介と柳原白蓮」参照)、少年中国学会と同様、時代の波を受け、新しい社会の建設をめざした若い世代の集まりだった。その後、メンバーが社会主義、国家主義など理想を異にする様々なグループに分かれていったことから、両団体とも活動を停止していく。換言すれば、そうした多様な政治思想潮流が発展していく、その起点がそこにあった。

田漢が留学生仲間と日本でつくった文学サークル創造社(一九二一―二九年)も、大きな役割を果たす存在である[伊藤、二〇〇七]。その最初の核になったのは一九一四年に第一高等学校特設予科に入学した郭沫若《かくまつじゃく》(一八九二―一九七八年)、郁達夫《いくたつふ》(一八九六―一九四五年)、張資平(一八九三―一九五九年)の三人であり、彼らに成仿吾《せいほうご》(一八九七―一九八四年)と田漢を加えた五人が成立時の主要メンバーであった。東京で成立した後、上海に主な活動の場を移した創造社は、近代中国でロマン主義、耽美主義の傾向が強い文学を生み出す母体になった〔小谷、二〇一三〕。上海の有力な出版社の一つ中華書局に勤めるようになった田漢は、南国社（一九二二―三〇年）という文学サークルを組織するが、その文学も同様の色彩を帯びていた。しかし一九三〇年代を迎える頃から、上海では社会主義リアリズムと呼ばれる左翼的文芸思想の影響が広がり、田漢も中国左翼作家連盟の中心となって活躍するようになる。

張黙君の欧米視察と職業教育

張黙君が上海からアメリカへ向かう船に乗りこんだのは、一九一八年四月のことである。中華民国北京政府の教育部から欧・米・日の「職業教育視察」を命じられた公的な派遣であり、外国視察を拝命した女性は彼女が初めて、と上海の新聞は伝えている〔『申報』一九一八年四月一二日〕。当時の中国でいう職業教育は、現在の日本のキャリア教育に通じる広い概念であり、教育の普及と実業の振興に貢献し、女性の自立も進める方策として重視されていた。一九一六年に職業教育研究会を発足させ、こうした動きを推進していた黄炎培《こうえんばい》（一八七八―一九六五年）は、後に民主党派の中心になって活躍し中華人民共和国の副主席に就いている。それはともかく、当時、職業教育の先進国としてアメリカが注目され、教育関係者のアメリカ視察が進められたことが、張黙君の海外視察の背景にあった〔謝長法、二〇一一、一一五頁、一三〇―一三一頁〕。

張黙君は、アメリカのコロンビア大学で職業教育について学んだ後、翌一九一九年五月、ロンドンに渡り、フランスなどを視察しながら帰国した〔『申報』一九一九年七月二三日〕。コロンビア大学では、当然、同大学の教授であったデューイにも会っていたであろう。

彼女は中国の反日民族運動にアメリカで参加した。ニューヨーク在住の中国人が組織した愛国委員会の委員に選ばれ、パリ講和会議での中国代表に講和条約調印拒否を求める電報を何度も打った（『申報』一九一九年八月一一日）。帰国後の講演でも、しばしば日中関係に言及している。「アメリカのホームパーティーなどで中国人にスピーチを依頼する際は、訪中経験を持つアメリカ人にも話をさせるようになり、とくにこの一年はパリ講和会議と中日関係を話題にすることが増えております。……アメリカ人の論調は、常に中国の主張を正しいものと認め、日本に対し批判的であります」（『申報』一九二〇年三月六日）。渡米体験を通じ、張黙君は、主権回復を求める中国の立場の正当性をいっそう強く確信するようになっていた。

一九二二年五月九日の国恥記念日には、校長をしていた南京の江蘇省立第一女子師範学校（以下、江蘇第一女子師範と略称）を休講措置とし、その日の学生の食費を倹約し、日本から山東鉄道を買い戻す費用の募金に充てるとともに、二一カ条要求の内容やワシントン会議に至る経過などについて学生に演説している（『申報』一九二二年五月一二日）。五四運動からワシントン会議に至る過程を経て山東返還に応じざるを得なくなった日本は、占領期間中の山東鉄道改修・管理費用を中国側に請求した。そこで、その買戻費を募ることが、当時中国の民族運動の課題になっていた。同年六月の江蘇第一女子師範創立一〇周年行事の際も、買戻費の募金を集める学芸会が開催され、六〇〇〇―七〇〇〇元

図5 アメリカに渡った頃の張黙君

を集めた〔『申報』一九二二年六月一五日、同二一日〕。

女たちの国民革命への助走

一九一九年一一月に欧米視察から帰国した張默君は、上海女界連合会の友人らと手を携え、女性の権利を獲得する運動（中国語で「女権運動」）を進めた。この会は五四運動の高揚の中で一九一九年七月に結成され〔『申報』一九一九年七月一三日〕、「資本家階級上層の女性が組織し、女性参政権獲得のため積極的に取り組んだ」とされる団体である〔鄭永福・呂美頤、二〇一〇、八九頁〕。

上海女界連合会が力を入れたことの一つは、国際的な女性参政権運動との連携であった。国際女性参政同盟（International Women Suffrage Alliance、ＩＷＳＡ。一九〇四年設立。日本では「万国婦人参政権協会」などとも訳される）第八回世界大会に向け準備が進んでいた「女性憲章（Women's Charter）」草案に対し、張默君は中国の女性団体が提出する意見のとりまとめ役になって活躍した。連合会の会議で張は次のように発言している。

男女平等を法律で保障し、女性の奴隷扱いを禁止する条項に関していえば、中国は全くこれに反する状況にあります。昔の法律によれば、夫の妻殺しは禁固刑であったのに対し、妻の夫殺しは「凌遅《りょうち》」〔人体をバラバラに切る苛酷な死刑、引用者注〕でした。これは法律上の男女不平等の最たるものでした。中華民国になってからの改革でも「凌遅」が死刑に改められただけであり、その他の法律上のさまざまな不平等が未だに改められていない点に注意すべきです。奥地では今でも女性を売って妾にすることがありますし、下層の人民の間では妻を貸したり売ったりする風習があります。それでも女性に人格があるといえるでしょうか。道徳についてみても中国では男女が平等ではありません。貞操を守らなかった女性は家族からも周囲の社会からも見捨てられ、夫を亡くした妻は再婚を許されません。それに対し男性は妾を置いたり、買春したりする不良行為が許されています。純潔という道徳は男女とも守るべきものなのに、なぜ女性だけが責められるのでしょうか。また、教育上と職業上の男女平等も女性解放のための根本問題であり、中国の女性が注意すべき課題です〔『申報』一九二〇年五月九日〕。

この発言を踏まえ、会議はオランダの女性団体が示した女性憲章草案に賛成することを決めた。さらに張黙君は、IWSA世界大会開催に向けた負担金問題や、世界大会参加準備のための全国大会召集の必要性についても積極的に発言している〔『申報』一九二〇年五月七日、九日〕。ただし中国の女性団体は、一九二〇年夏にジュネーブで開かれたIWSA第八回世界大会に、結局、代表を送り込めなかったようである。* 鄭毓秀《ていいくしゅう》など候補者の名は挙がっていたが、彼女たちの出席は確認できない。

＊日本からは、この大会に基督教婦人矯風会のガントレット恒《つね》が初参加した〔ガントレット恒、一九四九〕。彼女の参加は、日本で一九二四年一二月、婦人参政権獲得期成同盟会が成立する源流の一つになった〔金子、一九二五〕。

一九二三年、上海女界連合会の流れを汲む上海女権運動同盟会は、張黙君と程婉珍《ていえんちん》の提議を受け、IWSA第九回ローマ大会に向け、改めて代表派遣問題を議論した。同盟会は一九二二年一〇月二九日に設立され、女性労働者の待遇改善をはじめ女性の権利獲得のため多くの有益な活動を展開した〔中華全国婦女連合会編著・中国女性史研究会編訳、一九九五、一一四頁〕。この時は、フランスに留学する鄭毓秀とローマ滞在中の汪筱謝《おうしょうしゃ》（駐ローマ公使館の外交官朱英の夫人）を候補に推すことが確認され〔『申報』一九二三年四月七日〕、鄭の出発も報じられている〔『申報』一九二三年一一月九日〕。

さらに一九二五年、張默君は中華全国女界連合会を中国婦女協会へ改称し、対外的な発言力を高める案を提起し〔『申報』一九二五年一月五日〕、同年五月二日、協会が正式に発足した際は副委員長に選出された。協会には女性の権利獲得をめざしてきた一〇団体が合流し、共産党員の向警予も参加している。日、英、米の代表も出席し、*中国婦女協会は、世界婦人協会の加盟団体の一つになった**〔『申報』一九二五年五月三日、同四日〕。

*『申報』には「日本婦女協会代表・日本駐滬総領事矢田夫人」とある。在上海総領事矢田七太郎の夫人、矢田鈴江（旧姓・志賀、地理学者志賀重昂の長女）であった可能性は高い。ただし日本の女性団体が中国に代表を送った事実は確認できず、同年一一月、基督教女子青年会ＹＷＣＡが親善のため上海への代表派遣を決めたという記事が見られる程度である〔『婦女新聞』第一三三六号、一九二五〕。矢田鈴江は、個人の資格で挨拶したのかもしれない。

**協会の発足について、共産党を排除する動きだったとの叙述もある〔末次、二〇〇九、一三三頁〕。しかし、近年の中国の概説書も、中国婦女協会自体は評価に値する存在であり、国民革命の一翼を担う役割を果たした、としている〔中華全国婦女連合会編著・中国女性史研究会編訳、一九九五、一五九頁〕。

張默君は、女性の地位向上と権利獲得をテーマにした講演会なども、自らが校長を務める神州女学や江蘇第一女子師範で頻繁に開催していた。一九二二年一一月八日、著名人の梁啓超と張君勱《ちょうくんばい》（一八八七―一九六九年）が江蘇第一女子師範に招かれ、「人権と女性の権利」をテーマに講演したことなどは、その一例である〔『申報』一九二二年一一月一〇日〕。

こうして女性の権利獲得のために奮闘する一方、日々、張默君が力を入れていたのは、やはり校長を務める神州女学の経営であった。一九一七年には、創立以来六年間に専修科と初等・高等の二つの小学校課程をあわせ、数百人の卒業生を世に送り出してきた実績が評価され、江蘇省政府から助成金を獲得したことが報じられている。神州女学はそれを使い成績優秀学生の学費の三分の一を免除した［『申報』一九一七年一二月三一日］。さらに張默君は、欧米視察から帰国する前の一九一九年九月から南京にあった江蘇第一女子師範の校長も兼務している［『申報』一九一九年九月四日］。三〇代前半の身でありながら、すでに女子教育のパイオニアとして高い声望を得ていたことが知られる。

帰国直後、張默君は、留学支援事業に取り組んでいた寰球《かんきゅう》（グローバルの意）中国学生会に招かれ、「欧洲大戦と教育の関係」という講演を行った［『申報』一九一九年一二月一日］。張は、平民主義に基づき公民教育と職業教育を重視しつつあったヨーロッパの趨勢を踏まえ、今後中国がとるべき教育方針として、①平民主義教育の重視、②教育における男女平等の徹底と小学校の共学化、③共和国の愛国精神と相互扶助の責任感の養成、④社会正義実現のための努力の奨励、などを提起した。

その後、上海の女子体育師範学校で行った演説で、張默君は女性に対する義務教育の重要性を三つの角度から説いた。第一は、民主政治の下、女性が人民としての責任を果たすためであり、第二に、教育普及の鍵となる民衆教育を実現するためである。アメリカでは二四〇〇万人が学校で学んでいるのに対し、中国では僅か三〇〇万人に過ぎず、そのうち女子は八〇万人のみと張は嘆じた。そして第三に強調されるのが女性解放にとっての意味である。張は、女性の解放にとっては経済的自立が不可欠であり、そのためには義務教育を徹底する必要があるとした［『申報』一九二〇年三月二八日］。

一九二二年、全国教育会連合会第八回年次大会で女子教育セッションの議長を務めた張默君は、中華女子大学の設立準備を建議した［『申報』一九二二年七月二一日］。先にみたように学制改革の重要な場にもなった第八回大会には全国二一の省・区から四六人が参加し、女子教育の促進を含む諸決議を採択している［朱有瓛等編、一九九三、一九九―二〇〇頁、二四五頁］。張は一九二四年の中華教育改進社*年次大会でも女子教育セッションの第三回会議の議長を務めた［『申報』一九二四年七月九日］。中国婦女協会を組織する計画も、元来、改進社一九二四年大会の女子教育セッションで話し合われたものであった［中華全国婦女連合会編著・中国女性史研究会編訳、一九九五、一五九頁］。

＊中華教育改進社は、一九二一年に江南の教育関係者が中心になって設立した民間教育団体［朱有瓛等編、一九九三、五四四―五四八頁］。

しかし女子教育の普及は順調に進まず、中華民国北京政府の統治が綻びだすにつれ、江蘇第一女子師範の運営経費すら不足するようになる。張默君は年度末の一九二二年六月、他の省立学校の校長と連名で江蘇省政府に教育経費の支給を求める嘆願書を提出した［『申報』一九二二年六月一五日］。翌年も同様の事態が生じたため、張は江蘇第一女子師範の校長を辞する意志を表明し、慰留されている［『申報』一九二三年七月一八日］。一九二四年度には経費不足で開学延期論まで飛び出した［『申報』一九二四年一〇月二八日］。結局、開学はしたようであるが、経費問題は依然として解決する兆しが見えなかった。その際、省政府と交渉する校長会代表四人の一人に張默君は選ばれている［『申報』一九二五年二月二日］。このように北京政府が機能マヒに陥る過程を身近に体験していたことは、同政府に対する失望の念を深め、張默君が国民革命に期待を寄せる契機になったに違いない。

張默君は女性労働者の問題に対しても果敢に向きあう姿勢を見せた。自らが主宰する神州女界協済社が元宵節《げんしょうせつ》（小正月）に開いた恒例の親睦パーティー（女界交誼会）で、張は、中国の女性労働についてこう語っている。

資本家が私利の追求だけに走れば、必ず強い反発を招き決裂にいたってしまいます。現在、上海の紡績工場では多くの労働者が子どもを連れて通勤し、子どもたちを不衛生な場所に放り出しています。最近の調査によれば、上海の資本家は巨額の利益を得ているのに対し、労働者が持つ子どもの数は三分の二に減少しているということです。何という状態でしょう。欧米各国では工場に保育施設を設けることが義務づけられております。わが国も是非これに倣うべきです。過激派というのは、貧富の差が生み出す悪果です。過激派とは、徒党を組んで秩序を破壊しようとする者たちのことを、そう呼んでいるだけのことに過ぎません。過激な行動を止めさせるには、貧富の差を除かなければならないのです〔『申報』一九二〇年三月六日〕。

こうした観点から、紡績女工の待遇問題をめぐって著名な綿業経営者穆藕初《ぼくぐうしょ》（一八七六―一九四三年）を批判したこともあった。これは、上海の徳大紗廠という紡績工場が十代半ばの湖南の女性たちを劣悪な労働条件下で働かせているとの疑惑に端を発した紛糾であり、『新青年』誌などでも注目された。張黙君が編集していた『時報』女性特集版は、「残忍な資本家」という記事を掲載している〔『時報』一九二〇年三月四日〕。さらに張黙君は、一九二〇年三月一〇日の『時報』紙上で記者の質問に答える形で紡績女工の待遇を改善すべきであると発言した。慌てて対応した経営者穆藕初の釈明によれば、この雇用契約は、湖南で紡績工場の開設を準備していた友人の再三の依頼に応え、労働者の訓練を目的として結んだものに過ぎず、未熟練労働者の一二時間労働に対する対価として月給八元はそれほど低くない、とのことであった〔穆藕初、一九二六、「藕初文録」下巻四四―四六頁〕。確かに月給八元というのは、未熟練の女性紡績労働者の賃金として格別に低かったわけではない。上海紡績労働者の平均的な月収は、一九二〇年代半ばになっても一〇元ないし一二元であった〔宇高、一九二五、一六九頁〕。しかし張默君は、故郷を同じくする湖南出身の女性労働者に同情し、待遇の改善を求めてやまなかった〔『申報』一九二〇年三月一二日〕。その後、一六日には自ら工場に足を運び、女性労働者に囲まれながら、ある程度の待遇改善を確認したようである〔『時報』一九二〇年三月一八日〕。

その後、上海の靴下織産業で働く女性労働者が、女性労働者独自のものとしては初めてとなる労働組合（中国語では「織襪女工会」）の組織を発起すると、張默君は、「平民の曙光であり、女性労働者のかつてない盛挙」との連帯の挨拶とともに活動支援金を送っている〔『申報』一九二〇年六月二日〕。

張默君は、世界大戦を機に広がっていた新たな思想潮流を受けとめ、女子教育の場に軸足を置きながら、女性の権利獲得と中国の主権回復、女性労働をめぐる諸問題の解決のため、多方面にわたる活躍を見せていた。そして一九二四年九月、彼女は邵元冲と結婚する。二人の結婚にいたる経過は、邵元冲の側から探っていくことにしよう。

邵元冲の欧米体験と社会主義への傾斜

張默君が女子教育に献身しながら女性運動でもめざましく活躍していた頃、邵元冲はどんな生活を送っていたであろうか。簡潔に要約すれば、一九一〇年代後半、袁世凱政権及びその後継政権に対決する孫文、陳其美《ちんきび》（一八七七―一九一六年）らの政治運動に参加した後、一九二〇年代前半は欧米の社会状況を見て回っていた。邵は一九一四年七月八日、孫文らが亡命先の東京で結成した中華革命党に入り、同党が発行した『民国雑誌』に、「国民性」、「民国憲法之修改与其成立」、「革命与暴政」などの文章を発表している〔鄒魯、一九六五、一六三頁、五一八頁、五二〇—五二一頁〕。ただし、この頃、孫文らの勢力は弱体であり、邵元冲にも安定した居場所があったわけではない。日本に援助を期待した孫文らの目論見は、空しい結果に終わった。

その後、邵元冲は、一九一九年末にアメリカへ渡った。一一月二五日に上海を出航した汽船の乗客紹介記事に「孫中山〔孫文〕氏の前秘書で紹興の人、コロンビア大学へ経済学を学びに行く邵元冲君」として、彼の名を確認できる*〔『申報』一九一九年一一月二六日〕。先に述べたように、欧米への留学は一つのブームになっていた。この時、邵が彼を見送る友人四人と撮った記念写真（図6）が残されている〔『邵文集』上冊冒頭〕。戴季《たいき》陶《とう》、周佩箴《しゅうはいしん》（一八八四—一九五二年）、蕭紉秋《しょうじんしゅう》、そして蒋介石。辛亥革命の頃からの浙江出身の同志たちであり、一〇年後にはいずれも国民党政権の中枢を担うメンバーであった。

図6　渡米歓送会の邵元冲（中列右端．戴＝後列右端，周＝後列中央，蕭＝後列左端，蒋＝中列左端．1919年）〔『邵文集』上冊〕

なお周佩箴は、製糸業で栄えた呉興の南潯鎮《なんじんちん》出身で、一九二〇年に設立する証券物品交換所の準備に当たっており、蔣介石も仲間の一人であった。一九二七年に国民党政権の中央銀行行長に就いた後、中国農民銀行常務董事《とうじ》（取締役）、東亜銀行董事長などを歴任している。

＊張默君は一九一九年一一月二一日に欧米視察から上海に戻っており、邵元冲が上海からアメリカに向かったのは二五日であったから、二人は上海の雑踏ですれ違っていたかもしれない。しかし二人が出会ったという叙述は残されていない。

アメリカに渡った邵は、華僑向けの新聞に文章を書いたり、母国を訪れる華僑のため孫文宛に紹介状を送ったりしながら勉学を志す日々を送った。伝記には「孫文から海外の党務視察を命じられた」と記載されているが〔『邵文集』上冊、「伝略」二頁〕、彼が書いた党務視察報告のような文書は確認できない。「ウィスコンシン大学やコロンビア大学で学んだ」という叙述もあるが、何を学んだかは具体的に記されておらず、正規の学生だった可能性は低い〔『邵日記』冒頭の「標注説明」〕。ただし後述するように、上海を出てから四年後の一九二三年一一月、孫文がソ連に派遣した視察団がモスクワを訪れた時、そこに邵は合流し、視察団団長の蔣介石と語り合っている。

世界大戦後の欧米で四年あまりを過ごし見聞を広げた邵元冲は、一九二四年に帰国し、国民革命に身を投じていく。では、邵元冲は、欧米で何を見たか。新南社という団体が出した雑誌に、イギリスの田園都市構想について彼が書いた文章が残されている。新南社は、辛亥革命前夜に結成され、革命派の拠点にもなった南社のメンバーの一部が組織した団体であり、田園都市構想は、当時、欧米で最先端の都市計画思想であった。

それぞれについて、もう少し詳しくみておこう。南社は、一九〇九年、蘇州で柳亜子《りゅうあし》（一八八六—一九五八年)、高旭、陳去病《ちんきょへい》らにより、文章を書き、談論を楽しむ知識人のサークルとして結成された。辛亥革命前夜という政治状況のなかで、メンバーの多くは政治と社会の刷新を求める傾向を持っており、南社自体、革命派が結集する場になった。革命派の指導者陳其美も南社メンバーの一人であり、最盛時の社員数は一〇〇〇人を越えた。張默君も南社に加わっていた。しかし、北京政府の統治が混迷を深めるにつれ、メンバーの間にも対立が生じ、一九一〇年代末頃から、南社は分裂、衰退、解体の道をたどった。こうした経緯を経て、一九二三年一〇月、柳亜子が邵力子(一八八一―一九六七年)、陳望道(一八九〇―一九七七年)、葉楚傖《ようそそう》(一八八三―一九四六年)、陳布雷ら、当時、国民党系の論客の中でも革新的な思想を持っていた人々と改めて組織したのが新南社である。その成立を告げる布告は、「新南社の成立精神は、三民主義を鼓吹し、民衆文学を提唱し、社会主義の実行をめざすところにあり、女性問題や労働問題にも一層真剣に取り組む」と当時の新思潮を正面から受けとめる立場を鮮明にした。一九二四年五月に出版された『新南社社刊』に寄稿した邵元冲も、そうした立場を共有していたものとみてよい。

また田園都市(Garden city)とは一八九八年にE・ハワード(Ebenezer Howard)が提唱し、日本を含む各国にも大きな影響を与えた構想である。一九世紀末のイギリスでは、急激な工業化で都市に人口が集中する中、家賃の上昇や住環境の悪化が問題になっていた。そこでハワードは、職住近接型の緑豊かな小都市(当初は新村と呼ばれ、後に田園都市と改称された)を大都市近郊に計画的に配置する構想を提起するとともに、その開発会社が住民参加の下で田園都市を運営する仕組みを案出する。邵はイギリスで自ら田園都市を視察し、その構想を評価する一方、次のような批判を提起している。第一は、社会全体ないし都市全体の改造ではなく、田園都市居住者だけの快適な生活をめざす試みに過ぎないこと、第二に田園都市居住者はある程度経済力がある人々に限られ、無産階級は除外されていること、第三に現代の都市問題の多くは経済機構に原因があり、その解決には無力であること、の三点であり、全般的な社会革命をめざす邵元冲の立場が滲み出ていた〔『邵文集』上冊三四—四〇頁「英国的新村運動」〕。

さらにアメリカで暮らしていた頃の足跡を伝える文章が、帰国後二年ほど経ってから、著名な総合誌『東方雑誌』に掲載された。邵は「一九二二年の春から夏にかけ、アメリカの中部と東部で自分は多くの重要な工場と労働組合を視察した」と記している〔『邵文集』上冊六一頁（「工廠労工状況的調査方法及応注意之点」『東方雑誌』一九二六年四月）〕。この文章自体、労働者の待遇改善と生活向上を図るには工場調査が欠かせないとして、工場調査の意義や方法について系統的に論じたものであり、労働問題に対する彼の関心の所在を示していた。

こうした経験を買われ、国民党の初期の労働政策をまとめたのが邵元冲であった。一九二五年七月、邵元冲が執筆に取り組んでいた労働組合法に関するパンフレット『工会条例釈義』が杭州の国民党系の出版社から刊行された。パンフレット序文には、国民党の左派系幹部とされていた廖仲愷《りょうちゅうがい》（一八七七—一九二五年）と汪精衛（兆銘、一八八三—一九四四年）の校閲下、邵が執筆した経緯が記されている。

昨年（一九二四年）九月、中国国民党広州市党部は、労働組合条例の早期制定を求める各労働組合からの要請を踏まえ、中央執行委員会に討議を要請した。……〔そこで〕自分が起草し、〔同じく起草委員に任命された汪精衛・廖仲愷の〕意見を斟酌して原案をまとめ、中央執行委員会と政治委員会の承認を経て一一月に孫〔中山〕大元帥より正式に公布された。現在、労働運動が日ましに発展し、各労働団体は労働組合条例の必要性をいよいよ痛感するようになっている。そこで、ここに昨年公布された労働組合条例に簡明な解釈を付し、一般の研究に供することにした次第である。

［邵元冲、一九二五］

パンフレットの本文は、労働者の団体交渉権・ストライキ権などを明記した以下のような条文を掲げ、それぞれの条文ごとに解説を付したものであった。

第三条　労働組合と雇用者団体とは対等の地位にあり、必要に応じて連席会議を開き、労働者の地位向上と労働条件の改善を計画し、双方の間の紛糾や衝突事件について討論し解決を図ることができる。

第一〇条　労働組合の役割は以下のとおりである。（一）組合員の利益擁護、（二）組合員への職業紹介、（三）雇用者との団体契約締結、（四）組合員の便宜のための協同組合銀行、儲蓄機関、労働保険などの創設。……

第一四条　労働組合は必要に応じ、組合員多数の決議に基づき、ストライキを宣言することができる。ただし公共の安寧秩序を妨げてはならず、他人の生命財産に危害を加えてはならない。

第一六条　行政官庁は管轄区域内の労働組合と雇用者の間で争いや衝突が発生した場合、その衝突の原因を調べ、仲裁をおこなうことができる。ただし、それを強制してはならない。

図7　邵元冲［『邵文集』上冊］

こうして一九一九―二三年に欧米を実地に見てきた邵元冲は、社会主義に対する理解を持ち、都市問題や労働問題に詳しい専門家として国民党内で重用されることになる。後のことになるが、邵元冲は一九三三年一月、『東方雑誌』に「三十年来中国社会建設之演進」を寄稿し、労働組合、消費生活協同組合（合作社）、農村改進会などを網羅した社会団体発展の三〇年史をまとめている〔『邵文集』上冊三一四―三四〇頁〕。このような文章の執筆を依頼される存在であったことが知られよう。

三　ソ連と連携した革命運動の展開

国民党の革命構想とソ連

この時期、国内では、辛亥革命後に中華民国政府から排斥された孫文らが、新たにソ連の支援を受け政権復帰をめざす動きが進んでいた。孫文らは、広東軍政府と呼ばれる地方政権を断続的に成立させていたとはいえ、それは西南の地方勢力と連携し短期的に維持されるだけにとどまり、全国政権を掌握する展望は見出せない状況に置かれていた。そこで注目されたのが、革命後に着々と権力基盤を固めつつあった隣国ソ連である。孫文らは、ソ連の革命運動やイデオロギーよりも、むしろ革命党の軍隊や組織の在り方に強い関心を抱き、それを模範に自らの政権復帰をめざそうと考えた。

一方ソ連も、孫文らの支援要請に積極的に応じた。これは国際的に孤立していたソ連の存続と発展にとって、アジア地域における反帝国主義的な民族運動の広がりは重要な意味を持つという彼らなりの判断に基づく対応であって、孫文らに社会主義勢力としての活動を期待したわけではない。当時ソ連は、中国国内で共産党の組織化を促すとともに、北京政府はもちろんのこと、それと対立する孫文らの勢力、さらには呉佩孚のような軍人までも含め、さまざまな勢力と連携する可能性を探っていた。

こうして孫文とソ連の両者の思惑が一致した。一九二三年一月、孫文はソ連の外交使節ヨッフェと上海で会談して共同宣言を発し、同年一〇月にボロディンを顧問に招請して党組織の再編について指導を求め、軍事援助など財政的支援を受け入れることを含め、ソ連との本格的な提携に乗り出した［石川、二〇一〇、二一―八頁］。こうした動きと平行して進められていたのが、蔣介石を代表とする使節団のソ連派遣である。

一方、一九二三年一一月四日、ヨーロッパにいた邵元冲は、モスクワで蔣介石らの訪ソ使節団に合流した。蔣は、邵元冲を駅まで出迎えたその日、使節団の中で意見が一致しない諸問題への対応策について、早速、邵に助言を求めたと日記に書き残している［万仁元等編、一九九二、一三九頁］。二人の間には厚い信頼関係があった。日記には、一一月一〇日と一四日に蔣介石、邵元冲、沈玄廬《しんげんろ》（一八八三―一九二八年）、王登雲らが連れだってモスクワの公園を散策したことも記されている。蔣介石、邵元冲、沈玄廬の三人は同じ浙江省の出身であり、邵元冲と王登雲はともにアメリカへ留学した経験を持っていた。さまざまな問題を語り合ったに違いない。邵元冲がモスクワに呼ばれたのは、通訳兼助言者の役割を期待されてのことであったように思われる。

孫文がソ連に使節団を派遣したのは、政治・軍事・財政など多方面にわたってソ連の支援を得て革命運動を展開するための、最終的な協議を行うためであった。そこでの話し合いを踏まえ、とくに軍事面で協力する内容が確定した。そしてソ連の援助の下、広州南郊に蔣介石を校長とする黄埔《こうほ》軍官学校（士官学校）が設立され、政治教育を受け、党に忠誠を誓う革命軍の将校が養成され、その卒業生を中核に国民革命軍が建設された。ブリュッヘルをはじめソ連から派遣された軍事顧問が国民革命軍の訓練と作戦を援助し、武器・弾薬、そして経費面での援助も相当な額にのぼった。国民革命軍の組織によって、国民党は、一九二四―二五年の広東統一の戦いでも、一九二六―二八年の北伐戦争でも、地方軍へ過度に依存することなく軍事的な優位を確保することができた。それにともない黄埔軍官学校校長、ついで国民革命軍総司令という軍の指導者に就いた蔣介石の地位も急上昇した。

孫文は、ソ連側との協議の中で、共産党員が中国国民党に加入して党の改組と発展に協力することを認めており、ソ連も中国共産党に対し国民党に協力するように圧力をかけた。こうして一九二四年一月に広州で開かれた中国国民党第一回全国代表大会では、共産党員の参加の下、民衆運動の推進を担当する部局が設置され、新たな党規約と綱領が規定された。共産党との協力という方針は、国民革命の高揚に向け大きな威力を発揮する。

共産党員は国民党内の要職を担い、党組織及び民衆運動指導の面で活躍した。国民党としては、若い活動家を吸収することにより、新たな血を入れ、その活力を増したわけである。だが、思想信条の異なる二つの政党が、党内合作というかたちで協力することには原理的に無理があり、両党の間では紛争が絶えず、国民革命の進展にも影をなげかけていくことになった。上海で邵元冲はそれを目の当たりにする。

黄埔軍官学校政治部主任邵元冲

一九二四年一月、当時はまだ国外におり、会議に出席していなかったにもかかわらず、邵元冲は中国国民党第一回全国代表大会で中央委員候補に選出された。その後、すぐ正式の中央委員になり、さらに中央政治委員会の委員にも任命され、国民党中枢の指導部に加わっていく。異例の地位上昇であった。五月に中国へ帰国した邵元冲は、改組を終えたばかりの国民党指導部の中で、次々に要職を歴任していく。国民革命を推進する政党の中枢に飛び込んだわけであるから、共産党との軋轢も含め、その動きはきわめて複雑なものになった。帰国してからの二年間の職歴を年表風に整理しておく。

一九二四年五月。国民党が広州に設けた黄埔軍官学校の政治教育を担当。

同年六月。黄埔軍官学校の政治部主任代理に就任。

同年一一月。孫文の機要主任秘書になり、北上に随行。

一九二五年三月。北京で孫文の臨終に立ち会う。

同年。主に国民党の上海執行部で活動。

同年一一月。北京の西山で開かれた右派系委員の会議準備に関わる。

一九二六年一月。国民党第二回全国大会で西山会議派として警告処分を受ける。

同年五月。国民党中央委員会青年部部長に就任。

職務に異動があり、党内の立場も変動し、活動の場も広州、香港、汕頭、北京、上海などを転々としている。何とも忙しい日々であるが、その中で、一九二四年九月、上海で張黙君と結婚式を挙げている。当時、二つの学校の校長を兼務していた張黙君も、上海の神州女学と南京の江蘇第一女子師範の間を往復していたので、二人が会うこと自体、容易なことではなかった。二人の結婚については後で触れることとし、まずは国民党内における邵元冲の活動について、順を追って見ていこう。

黄埔軍官学校で教えていた頃の邵元冲については、古い文人型の人物であり、聴講する学生が皆、寝入ってしまうので「催眠術主任」と呼ばれたと揶揄《やゆ》する批判さえみられるが、実際のところは定かでない。いま一九二四年五月三一日の日記を開くと、彼の担当科目「各国革命史」(八時間)の講義プランが記されている[『邵日記』一三頁]。毎週木曜日の午前一〇時から一一時までが開講時間であり、(一)緒論、(二)アメリカの独立、(三)フランス大革命、(四)日本の維新、(五)ドイツ革命、(六)ロシア革命・革命運動編、(七)ロシア革命・建設事業と新経済政策、(八)各国の革命運動の現況、の八コマが予定され、六月五日、一二日、一九日と講義が続けられた[同前、一四―二〇頁]。ロシア革命に四分の一の時間が割かれているのは、ソ連の支援を受けた国民党の軍人養成機関という当時の黄埔軍官学校の雰囲気を反映しているものであろう。邵元冲の学識をもってすれば、この程度の話を準備するのは、それほど難しくなかったはずである。ただし、学生にとって面白い講義であったかどうかは確かめることができない。邵元冲が黄埔軍官学校の政治教育担当から外れたのは、孫文に随行して北上した後、新たに国民党上海執行部に派遣されることになったからであった。

邵元冲と張默君は、一九二四年九月一九日、上海で結婚式を挙げた。七月に広州の邵元冲と上海の張默君の間で書簡が交わされてからわずか二カ月で急展開した話である。とはいえ、前章で触れたように、二人は民国初年の頃から旧知の間柄であった。上海で再会する三日前、香港から上海へ向かう日本郵船の香取丸に乗船した邵元冲は、八年ぶりの再会を前に眠れぬ夜を過ごしている[同前、四五頁〕。八月二八日、上海で再会した二人は、心の中にたまっていたものを何もかも語り尽くした〔同前、四六頁〕。もちろん二人の再会を助けた人々もいた。張默君の妹張淑嘉《しゅくか》は邵元冲の親友蔣作賓*とすでに結婚しており、今回の話を暖かく見守っていた。張默君の弟で軍人を志していた張叔同《しゅくどう》は、姉に書簡を託され黄埔軍官学校へ向かい邵元冲に面会している〔同前、四一頁〕。

*蔣作賓（字は雨岩、一八八四―一九四二年）は湖北省の出身。一九〇五―〇八年に日本へ留学し陸軍士官学校で学んだ。革命団体の同盟会にも参加。帰国後、清軍の将官になるが、辛亥革命が勃発すると革命軍に身を投じて活躍し、中華民国成立後は陸軍部の次長を務めた。一九一三年に『神州女報』に刊行を祝う言葉を寄せたこともあり、邵元冲と結婚する前、張默君が憧れた男性だった。一九一〇年代末に北京政府の役職を離れ広州の孫文らの下へ移り、一九三〇年代には国民党政権の駐独公使や駐日大使に任命され、外交官として活躍した。邵元冲の日記に頻繁に登場する親友である。晩年、病を得た蔣作賓に回想録〔蔣作賓、一九六七〕を書いておくよう進めたのは、張默君であった〔蔣作賓、一九九〇、蔣碩民《けんみん》の序文二頁〕。

一九二四年一一月、孫文は、北京政府側との協議を進め、国民会議の開催を準備するため北上することを決めた。その孫文に随行する機要主任秘書に選任されたのが、ほかならぬ邵元冲であった。北京政府臨時執政段祺瑞との会見をはじめ、各種の連絡や会議準備の責任を負う主任秘書という職務である。孫文の信頼を示すものといえる。邵は、一九二五年三月、北京で客死した孫文の最期についても最も詳しい記録を残す一人になった。邵元冲は、むろん天津や北京にいても張默君のことを忘れない。毎日のように書簡をしたため、張默君の神州女学を財政的に支援するため、義和団賠償金のロシア分の一部を回せないかという交渉まで行っていた〔『邵日記』八七頁、一〇三頁、一一九頁〕。

国民革命の高揚

その後、邵元冲の主な活動の舞台は上海に移る。上海の党務を任されたという公的な事情と妻の張默君が住み仕事をしている街という私的な事情が重なったためである。折から上海は、五・三〇運動と呼ばれる反帝国主義的な民衆運動の中心と化していた。この運動の前後の一時期、一九二五年春から秋にかけ、邵元冲は上海の国民党組織で戴季陶《たいきとう》、葉楚傖《ようそそう》らと行動を共にした。この時期は、彼の共産党に対する見方や日本観の変化を知る上で、極めて重要な時代である。国民党と共産党の協力の下、五・三〇運動を含めさまざまな民衆運動が高揚していたにもかかわらず、むしろそれが一因にもなって国共両党間の対立は激しさを増していく。その渦中に、邵元冲はいた。

国民党の党内には、国民党全体がソ連の援助を受け入れ、共産党と協力していくことを決めた一九二四年一月の第一回全国大会の時から、すでにそうした方針に反対する勢力が存在した。邵元冲が同年五月に広州に戻ってからも、共産党に対する問題はさまざまな場で何度も議論されていたことが日記に記されている。共産党との協力に反対する謝持らは、孫文が死去した一九二五年三月、「国民党同志倶楽部」という独自のグループを組織し、方針の変更を求め動き出す。

しかし邵元冲、戴季陶、葉楚傖らは、そうしたグループとは一線を画し、ソ連や共産党と連携し、民衆運動の発展に努力する姿勢を保持していた。第一回全国大会の方針を策定した孫文や黄埔軍官学校で軍人教育に取り組んでいた蔣介石と同様、国民党が権力基盤を拡大していく上で、ソ連及び共産党との連携が極めて重要な意味を持つことをよく承知していたからである。したがって、国民革命が全国に展開する契機になった五・三〇運動の際、邵元冲、葉楚傖ら上海の国民党執行部は、六月一七日、二二日、七月二日と共産党のメンバーを交えて頻繁に会議を開き、対英政策などについて議論を重ねた〔『邵日記』一六四―一六七頁〕。この運動は、上海の租界警察が五月三〇日、日系紡績工場での争議をめぐる民衆のデモに発砲し、民衆殺傷事件を引きおこしたことから、それに対する抗議を発端に租界行政権の回収を求める声が高まり、さらに六月二三日に広州で起きた同様の事件に対する抗議も重なって、中国全土が反帝国主義民衆運動に包まれていったものである。したがって反帝国主義といっても、その抗議の矛先は、租界行政の中心を握っていたイギリスに集中する傾向があった。

広がり始めた労働運動をめぐっても、邵元冲らは共産党と歩調を合わせる立場をとった。邵元冲は七月一七日の日記の中で、共産党指導下の上海総工会が発表した工会条例案と、自らが原案をまとめ広東で国民党の地方政権が公布した工会条例とを比較検討し、労働組合の役割などに関し大きな異同はないと肯定的に評価している〔『邵日記』一七〇―一七一頁〕。先に紹介した『工会条例釈義』の出版もこの時期のことである。

さらに北方への運動拡大という密命を帯びた邵元冲は、七月二七日から八月一九日まで北方に赴き、北京の国民党執行部や国民軍を名のるようになった西北軍の首領馮玉祥《ふうぎょくしょう》（一八八二―一九四八年）と協議を重ねた。北京での七月三〇日の会議には、国民党北京執行部の一員で、共産党の幹部でもあった李大釗も同席している〔『邵日記』一七五頁〕。こうした協議は、西北軍との共同を踏まえ、後に首都革命と呼ばれる動きにつながっていく。

邵元冲と結婚したばかりの張黙君も、この時期、国民革命の渦中に身を投じた。五・三〇運動の際は、女性団体の宣言文を起草するメンバーの一人になっている。張黙君らの起草した抗議文は、古風ながら格調の高い文体によって上海と広州で起きたイギリスによる武力弾圧を非難し、ガンジーの非暴力抵抗運動の方法によってイギリスと日本に対し抗議していくこと、フランス、アメリカ、ロシア、ドイツ、スイス、イタリアなど各国の婦女協会と連帯し正義と平和の実現をめざすこと、必要に応じ大規模な募金運動や看護活動を展開すること、などが記されている。声明は中国婦女協会の名で七月一日の日付で発表された『申報』一九二五年七月九日)。ただし同年五月に中国婦女協会を結成した際、日本代表を招いていたことを考えると、帝国主義的な利権拡張には反対しつつも、女性の権利獲得という運動のレベルでは日本の運動と連帯する可能性を探っていたとみるべきかもしれない。

雲南の国民革命と少年聶耳

国民革命の波は、はるか雲南の地にも及んでいた。

すでに述べたように、袁世凱が独裁体制を強化しようとした時、それに敢然と反旗を翻す先頭に立ったのが雲南の蔡鍔である。蔡鍔、そしてその後を継いだ唐継堯に率いられた雲南の地方政権は、豊富な資源に裏付けられた経済力と軍事力をバックに、中央政府に対し強い立場で臨むことができた。そうした独自の立場をとる雲南の政権にとって、広州を拠点に北京の中央政府に対決する孫文らの南方政権が存続することは、歓迎すべき事態であった。広西、貴州、湖南などでも同様な状況が生まれ、時に広州の孫文の政権との間に軋轢《あつれき》を生じる場合もあったとはいえ、西南中国が全体として北京政府に対決する姿勢をとるようになり、国民革命への傾斜を強めていく。

すでに一九二〇年代初頭、国民革命に先立つ連省自治運動*の時期には、やはり日本に留学し早稲田大学で学び、『雲南雑誌』（第Ⅰ章四二頁参照）の編集にも携わったことのある周鍾岳《しゅうしょうがく》（一八七六―一九五五年）を会長とする雲南民治実進会が発足し、省議会で省憲法の審議が進められていた。しかしこの動きは、雲南に隣接する貴州省の支配権をめぐる争いの影響で頓挫する。

＊各省ごとに憲法を制定して自治の体制を確立するとともに、そうした各省の連合によって新しい国家体制を樹立しようという、一九二〇年代初め、湖南省や浙江省などを中心に広がりを見せた運動。各省の足並みがそろわず、失敗に終わった。

その後、国民革命が呼びかけられると、雲南を統治していた唐継堯は、それを機に広西まで影響力を広げようとして軍事行動を起こすが敗退する。こうした状況を背景に、一九二六年五月、羅樹昌らによって、雲南の西部を拠点として唐継堯の統治に対する反乱が起きた。そして一九二七年二月六日、周鍾岳らの国民党員と共産党員、民衆団体などが連携し、四人の若い将領によって唐継堯に退陣を迫る政変が発生した。この中で台頭するのが雲南講武学堂出身の軍人龍雲（一八八四―一九六二年）である。元来、龍雲は唐継堯が信頼を寄せる副官の一人であったが、民心が唐から離れたのを察知し、新たな統治体制を築く先頭に立った。その後、二月六日の政変を推進した政治勢力の間に亀裂が生じ、複雑な抗争を経て、最終的に一九二九年、龍雲の下で雲南省は統一された。これ以降、日中戦争が終結を迎えるまで、龍雲の政権が雲南を支配する。

こうした激動が続く中、聶耳は、一九二七年、雲南第一連合中学から雲南省立第一師範学校高級部（以下、雲南第一師範と略称）に進学した。第一師範は、一九〇三年創設の両級師範学堂を引き継ぎ一九〇七年に設立された昆明きっての名門校である。第Ⅰ章で触れた東文学堂も合併し、一九二四年の時点で学生数二八三人、教員数四一人の規模になっていた〔昆明市政公所総務課編纂、一九二四、一三五―一二七頁〕。師範学校の場合、優れた人材を教員に確保するため学費、食費、寮費などが免除されており、それも聶耳が進学を決めた理由の一つであった〔王懿之、一九九二、五三―五四頁〕。聶耳は第一師範の外国語クラスに属し、英語と日本語の学習に励んだ。中学時代にＹＭＣＡで学んでいた英語にさらに磨きをかけたかったのかもしれない。しかし、聶耳は学業に打ち込む毎日に満ち足りていたわけではなかった。むしろ社会変革と雲南の外の世界に、強い興味と関心を抱いていたことが窺える。国民革命期の雲南は、一九二七年二月六日の政変を経て龍雲政権が誕生し、全体としてみれば進歩的な勢力が影響力を発揮する政治情勢が展開していた。省都昆明で教育を受けていた若者が社会変革への期待と決意を胸に抱くようになっても不思議ではない。

一九二七年、一五歳の聶耳は「僕の人生観」という表題で次のような作文を書いた。

悪に満ちた社会は、僕ら有為の青年との間で、まもなく闘いを交わすことになる。一人一人の人間はみな社会の中にいる。その中で生活している以上、当然、各人が生活する場も社会の中で獲得しなければならない。しかし僕らにそうした自由がどれほどあるかというと、結局それは、何人かの軍閥や政客が操り、政府の掌中に完全に握られているように思える。彼らは何もかも自分の思いどおりになればよいのだ。そのうえ二〇世紀の科学の時代を迎えた今日も、世の中には依然として、様々な悪や、新社会にふさわしくない古い儒教の教えがたくさん残っている。こうしたものすべてを僕らは打倒しなければならない。言い換えれば、悪い社会を打倒し新しい社会を建設するのだ。

僕自身は工業方面に大変興味をもっている。もし進学する機会があれば、工学関係を希望したい。また僕は自分に芸術的才能が少しあると思っているので、その個性を生かすため、芸術も学びたい。それから旅行家になって(ロビンソン・クルーソーのような個人主義的思想に基づくものではない)世界中を見てまわり、実地の観察によって得たものに基づいて、新しい社会を建設したい。以上が今の時点での「僕の人生観」だが、これから様々な環境の変化によって、人生観も変わっていくかもしれない〔『聶全集』下巻二〇頁「我的人生観」(雲南第一師範作文簿)〕。

社会のために生きることを考え、悪がはびこる古い社会を倒し、新しい社会を築くと宣言するとともに、若者らしい将来への夢を描いている。あえてロビンソン・クルーソーという小説の主人公の名まで持ち出し、個人主義を批判するあたりは、すでに聶耳が社会主義的な思想に触れていることを示唆する。将来の進路に関する選択肢は、技術者、芸術家、旅行家と幅広く開かれていた。

その後、師範学校に在学中であった一九二八年一一月、聶耳は、国民革命軍へ参加する決意を固め、数人の友人とともに家出を敢行する。めざすは湖南に駐屯していた国民革命軍第一六軍であった。*たまたま雲南人の范石生《はんせきせい》(一八八七―一九三九年)が部隊長をつとめていた第一六軍が、「学生軍」を募集中であることを聞きつけたからである。聶耳らを含め総勢四〇人あまりの「学生軍」志願者は、昆明から雲南鉄道でフランス領インドシナ(現ベトナム)のハイフォンへ向かい、そこで汽船に乗り換え広州へ到着した。そして一二月九日、広州を出て陸路湖南へ向かい、ようやく同月一五日、湖南の第一六軍宿営地にたどりつく。二六日には夢がかない、部隊に配属された。しかし、何をなすこともなく単調な日々が続く中、聶耳の思いは急速に失望に転じていく。幸い部隊長は学生の感情を理解する人物であったため、一九二九年四月九日に除隊してもらうことができ、五月には帰郷し、師範に復学して卒業を迎えた［王懿之、一九九二、六八―七八頁］。

＊第Ⅲ章第一節で触れるように、一九二八年の時点では国民党内には左派の影響も相当強く残っており、その軍隊である国民革命軍への従軍を聶耳のような若者たちが志願したとしても不思議ではない。第一六軍を率いていた范石生は、辛亥革命の際に雲南の革命政権に加わった一人であり、左派に近く人望があった。

国共両党間の対立と分裂

ここで話は国民革命が高揚を迎えていた一九二五年頃に戻る。国共両党の協力は国民革命の高揚を可能にした大きな要因だったわけであるが、両党間の蜜月ムードは長く続かなかった。国民党上海執行部の邵元冲らも共産党との対決姿勢を強めていく。

邵元冲らが共産党に対し早くから違和感を抱いていたのは間違いない。五月末、広州での長時間に及んだ中央執行委員会の後、邵元冲は「最近、共産派は無遠慮な態度をとるようになってきたので、われわれとしても、連携して彼らに対抗せざるを得なくなっている。彼らは党員や民衆の間の孫文先生に対する尊敬の念を減少させようとし、文章の中でもそうした文言を削除しようとしている。これはわたしにとって忍び難いことだ」と記した［『邵日記』一五五頁］。この前後にあたる五月一九日から三〇日にかけ、邵元冲は、戴季陶や沈玄廬、許崇智《きょすうち》（一八八六―一九六五年）らと連日のように党務の在り方を議論している［同前、一五四―一五七頁］。七月には国民党の政治理念の正統性と組織上の指導性を明確にし、それを前提に共産党との協力を許容する、とした戴季陶の「国民革命と中国国民党」が執筆され、各地に流布された。戴季陶の文章に対する邵元冲の読後感をまとめたという文章も出回っている〔『邵文集』下冊五二五—五二六頁〕。

このような中で、一九二五年八月二〇日、広州で国民党幹部の一人廖仲愷が暗殺される。暗殺事件は、廖仲愷に近かった邵元冲に衝撃を与えただけではなく、国民党全体に複雑な波紋を投げかけた。左派と目されていた廖仲愷の暗殺は右派の仕業とする憶測と批判が、広州では広がっていく。そのため、必ずしも真相は明らかにされなかったにもかかわらず、右派の林森(一八六七—一九四三年)、鄒魯《すうろ》(一八八五—一九六四年)らは広州を離れざるを得なかった。

しかし広州を離れた林森らも黙っていない。九月下旬、広州から北京へ向かう途中、上海に立ち寄った林森、鄒魯、孫科(一八九五—一九七三年、孫文の子)らは、すでに国民党同志倶楽部を結成していた謝持(一八七六—一九三九年)たちとともに上海の国民党指導部に働きかけ、北京で独自に集まりを持つことで合意に達する。林森らが去った後、上海では一〇月から一一月初めにかけ何度も話し合いが持たれた。そして戴季陶、邵元冲、沈玄廬、葉楚傖らの上海グループは、一一月六日北京へ向かって出発した。一〇日夜、北京へ着いた一行は、一足早く北京で活動を開始していた林森、鄒魯らとの協議を再開する。ただし彼らの思惑は、共産党に対してとるべき態度をめぐって一致せず、その後も複雑な党内抗争が繰り広げられることになった〔楊奎松、二〇〇八〕〔北村、一九九八〕。

今、ここで、この時期の複雑な党内抗争を詳細に追う必要はあるまい。とにかく邵元冲は、一九二五年一〇月から二六年三月頃にかけ、共産党や国民党左派の動きに反発する分派活動に関わりながらも、西山会議派と呼ばれるその分派への実質的な参加は回避し、共産党との協力を継続する立場をとった。たとえば一九二五年一二月二四日、邵元冲は、葉楚傖、孫科とともに上海のソ連領事館に赴き、共産党の陳独秀、瞿秋白《くしゅうはく》(一八九九―一九三五年)、張国燾《ちょうこくとう》(一八九七―一九七九年)らと国共両党が協力を継続する条件について話し合っている〔『邵日記』二二四頁〕。そうした微妙な立場をとっていたことから、一九二六年一月の国民党第二回全国大会で西山会議派に対する処分が採択された時、邵元冲らは除名処分の対象から外され、書面による警告を受けるだけになり、国民党の活動を続けることができた。ただし、活動の場は広州や上海に限られ、二六年末に国民党左派や共産党が結集した武漢には行っていない。妻の張默君が体調を崩し二六年五月に流産したことも影を落とした〔中国第二歴史檔案館、一九八六b〕。日記の叙述を追う限り、一九二六年の前半、邵は、主にこの年の三月一五日に上海で開校した国民党の政治学校「中山学院」の院長として学院の設立と運営に奔走していた。また五―六月の一時期は広州に赴き、秋には北伐途上の蔣介石に江西で会って党務について協議している。

全国的な情勢に目を転じると、北伐の進展とともに各地で民衆運動が発展し、上海などでの労働運動や湖南などでの農民運動も高揚した。上海では、一九二六年一〇月以来、労働者による武装蜂起が試みられ、二七年三月二一日の蜂起を経て、北伐軍の侵攻と敵軍敗退を背景に、ついに資本家をも含む上海特別市臨時政府が成立した。

だが、北伐による領域拡大と民衆運動の急進化は、国民革命勢力の中の対立をますます激化させた。一九二七年初めに武漢に移った国民政府は国民党左派と共産党の拠点となり、その統治の下では急進的な民衆運動が展開し、国民党の中間派・右派及び彼らに近い軍人らを刺激した。さらに同年三月、武漢で開催された左派主導下の国民党第二期第三回中央委員会は、蔣介石の権限を大幅に制約する方針を採択する。これに対し蔣介石は、国民党の中間派・右派らの支持を得て、四月一二日、上海で国民党左派や共産党と彼らが指導する労働運動への弾圧を開始し(四・一二クーデター)、同月一八日には南京に別個の国民政府を樹立して対抗した。国民革命勢力が分裂状態に陥る中、北伐も中断した。

結局、武漢の国民政府は、経済的困難、民衆運動の急進化、それに反発する地方勢力の離反、内部抗争の激化などの中でますます弱体化し、ついに七月一五日には共産党と袂を分かつことを決めた。その後、武漢の国民政府に残っていた国民党左派の多くは南京の国民政府に合流する。共産党は、国民党が革命を裏切ったとして対決姿勢を打ち出すが、むしろ孤立を深めるばかりであった。こうして、共産党と国民党左派の一部を排除し、国民党の右派・中間派が主導する形で、南京国民政府の下での国民革命勢力の再結集が実現する。それを基礎に、一九二八年四月、一時下野していた蔣介石が国民革命軍総司令に復帰して北伐を再開し、六月八日に北京を占領した。その年の一二月二九日には東北政権も南京国民政府に加わることを決めたため、国民党の下で全国は一応、統一された。

四　揺れる日中関係

世界と対峙する国民革命の中国

中国の知識人は、第一次世界大戦がもたらした一連の出来事を経験し、さまざまな新しい思想に触れる中で、日本のみに関心を集中する傾向から脱し、世界に目を向けるようになった。張默君を含め多くの知識人が欧米に渡り、社会主義などの新たな思想潮流に触れるようになったのも、国民党が新生ソ連との提携に踏み切ったのも、邵元冲がモスクワに向かい蔣介石らの国民党使節団に合流したのも、全てその延長線上に位置づけられる動きである。

ソ連との連携に踏み切った国民革命勢力にとって、ソ連以外の欧米諸国や日本に対し、どのような姿勢で臨んでいくかが、大きな問題として浮かびあがってくる。

一九二五年六月一五日、五・三〇事件直後の緊張が漂う上海に入った邵元冲は、翌日、夜の街頭を歩きながら租界の厳戒態勢を目の当たりにし、「外国人による圧迫に改めて憮然とする」と強い反感を日記に書いた〔『邵日記』一六三―一六四頁〕。六月一八日には、前日の上海執行部での討議を踏まえ、「五・三〇事件に関する宣伝ではイギリスに的を絞り、目標の分散を避けるべきである」と、広州の国民党中央と蔣介石へ打電した〔同前〕。一方、六月二三日に広州で起きた英仏両軍の兵士による反帝国主義デモ弾圧事件以降になると、邵は、対外関係には慎重を期すべきであり、外国を相手に国民党政権が宣戦布告するようなことは避けるべきであるという考え方を、戴季陶、呉稚暉《ごちき》（敬恒、一八六五―一九六三年）、劉蘆隠《りゅうろいん》ら国民党の古くからのメンバーと七月二四日に開いた会議で確認している〔同前、一七三頁〕。帝国主義批判の対象はイギリスに絞るべきだとの判断を下すとともに、強硬措置はイギリスの反撃を招きかねず危険という判断も働かせていたことになる。

日本との連携への期待

では、日本に対しては、どのような態度で臨もうとしていただろうか。二一カ条問題を経験してきたこの時期、中国の知識人の間では、辛亥革命の頃に見られたような近代日本に対する強烈な憧憬の念は、すでに過去のものとなっていた。日本を模範とし、日本の中国に対する支援に過剰な期待を抱くような姿勢は見られない。他方、日本の権益拡大政策を警戒し、それに反対するだけではなく、五四運動とワシントン会議を経て、中国が最終的に山東をとりもどすことに成功したという自信をつけていたことも重要であった。それは邵元冲の場合も同様である。

と同時に、中国が主権を回復し自ら発展する道を切り開いていく上で、日本と連携する可能性を追求できるのではないかという期待感は残っていた。当時、日本では、満洲などでの権益は擁護しつつも、欧米と協調し慎重な対華政策をとる幣原外交が進められていたという事情も考慮すべきであろう［臼井、一九七二］。一九二三年の関東大震災による打撃や長引く不況の影響もあって、一九二七年春頃まで、日本は、満洲権益の堅持を図る一方、中国の反帝国主義運動の矛先に自らを置く危険は極力避けていた。このような日本の姿勢を、邵元冲たちは考慮に入れたのである。こうした判断は、亡くなる四カ月前の孫文が、一九二四年一一月、神戸で行った大アジア主義の講演ともつながるものだった。広州から北京に向かう途中、あえて神戸を経由するルートをとった孫文は、日本の聴衆に向かって、覇道ではなく王道を進むことを求め、中国の革命運動への支援と連帯を呼びかけた［川島、二〇一〇、二二四―二二六頁］。

その一年後、東北で起きた郭松齢《かくしょうれい》事件に際し邵元冲が起草し上海の市民集会で採択された日本国民への呼びかけにも、日本との提携を模索する意志を明確に読みとることができる。郭松齢事件とは、一九二五年末、張作霖の率いる東北軍の幹部であった郭松齢（一八八四―一九二五年）が国民革命に呼応し張作霖に反旗を翻したのに対し、満洲の権益擁護を優先させる日本が兵を動かし、武力干渉して反乱を失敗に終わらせたという事件である。これに対し上海では、一九二五年一二月二七日、国民党、上海学生連合会、総工会など二〇〇団体以上が名を連ね、六万人が参加する抗議集会が開かれた[『(上海)民国日報』一九二五年一二月二八日]。主催団体や決議文などを見る限り、国民党主導の下、共産党系の団体も協力し開催されたものと見てよい。集会で採択された決議文には、日本政府に対する抗議、世界の民衆への呼びかけ、中国国民への呼びかけなどとともに、日本国民への呼びかけが含まれている。同月二五日の邵の日記によれば、この文章の起草に当たったのが邵元冲であった[『邵日記』二二五頁]。

【日本国民に告げる文】日本と中国は同文同種の民族であり、歴史的文化的にみて相互に提携すべきであるし、利害関係についてみても相互に援助すべきである。しかるに数十年来、日本の政府と軍事当局はその伝統的な侵略政策の迷夢を貫徹せんとし、中国の土地と経済に対し、時として侵略行動を起こしてきた事実がある。これはただに中国にとっての不幸であるのみならず、日本の多くの国民にとっても不幸である。この二大民族間の感情が回復するまで、アジアの諸民族は時として他の民族から侵略されたり圧迫されたりする可能性がある。日本民族は、政府と軍事当局の侵略政策を適切なものに矯正させ、これまで侵略と圧迫で中国から奪ってきた権益を返還し、中国を束縛している一切の不平等条約を撤廃すべきである。そうすれば、双方の感情を次第に回復することができ、提携や援助を議論することもできるようになるであろう。今、日本の政府と軍事当局は、世界の潮流に疎いまま侵略政策を踏襲し、わが中国が北方の軍閥領袖張作霖を追い出そうとした時に乗じ、兵を派遣して自由に行動し、東三省を占拠し、張氏を助け、中国の主権を侵犯し、わが全国国民を侮辱している。……もし日本国民が文明国の国民であることを自認し、政府を監督する権限を有しているのであれば、一致団結して正義を主張し、少数の政派や軍閥の暴行を正し、ただちに東三省に派遣された日本軍を撤退させ、張作霖を援助し中国の内政に干渉する誤った政策を改めさせなければならない。そうすれば中日両国民の間の相互理解は、まだ可能であろう。さもなければ、わが中華民族は、自衛のため強権に対抗し、挙国一致して日本に対抗することを誓うものである。〔「昨日之上海市民反対日本出兵満洲大会」『民国日報』一九二五年一二月二八日〕

強い言葉で警告しているとはいえ、この時点では、日本との連携に含みを持たせた言い方になっていることに注目しておきたい。

この時期、国民党の日本支部が日本の士官学校に二一人の党員を入校させていたという事実も、邵の一九二六年三月一八日の日記に記載されている〔中国第二歴史档案館、一九八六a〕。すでにソ連の協力を得て黄埔軍官学校での軍人教育が軌道に乗っていたにもかかわらず、中国国民党としては日本への軍人の留学を依然継続させていたことになる。また、邵元冲は、同年一〇月一七日、北伐途上の蔣介石に会った際、帝国主義を各個撃破していく展望を示しながら、イギリスに対しては妥協できないとする一方、イギリスと長江流域で経済権益を争い、中国側に好意的姿勢を見せていた日本とは、連携することが可能としていた〔『邵日記』二八七頁〕。一九二六年当時、幣原外相の下で慎重に対中外交を進めていた日本を、中国としても戦略的に注視しようという判断が働いていたのは確かである。

それと同時に、邵元冲の場合、日本に対するある種の親近感や評価が存在したことも窺える。国民党の幹部と厚い親交を結んでいた山田純三郎（一八七七―一九六〇年）とは、この時期、何度も二人だけで会って話をしており、一九二四年の年末には山田が宿泊していた天津の常盤旅館で、孫文の妻宋慶齢らも交えスキヤキ鍋を囲むという場面もあった［同前、九〇―九一頁］。一九二五年になると、日記に記載されているだけでも一月八日と二月八日に北京で、五月一六日に広州で、一二月一三、一七、二〇、二一日に上海で邵は山田と会っている。日中関係や内外情勢に関する意見交換が頻繁に行われていたに違いない。山田純三郎は、辛亥革命以前から孫文らと意気投合し彼らを支援していた山田兄弟の一人で、兄の良政（一八六八―一九〇〇年）は、革命前の武装蜂起に参加し、処刑されて死んだ。そうした経緯もあって、弟の純三郎は国民党の幹部から信頼され、孫文の臨終に立ち会うことを許されたただ一人の日本人であった［山田、一九六二］。

一九二四年六月一三日には、広州を訪れた日本の新聞記者、横田実（一八九四―一九七五年）の取材へ応じたことが特記されている［『邵日記』一八頁］。当時、日本電報通信社（同盟通信の前身の一社）に入社したばかりであった横田は、一九三〇年代には同盟通信（一九四五年解散、一部が共同通信新設）の北平支局長、南支総局長、東亜部長などを歴任し中国報道で活躍するジャーナリストであり、戦後、一九五五年夏には、日本のメディア関係者が組織した中国視察団の団長を務め、人民共和国首相の周恩来にも会うことになるが、それは全て後の話である［横田、一九五五］。

邵元冲はまた天津に滞在した一九二四年の末、日本租界にあった大和庭園（日記では「日本公園」）を散策し、その静けさに暫しひたるという一時もあった［『邵日記』八九頁、九三頁］。日本留学時代を思い出していたかもしれない。その後も邵元冲は、次章で触れるように萱野長友、宮崎龍介らと親密な交流を続け、日本との間に様々なパイプをつなげる努力を払っていた。日本の政権政党となる民政党との連携を追求していたことも想起されるべきである。

日本の対中世論の硬化と政策転換

一方、中国における国民革命の高まりに対し、日本では反発と警戒心が広がっていた。とくに一九二七年三月から四月にかけ、長江流域で南京事件、漢口事件などが相継いで発生すると、中国で得ていた日本の権益が脅かされるのではないかという懸念が、政界の一部や関係者の間で声高に語られるようになる。南京事件とは、北伐軍が南京を占領した直後の三月二四日、外国人に対する襲撃や略奪が発生したため、長江に停泊していた米・英の軍艦が市内を砲撃し、市民の間にも多くの犠牲者を出したという事件である。襲撃や略奪は北京政府側軍隊の敗残兵が起こしたものともいわれ、真相は明らかになっていない。この時、南京在住日本人の要望を受け、市内砲撃へ参加することは避けるなど、米・英に比べ慎重に対処した日本政府は、結果的に日本国内で批判を浴びることになった。

さらに四月三日には、武漢国民政府統治下の漢口で、日本海軍の水兵や在住日本人と中国人民衆との間で大きな衝突事件が起きた。発端は、一人乗りの人力車に水兵が無理やり二人で乗り込もうとしたため（中国側司法当局の調査）とも、子どもにからかわれた水兵が怒って暴力をふるい周囲の民衆と争いを起こしたため（日本側外交当局の調査）ともいわれ、確認するのは難しい。とにかく、この衝突の中で日中双方に数十人に達する死傷者が出て、日本租界にあった住宅や店舗の一部が破壊された。

目前で発生した事態を受け、不安に駆られた長江流域の在住日本人は、本国に一斉に避難することになった。その規模は三〇〇〇人ともいわれる。日本国内のメディアはこぞって事件を報じ、野党は民政党内閣の対中国政策に批判を集中した。野党立憲政友会の総裁であった田中義一は、幣原外交を進めていた政府に対し「我が国旗の尊厳を泥土に委ね、我が在留官民を凌辱に任せたる」無抵抗主義、とセンセーショナルな非難を加えている。

折から日本は、鈴木商店という商社が倒産したことから、台湾植民地統治の基幹に位置する台湾銀行が経営危機に陥り、深刻な経済恐慌(昭和金融恐慌)が発生していた。そして四月一七日、民政党の若槻礼次郎内閣は、恐慌対策としてまとめた台湾銀行救済緊急勅令案が枢密院*本会議で否決されたことを直接の理由として総辞職した。しかし、若槻内閣が退陣に追い込まれた主な要因は台湾銀行問題ではなく、対中国政策の根本的転換を求めた野党の攻勢にあったといわれる。四月二〇日、強硬な対中国外交と経済の建て直しを掲げる田中義一内閣が成立した[佐藤、一九九二]。田中内閣は、銀行の支払い猶予を認めるモラトリアムを実施し大量の現金を市場に供給するなどして金融恐慌を押さえ込むとともに、中国情勢に対しても強硬に対処する姿勢を示していく。

*枢密院は、「元勲」級の人物からなる枢密顧問によって組織された天皇の諮問機関。

こうして国民革命の高まりを経た中国とそれに対する強い警戒感が広がっていた日本の間には、新たに緊張した関係が生まれつつあった。その前途は多難であったといわざるを得ない。そして一九二〇年代末、邵元冲、張默君、聶耳の三人の人生も大きな転機を迎える。

第Ⅲ章

対等な対日関係の模索 ——一九二〇年代末

近現代中国の歴史のなかでも、一九二〇年代末の数年間は格別な意味を持った時代として記憶される。重要な国家主権の一つである関税自主権が回復され、国民党が樹立した中華民国国民政府の下、新たな国づくりが始まった。政権中枢に参画した邵元冲は、妻張默君とともに新首都南京で日々政務にいそしみ、雲南の聶耳は新天地を求め上海に向かう。この時期に中国を訪れた日本人は、民族主義の波に乗った国民政府の勢いに目を見張った。山東出兵という日本の干渉行為を民衆運動の展開と外交努力で退けた後、日本に新たに成立した民政党内閣を相手として、対等な対日関係の構築をめざす国民党政権の模索が続く。そして、この時期、民衆の間でも、日中間の新たな連帯が模索されていた。

一　国民党独裁の下の国づくり

1　国民党独裁の下の国づくり

訓政、国民党の一党独裁の論理

一九二八年末から国民党政権が中国全土を統治するようになった。何が起きたのだろうか。前章で述べたように、一九二五年以降、帝国主義に反対する民族運動が高揚するとともに、広州に拠点を置く国民党の主導の下、新しい政治を求め北京の中央政府の打倒をめざす軍事行動（北伐）が一九二六年から開始された。国民革命の展開である。北伐は、作戦の失敗や内部の分裂が影響し一時中断を余儀なくされるが、国民党の右派・中間派を中心に一九二八年春から再開され、六月末、北京政府打倒という所期の目標を達成した。さらに同年末、独自の立場を保持していた東北の地方政権も合流したため、国民革命の中で生まれた国民党政権は、全土を統治する存在になる。欧米各国や日本も次々に新政権を承認した。国民党左派の一部や共産党は依然として新政権に対決する姿勢を崩さなかったとはいえ、反政府の武装蜂起に付き随う勢力は少なく、その影響が及ぶ範囲は限られていた。

全国政権になった国民政府の下、邵元冲は立法院の委員となり、新たな首都南京で活動する場を得るとともに、張默君と二人の子も交え、暫しの間、家庭生活を楽しむゆとりを持つようになった。この時期の彼の日記をひもといていくと、そうした充足感が滲み出てくる。ただし、それは、その後に立て続けに起きる激動を知っていくならば、ほんのつかの間の幸せであったというべきかもしれない。

一方、雲南の若者聶耳は、まさにこの時期、新しい可能性を求め、時代のさまざまな潮流が渦巻く大都市上海へと出てきた。彼らの過ごした日々を追う前に、まずは国民党政権の輪郭を確認しておこう。

一九二八年一〇月、新たな政府組織法に基づき発足した国民政府は、行政院、立法院、司法院、公務員採用試験などを担当する考試院、行政監察などを行う監察院という五つの機関から構成され、五院政府とも呼ばれた。国民党政権は、訓政*と名づけられた一党独裁システムの下で国づくりを進め、一九三〇年代半ば以降に新憲法を制定し、憲政へ移行することをめざした。この政権の下、関税自主権をはじめとする対外主権が回復し、近代的な社会経済が急速に発展した。財政面で外債に依拠しようとして失敗した中華民国北京政府とは異なり、国民政府は、政府自身の税収増加に全力を傾注した。それが関税自主権の回復で可能になった関税増収であり、塩税の徴収制度改革であり、統一貨物税（統税）の創設であった。三つの間接税によって安定した税収を確保した国民政府は、軍事力を強化し権力基盤を固めるとともに、経済発展の推進や教育の充実などにも力をさくことができるようになった。さらに一九三五年に実施された幣制改革は、イギリスの精神的な支援とアメリカの財政的な支援を得て、通貨の全国統一と外国為替レートの低め安定という大きな成功を収めた。

*訓政とは、民衆が憲政の実施を担えるように、国民党が民衆の政治参加を訓練する意味。

日本の全面侵略に抗し第二次世界大戦を勝ちぬいたのは、国民党指導下の中華民国国民政府である。現在の中華人民共和国は、その多くを国民政府時期の諸達成に負っている。一方、国民政府の発展にとって大きな障害になったのは日本の存在であった。関税問題でも幣制問題でも、日本は国民政府の政策展開を妨げる立場をとった。そして日本の東北侵略と華北への圧迫をめぐる紛糾は、日中間の対立を一層深刻なものにしていく。

党を建て国を建てる――邵元冲の国家建設構想

邵元冲が一九二八年に就任した立法委員は、国民政府を構成する五院の一つ、立法院の正式メンバーである。国民政府によって各分野の専門家や学識経験者四九名(後に増員)が任命され、法案の策定、条約案の審議などに当たった。邵元冲は経済委員会の委員長に就いた(一九三〇年に副院長)。

翌年の一九二九年春に開催された国民党第三回全国大会で、邵元冲は引き続き中央執行委員に選ばれ、その中心メンバーを網羅する政治会議委員にも選ばれている。さらに彼は党史史料編纂委員会の常務委員も引き受け、一九三〇年には考試院の考選委員会委員長も兼任することになった。訓政体制の枢要に位置し、八面六臂の活躍をしていた幹部の一人だったといってよい。考選委員会委員長に推された時は、さすがに「兼任が多すぎる」と弱音を漏らしている。しかし僚友の戴季陶の答えは、「張黙君を専門委員に加え手伝ってもらえばよい」というものであった(『邵日記』五八七頁、一九二九年一二月一八日)。実際、そのような措置がとられたようである。

*公務員任用などを扱う考試院の中に設けられた公務員試験実施準備委員会。

邵元冲は、繰りかえし国民党による訓政の政治的重要性を説いた。「建国の道」は、それを最も体系的に展開した文章の一つである(『邵文集』上冊一七九―二〇二頁)。国民党第三回全国大会の開催を目前に控えた一九二九年初頭、邵元冲が示した執筆構想に蔣介石が強く賛同したので、急いで原稿をまとめ本にしたものであった(『邵日記』五〇一頁、五一一頁、一九二九年一月二五日、二月二七日)。

「建国の道」の冒頭、邵元冲は、革命運動の時期が終結し、今や新しい政治体制を構築する時期に入ったとして、こう反問する。「集会を開いてデモ行進し、ビラをまいてポスターを貼り、刺激的な内容の講演を行うという、こうしたやり方が、今も必要なのだろうか。こうしたやり方で訓政の完成を促進できるだろうか」。邵によれば、訓政の時、国民党が担うべき課題は、国民革命の時のような民衆運動の展開ではなく、政府と協力し、訓政が成果を収めるように努めることであった。「革命は、非常なる建設でなければならない」(一九三一年一月一九日)などの文章でも、こうした主張が繰り返し表明されていく〔『邵文集』中冊三二〇―三二六頁〕。

では、建設の時代に具体的に求められるものは何か？　邵が主張する第一の内容は、強い党を建設することであった。国民党が民衆の政治参加を訓練する訓政とは党治、すなわち党による政治にほかならない。その国民党の組織を確立し、党員の自覚と力量を高めることが不可欠の課題になる、と彼は考えたのである。この点に対する認識が、国民党の内部ですら不足していることを邵元冲は批判している。

実は当時、国民党の中では、一九二七年以降、共産党の影響はあらかた排除されたとはいえ、民衆運動の重要性を主張する国民党左派系の影響は、相当数の党員の間に残っており、一九二九年三月に南京で開かれた第三回全国大会には、左派系党員が自らの主張を掲げ党大会会場に乱入する騒ぎまで持ちあがっている〔『邵日記』五一九―五二一頁、三月二一日、同二三日〕。邵の恐れは杞憂ではなかった〔久保、一九八四〕。

とはいえ、六〇万人という国民党の党員数は、四億という当時の中国の総人口に比べるとあまりにも少ない。「わが党の同志がどんなに有能で、その全員が民衆の指導に関わったとしても、一人で直接七〇〇人の民衆を指導することなど、事実上、不可能なことである」と邵自身もいう。そこで強調されたのが、一人ひとりの党員が智識と能力を高め、民衆を組織的に指導する力を持つことであった〔『邵文集』上冊一八二頁（なお「智識」は原文表記に拠る）〕。第三回大会直後には党の規律強化が強調され〔同前、上冊一一八頁〕、党内の反蔣グループをひとまず押さえ込んだ一九三〇年秋になると、民衆の中に党員が入ることが強調される〔同前、中冊三〇〇―三〇六頁〕、といった変化も見られるが、とにかく、党員を増やし、その質を高めることがめざされた。

党の建設に次いで第二に重視されたことは、「政治の学術化」である。それは学術研究の成果を参照し、それを尊重して政治を行うことであった。邵は「建国の道」の中で、ドイツのデュッセルドルフの市政やアメリカのウィスコンシン州の知事を務めたラフォレットの例を挙げながら、行政学の理論や近代政治学の理論を活用する意味を論じた。

この関連でいえば、成立期の国民党政権が専門家を重用し、彼らの助けを借りて法制や行政機構の整備に力を入れたことが注目される。立法院全体会で民法草案の審議が粛々と進められていたほか、邵が委員長を務める経済委員会でも工廠法、工会法、労資争議処理法、公司法、合作社（協同組合）法、漁業法といった重要法案が次々に議論され、制定されていた。こうした法制整備にあたり、邵元冲は当代一流の専門家を招き、彼らの意見をとりいれようとした。経済学者馬寅初《ばいんしょ》（一八八二―一九八二年、米コロンビア大学で経済学博士学位取得）、劉大鈞《りゅうだいきん》（一八九一―一九六二年、米ミシガン大学卒、統計学専攻）らとの会食（一九二九年一月一一日）、労働問題のエキスパート清華大学社会学教授陳達（一八九二―一九七五年、米コロンビア大学で博士学位取得)との懇談(同年二月二三日)、農業問題に詳しい金陵大学教授張心一(一八九七―一九九二年、米コーネル大学で修士学位取得)との懇談(同年一一月八日)などなど。さらに邵元冲自身、一九三〇年九月二〇日、最も権威ある学会の一つ中国経済学社の年次大会で「中国の経済建設と農業政策」と題した講演を行い〔『邵文集』中冊二八三―三〇〇頁〕、研究者との交流を深めた。

中国経済を論じる際は、しばしば日本経済にも言及している。たとえば中国経済学社における講演で、日本が農業生産の増加をめざし耕作地の拡大に努力していることを評価し、別の機会には、日本が金解禁に備え緊縮財政策を採ったことを中国も見習うべきだとするなど(一九三〇年六月)、客観的な議論が示された。こうした姿勢は、一九三一年九月の満洲事変勃発以降、全く影を潜める。

そして、第三に、最終的にめざすべき目標として強調されたのが、民衆の智識を高めることであった。訓政という期間は、孫文の構想に依れば六年、その延長を考えた邵元冲らの構想によっても、わずか九年間である。その後に始まる憲政期に、民衆が政治を担えるようにするためには、民衆の智識を高めることが喫緊の課題だとみなされた。この時期、邵元冲は、「建国の道」の内容を一般民衆向けにアレンジしたラジオ放送も試みている〔『邵文集』中冊九一―一〇一頁〕。一九三〇年秋には、社会教育に力を入れ、人民に地方自治を理解させ、訓政を推進することを翌年の最重点事業にすると意気込むが、それはやはり一朝一夕にできることではなかった〔同前、中冊三一八―三二〇頁〕。一九三一年春、邵元冲自身、「よい法律をたくさん公布しても、宣伝不足で理解されず、実施されていない」現実を嘆いている〔同前、上冊二二七―二三三頁〕。

政務の日常と家庭——邵元冲と張黙君

一九二七年夏、杭州市で市政に携わることになった邵元冲は、着任後、間もないうちに地元幹部と軋轢《あつれき》を生じ、離任を余儀なくされている。訓政という国民党の一党独裁がめざされたにもかかわらず、肝心の国民党内の事情に複雑なものがあった。党内主流派の位置を占めた蔣介石派にしても、党内の圧倒的多数を結集していたわけではない。民衆運動の推進をはじめ国民党改組時の方針の継承を主張する汪精衛ら左派(改組派)は『革命評論』誌などを発行し青年党員の大きな支持を集めていたし、その一方では改組派に真っ向から対立する旧西山会議派や胡漢民(一八七九―一九三六年)・孫科らの広東派が無視できない力を保っていた。国民党の政党としての力量にも大きな限界があった。軍人以外の一般党員は知識人層と官僚層にほとんど限られ、地域的にも広東や南京、上海などに偏っていたうえ、邵元冲がはじき飛ばされたような党内抗争が随所で発生していた[久保、一九八四]。さらに地方勢力の間には、中央政府に反旗を翻す動きがしばしば広がった。一九三〇年には閻錫山《えんしゃくざん》らの地方軍指導者と汪精衛ら改組派が連携して北平(国民政府が首都を南京に定めた後、北京は北平に改称)に地方政権を樹立したため、中央政府軍との間で中原大戦と呼ばれる大きな内戦が勃発した。この時は張学良の東北軍が中央支持にまわり、閻錫山らが敗北している。一九三一年五月には、南の広州に広東軍の支持を背景に孫科らの広東派が中心になって地方政権が樹立され、国民党の中央委員会を分裂開催した。

邵元冲は、一九二八年一〇月に発足した五院政府という新体制の下、考試院での官吏登用制度の創設や立法院での経済関係の法律制定に獅子奮迅の活躍をする。ただし国民政府の行く手には日本が立ちはだかりつつあった。政府成立期に生じた問題が、一九二七年から二九年まで繰り返された山東出兵であり、一九三〇年まで引き延ばされた関税自主権の承認問題である。一方、妻の張默君も、引き続き江蘇第一女子師範の校長としての職務を尽くしながら、国民政府立法委員の数少ない女性委員の一人として、様々な分野で発言した。国民政府成立期に、邵元冲と張默君が送っていた多忙な政務と生活の日常を、一九三〇年五月の邵の日記を素材にかいまみておきたい〔『邵日記』六二七―六二九頁〕。

五月一日　木曜

午前、国民党の中央常務委員会と党史編纂委員会に行った後、考選委員会で実務。午後、党史編纂委員会の会議に出席。また立法院に回り実務。夜、劉憲英*、孫東城らが来宅し歓談。読書。

＊一九〇四―?年。女性、浙江鎮海人。私立上海法政大学卒業。北伐軍政治部書記、国民党中央党部婦女部股主任、訓練総監部股長、党史編纂委員会総幹事、設計科長、代理処長などを歴任。一九四五年四月に国民参政会参政員〔徐友春主編、二〇〇七、二五二五頁〕。この時は、中央党史編纂委員会で邵元冲の下で働いていたと推察される。

五月二日　金曜

午前、考選委員会で実務、並びに書簡執筆。劉愷鍾《りゅうがいしょう》*来訪、会計監査の諸問題について討議。孫東城来訪、紹介状を依頼された。一〇時過ぎ、立法院に行き実務。午後、森森〔息子邵天倪《しょうてんげい》の幼名〕と能能〔養女邵英多の幼名。張默君の妹張淑嘉と蒋作賓との間に生まれた三女を養女としていた〔蒋作賓、一九六七、一一四頁〕〕を連れ、公園を散歩。よい天気で森森はずっと駆けどおしだった、子鹿が草藪を気にもかけず走っているかのように。叔同**のところにも立ち寄ったが、不在だったため帰宅。ベランダに座り『越縵堂日記』〔後述、一二一頁参照〕を読む。周囲の色濃い緑に包まれ、深山に身を置く心地。しばらくすると一角が騒がしくなり興趣をそがれた。夕刻、繆丕成《びょうひせい》***が来宅し歓談。欧米留学を計画中とのこと。夜、『越縵堂集』を読み、書写。

*会計監査機構として創設された審計院（一九三〇年に改組し監察院審記部）の中心になった人物。戦後台湾で死去〔徐友春主編、二〇〇七、二五一一―二五一二頁〕。

**黙君の弟で軍官学校教官。人民共和国成立後、湖南で政協委員〔『邵日記』三九頁〕。

***繆斌《びょうひん》。一八九五―一九四六年。立法委員、国民党中央執行委員候補。日本占領下、汪精衛政権の高官になり、戦後、戦犯として処刑〔徐友春主編、二〇〇七、二七三五頁〕。

五月三日　土曜

朝五時頃起床。六時に〔国民党〕中央本部に行き、済南事件〔後述〕国恥記念の行事に参列。八時立法院で会議。午後、考選委員会、ついで党史史料委員会に行って実務を処理した後、再び立法院で会議。六時頃、中央飯店に李禄超*〔新任の駐メキシコ公使〕と陳慶雲**を訪ねたところ馬驥少《ばじょうしょう》とも出会い、歓談して帰宅。倪弼《げいひつ》***と馬耐園****が来訪し歓談。倪は数カ月前に嫌疑をかけられ監獄に収監され、最近になって保釈されたとのこと。獄中の暗黒の状況と司法関係の官吏の腐敗について詳しく語った。一時間近く経ってから辞去。夜、服装を改める。一〇時頃下関駅《かかん》*****に行き、夜行列車で上海に向かう。

*一八八八―一九八四年。広東中山人、米国留学、一九一七年広州大元帥府秘書、二四年広州市政府財政局長、二六年広東省政府委員・実業庁長、二八年黄埔商埠督弁、三〇年に駐メキシコ公使に任命されたが赴任せず香港に閑居。三一年広東省政府委員、三六年同辞職〔徐友春主編、二〇〇七、五三七頁〕。

**一八九七—一九八一年。広東海軍副司令。華僑出身。日本で教育を受けた後、イギリスに渡り飛行機の操縦を学ぶ。国民政府の空軍部隊創設に関与〔徐友春主編、二〇〇七、一四八七頁〕。

***当時、国民党江蘇省党部執行委員〔『邵日記』六二七頁〕。中国のウェブサイト「百度《バイドゥ》」によれば、一八九四—一九五八年。字は公輔。江蘇江都人。黄埔軍官学校第一期生で一九二八年江蘇省党務指導委員会常任委員。抗日戦争期は軍法執行監などを務め、四九年以降は鎮江で教職に就いた。

****一九〇三—七六年。広東潮陽人、黄埔陸軍軍官学校第三期卒業。国民革命軍第一軍で何応欽の副官を務めた。一九二八年以降、軍事委員会総政治部秘書、浙江省防軍司令部政治部主任、中央警官学校訓育主任など歴任。一九四八年立法委員、四九年台湾へ移住〔徐友春主編、二〇〇七、一一六五頁〕。

*****南京—上海を結ぶ列車の南京側終着駅。

五月四日　日曜

朝七時頃、上海宅に着き黙に迎えられる。忙しくしていたようで、連日の疲れから気分がすぐれないらしい。午前中は本を買いに出て戴季陶*を訪ねたが不在、置き手紙をする。義母**を訪ね、近況を語り合う。午後から夜にかけ、書物を調べた。

*一八九〇—一九四九年。日本留学が長かったジャーナリスト出身の国民党幹部。当時、考試院院長。

**中国語表記では「泰水」。何承徽（懿生）のこと。第Ⅰ章第二節参照。

五月五日　月曜

午前中、荷物を調べながら買い物。午後、黙と外出、義母、俠*と待ち合わせ、精美公司**で昼食。午後、書物を整理。夜、黙と別れ夜汽車で南京へ。

*張黙君の妹、張俠魂《ちょうきょうこん》。竺可楨《じくかてい》の妻。一九三八年病死。なお竺は人民共和国成立後まで活躍する著名な気象学

者・天文学者〔『邵日記』五四頁〕。

＊＊精美食品公司。上海の中心街南京路にあったレストラン〔『中報』一九二九年二月一七日、本埠増刊四面〕。

五月六日　火曜

午前中、考選委員会に行き実務。午後、立法院で実務。夕刻、陳念中＊、顧堯階《こぎょうかい》＊＊と后湖＊＊＊に行き、花見。枝垂れ桜が満開で美しい。買い物をしながら帰宅。また顧堯階及び設計士の陳品善とともに童家巷《どうかこう》に土地を見に行き、立法院の新築計画を練る。

＊立法院での部下で旧知の国民党中堅幹部。三年前の一九二七年七月には、杭州市政府委員として市長邵元冲の下で働いていた〔『邵日記』三四七頁〕。一九四二年に『地方自治簡述』を著している。

＊＊やはり立法院での部下で旧知の国民党中堅幹部。五年前の一九二五年五月、広州で邵元冲の職務を補佐している〔『邵日記』二四八頁〕。一八九六年生まれで江蘇省江都人、後に河南省政府の建設庁技正になったと注記されており、建築設計関係の技術者であった。二八年一〇月に邵元冲は顧堯階の婚姻の証明者になっている〔同前、四六八―四六九頁〕。なお「百度」の断片的情報によれば、フランス留学で技術を学んだらしい。

＊＊＊南京の東の城壁沿いにある風光明美な湖。

五月七日　水曜

午前中、中央政治会議に赴く。それから党史委員会と考選委員会に行って実務。午後二時、国民党中央本部に行き、山東省の党活動研修生向けに「訓政時期における党の地方自治活動」と題し訓話。そのあと蒋介石も講演した。三時過ぎからは考選委員会で実務。夜、湯公介＊が来宅、党史委員会の今後の活動計画について協議。霍孔《かくこう》（中国語音ならフオコン）氏の『中国革命』＊＊という書を読む。孫文主義を痛烈に批判しているけれども、全体として賛同できる部分が多い。

*湯増璧《とうぞうへき》　字が公介。一八八一―一九四八年。江西萍郷人、秀才、南京の両江師範学堂に入学。一九〇三年に日本留学、早大で学ぶ。『民報』副主編。一九一〇年に帰国、一四年湖南第一師範教員、二七年一〇月国民政府秘書。晩年は国史館纂修兼秘書[徐友春主編、二〇〇七、二〇六九頁]。この時期は党史委員会に在職していたと見られる。

**ハーバード大学の政治学者A・ホルコムの著書[Holcombe, 1930]であろう。訓政の独裁的傾向を批判しながらも、国民党政権による中国の統一と近代化を肯定的に評価する概説であり、邵元冲も受け入れることができたに違いない。

五月八日　木曜

午前中、中央常務委員会に出席。散会後、党史委員会の会議を開催。また党史委員会と考選委員会で実務。午後、立法院で実務。四時過ぎに帰宅。『西狭頌《せいきょうしょう》』*を開き数頁を書写。夜、楊升庵《ようしょうあん》夫妻の散曲**を鑑賞。九時過ぎ、下関駅に黙を出迎える。午後、上海を出発する予定になっていた。一〇時一五分に到着、ともに帰宅。連日の疲労がたまっている上、風邪を引いて発熱し、身体がだるく辛そうである。常備薬を飲ませ、一晩中いろいろ世話してやったところ、ようやく明け方には落ち着いたようであった。

*官僚の治水の功績を称えた後漢時代の石碑。隷書の手本にされる。

**元代に盛んになった歌謡文芸で、明代、清代にも伝えられた。

五月九日　金曜

朝七時、中央政治学校に行き、五九国恥記念行事[第Ⅱ章六〇頁参照]に参加し講演。八時に一度家に戻り黙の様子を見る。陳念中*と徳英も来てくれた。九時、考選委員会で会議。試験実施の地域割原則、考試法施行細則、試験実施規定の草案について、修正の上決定した。午後、太蕤《たいずい》・陳念中・顧堯階らが来宅し歓談。黙は少し良くなったようだが、まだ熱が下がらず、頭がクラクラするというので、王医師に往診を頼んだ。また大功坊の瞻園（明朝初めの中山王、徐達の屋敷だったところ〔原注〕）＊＊まで視察に行き、党史委員会がそこの建物を用いる準備を進めた。さらに立法院と顧堯階のところまで行き、帰宅。夜は黙の世話をしながら、手紙の返事を書いたりした。

＊五月六日の注記参照。
＊＊南京市内の南部にある邸宅と風雅な庭園。夫子廟の西隣に現存。

以上に引いたのは、邵元冲の一九三〇年五月上旬の日記である。九日分に過ぎないとはいえ、さまざまな情景を読みとることができる。

まず印象づけられるのは、政務に追われる多忙な日々である。邵元冲は、中央政治会議と国民党中央の常務委員会という二つの重要な定例会議に出席するとともに、この時期、公務員選抜試験制度の制定が大詰めを迎えていたことから、考試院考選委員会の事務局にほぼ日参している。さらに、政府の立法院と党の党史委員会にも週に四日程度は顔を出し、相当な量の仕事を処理していた。

しかし、こうして多忙な日々を過ごす一方、中央公園の散策（二日）、后湖の花見（六日）、散曲の鑑賞（八日）など、古都南京の自然と文化に親しみ、それなりにゆとりある生活を楽しんでいたことも垣間見ることができる。読書の記録は、日記の他の個所にも多数出てくるが、引用した部分では『越縵堂日記』が興味深い存在である（二日）。清末の官僚で詩・文・曲などをよくした李慈銘の日記（一八五三―一八八八年の分）であり、すぐれた読書ノートにもなっていた〔王杏根ほか編、一九九三、三七三頁〕。

先人の読書ノートを読むことを通じ、その先に広がる過去の文化総体を継承していく中国の伝統的知識人の姿が窺える。また新刊の洋書にも目を通すあたり、やはり欧米を遊歴した経験が生かされている面も見ておくべきであろう。

そして日記を通じて浮かびあがるもう一つの情景は、妻張黙君の体調を気遣い、二人の子どもと遊ぶ邵元冲の家族愛であり、友人や親族との会食、懇談を重ね、ネットワークの維持とそこから得られる情報を大切にする姿勢である。このようにして築かれる社会関係が国民党政権の中枢を支えた邵元冲のような幹部の場合にも、当然のように存在していた。

国民党政権の政務に精勤する政治家邵元冲は、同時にまた当時の知識人らしく自然と文化に親しみ、家族・親族・友人たちとのつながりを大切にしていた。日中関税協定をめぐる動きが記される五月一〇日以降の日記については、改めて次節でとりあげる。

雲南から上海へ――聶耳の旅立ち

国民党政権の統治が整い始めた一九三〇年七月、雲南にいた聶耳は昆明を離れ、上海へやって来た。新しい時代の、その中心に位置した大都市へ飛び込んでいったことになる。

雲南第一師範の外国語コースを優秀な成績で卒業しているので、省内の玉渓県《ぎょくけい》――父の出身地であり県の教育局長とも面識があった――の高校教員になるという道はあった。では、なぜ昆明を離れたのか？　反政府運動への関わりを疑われ、治安当局に拘束される恐れが生じたため、親戚の家に身を隠したことがあり、それを昆明から離れた理由とする説明もある。確かにそうした事態が五月に起きているが、師範を卒業したのは六月であり、すでに拘束される恐れは去っていた。また前年の一月、家族へ送った書簡には「訓政の時期には建設が大切になる」と国民党政権の発足に期待する言葉も書かれている。聶耳は、この時期、反政府運動にそれほど深く関わっていたわけではない。一九三〇年六月、二番目の兄、聶子明へ書いた書簡には「今の社会に満足しているわけではないし、それを改造したい、あるいは破壊したいと思ったこともあるが、最近、そんなことはみな幻想だと思うようになった。……暫く玉渓県で教員をしながら日々を過ごし、機会を見て新たな進路をめざそうと思う」とも書いていた〔『聶全集』下巻一二一頁〕。本音であろう。

しかし結局、聶耳は、上海という時代の激流の中心に飛び込む道を選んだ。その強い思いに注目しておきたい。第Ⅱ章で述べたように、国民革命が最終局面を迎えていた一九二八年の末、聶耳は友人らとともに学業を中断して家を飛び出し、国民党政権の軍隊、国民革命軍に入隊したことがあった。結局、軍隊生活の厳しい現実に直面し半年で昆明に戻るのであるが、従軍中の二九年一月に母へ宛てた書簡にも、軍隊に入るのは方便に過ぎず、将来は大学進学、技術者、ビジネス、軍人などさまざまな進路を考えており、とにかく省外に出て挑戦してみたいとの思いを切々と書き綴っている〔同前、下巻九八頁〕。実際、軍を諦めた後は広州の飛行士養成学校や演劇学校、はては上海の自動車運転手養成学校まで受験しようと試みた〔同前、下巻一〇二頁、一〇六頁、二〇四頁〕。ただし結果的には全てうまくいっていない。夢が破れた後、二九年四月に広州で記されたメモは次のようなものであった。

上海へ行く：数千人の失業者が滞留している上海へ？　広州に住み続ける：あいもかわらず排他的な広州に？　故郷に戻る：恨めしく、また愛すべき故郷に？　……結局、何もかも、もとのま

まじゃないか。〔同前、下巻二一三頁〕

「排他的な広州」とは、雲南人の彼にとって広東語が理解困難だったことに加え、演劇学校の教育内容まで広東の地方劇に偏っていたことを指している。そして二九年春の時点では、全く仕事のあてがない上海へ出て行くのも、無謀な行為にほかならなかった。

では、雲南第一師範を卒業した一九三〇年夏、なぜ聶耳は上海へ向かったのか。実は三番目の兄、聶叙倫《じょうじょりん》が自らの勤務先である「雲南遠東皮毛貿易公司」の社長にかけあい、系列の煙草問屋「雲豊」商店の上海支店で働く道を弟の聶耳のために用意してくれたのである〔王懿之、一九九二、一〇〇頁〕。おかげで聶耳は、大都市上海での初めての生活を、とりあえずは順調に始めることができた。もっとも雲豊商店は、当局に重税を課されたことが契機となり、一九三一年春、閉店を余儀なくされる。路頭に迷うことになった聶耳がたまたま目にしたのが映画会社で楽器奏者を募集しているという新聞広告であった。その後、彼が上海映画界で活躍していく姿は、第Ⅳ章でみることにする。

一九二〇年代末、昆明で学生時代を送っていた聶耳のもう一つの挑戦は、日本語の修得であった。一九三〇年三月九日の日記によれば、日本語の独習はかなり以前に始めており、一九二八年の後期、つまり一九二八年秋から雲南第一師範にも正式に日本語選修コースが開設され、聶耳も受講登録をしたという。しかし、その三分の一ほどまで進んだところで、聶耳は従軍を志し休学したため、正規の学習は中断していた。そこで、友人たちとともに自主的に日本語を学ぶ勉強会を、この日、始めたというわけである〔『聶全集』下巻二二〇頁〕。一九三〇年三月といえば、後述するように日中関税協定が結ばれ、中国の関税自主権が回復するとともに、まさに日中関係の改善が語られるようになった時でもあった。聶耳たちの日本語勉強会は、そうした情勢の展開とも無縁ではなかったであろう。聶耳は、その後、上海に行った後も、なかなか時間をとれないと嘆きながらも英語と日本語を学ぶ努力を続けていた〔同前、下巻一二三頁〕。

この時期に聶耳が日本に対して抱いていた関心は、日記や書簡の端々に見てとることができる。たとえば、昆明の商品の六五％は日本品、三五％は他の外国品で、中国の国産品はわずか五％であると日本の領事が報告しているとの情報を書き付けたメモ〔同前、下巻二一一頁〕、日本を訪れ文筆活動を展開したこともある蔣慈光の小説を読みふけり、細かに書き記された感想文〔同前、下巻二三六頁〕、そして日本でのビジネスのため大阪に行った兄聶叙倫に宛てて送られた書簡〔同前、下巻一一四―一一五頁〕などなど。当然、兄からの書簡には日本の切手が貼ってあったはずだ。その兄に対し日本で行進曲を集めた楽譜を購入するよう依頼していることも、この数年後に聶耳が「義勇軍行進曲」を作曲することを想起すると興味を引く〔同前、下巻一一八頁〕。

なお聶耳の思想が社会主義に傾いていたことは、左翼的な論調で知られた雑誌『新生命』を購読したり、「革命文学」を提唱した蔣慈光を読んだり、あるいは唯物史観に関するメモを書き付けたりしたことにも、よく示されている〔同前、下巻二一〇頁〕。上海へ移った後も、共産党が武装蜂起した記念日である八月一日に注目していた〔同前、下巻二四一頁〕。ただし、このような文章が残されていること自体、この時期、聶耳が共産党に入り、その組織的な活動に参加していたわけではないことを明瞭に示す事実でもある。もし共産党員であったならば、弾圧の口実となるこんな危険な文章を不用意に残すはずがない。

二　日本を見つめ直す中国

日本の山東出兵——田中外交の失敗

対華積極外交を標榜し一九二七年四月に成立した田中義一内閣（政友会）は、北伐が進む中国にいた日本人居留民の保護を名目に、二度の山東出兵を行った。他国の領土へ勝手に軍を送り込むという明白な主権侵犯行為である。当時、確かに国民革命軍（北伐軍）が占領した南京や漢口で外国人の財産を強奪するような動きが一部に起き、不安が広がっていた。しかし山東在住日本人の多くは秩序が保たれていた青島《チンタオ》で暮らしていたし、北京政府側も、北伐を進めていた国民党政権の側も、外国人保護に努力することを約束していた。したがって日本の本当の狙いは、華北、東北における日本の権益を断固保持するという意志表示にあったと指摘されている。実際、一九二七年五月の最初の山東出兵は小規模なものであった。この時は、北伐軍が山東に到達しなかったこともあって短期間に撤退しており、中国軍との衝突は起きていない。

その後、一九二七年の秋、国民党内の複雑な政治状況の下、一時政権を離れた蔣介石は日本を私的に訪問した。蔣は、宋美齢と結婚する許しを有馬温泉で静養していた彼女の母から得るとともに、日本の政界要人に会い、北伐を再開し全国統一をめざす決意を伝えていた。再出兵はありえないとの期待を蔣が抱いたとしても、無理からぬところがある。

ところが一九二八年四月、日本政府は再度の山東出兵に踏み切り、しかも済南事件という惨事を引きおこした。漢代以来の長い歴史を持つ省都済南は、製粉業、綿紡織業、マッチ製造業など大小二四一の工場が建ち並び、中学・高校は三六校、大学・専門学校は一五校を数える人口三〇万人余りの大都市であった。在住日本人は、山東産の綿花・落花生・鉱産物などを扱う商社の駐在員、雑貨商、飲食業者、それにアヘン取扱商なども含め二一六〇人であった(一九二七年末現在)。それほど多い数ではない。同じ山東省の青島には日本資本の紡績工場六社が操業を続け、一万一二〇〇人の日本人が暮らしていたし、上海には二万七〇〇〇人がいた。

済南にいた日本人居留民の大半は、安全と見られた青島などへすでに避難していた。当時から指摘されたように、山東出兵の真の狙いは「居留民保護」ではなく、満洲などにあった日本の権益堅持の意志表示にあったものとみるほかない。五月一日から二日にかけ、国民革命軍が済南に到着し、治安の維持に当たる。すでに済南の要所に配備されていた日本軍との間で距離をとり、当初は日中両軍の衝突が回避されていた。しかし五月三日、済南市内の中心部で日中両軍の衝突が起き、全市に銃声が鳴り響く事態になる。中国側は市民・将兵一〇〇〇人が死傷し、日本側の死傷者も居留民を含め数十人に上った。この時、蔡公時《さいこうじ》という日本に留学したこともある交渉担当の外交官が殺害されたことは、中国側に大きな衝撃を与えた。四日に一時停戦が実現し日中間の交渉が始まるが、日本軍側は中国軍の済南撤退をはじめ強硬な要求に執着する。結局、八日から一一日にかけ、さらに大規模な衝突が発生し、中国側に市民を中心に死者三六〇〇人、負傷者一四〇〇人、日本側にも戦死二六人、負傷一五七人という大きな犠牲が出た。常軌を逸した野蛮な日本軍の行動に蔣介石は激怒する。以後、蔣は毎晩「雪恥」＝恥をすすぐ、と日記に書き続けるようになった。今も済南では毎年五月三日に市内全域でサイレンを鳴らし、追悼式が挙行されている。なお国民革命軍の主力は、この間、済南を迂回して北京をめざし、優勢のうちに北伐を進めた。

中国国内では、反日意識の拡大と民族主義の高揚がみられ、山東出兵に抗議する日本商品ボイコット運動(一九二八―二九年)は空前の規模に達し、日本の対華貿易に甚大な打撃を与えた。全土に広がった反日運動の下、済南事件の処理をめぐる日中交渉が進められた。一九二九年三月に発表された共同声明や会議録によれば、日本軍の撤退が表明された以外は、損害調査の共同委員会を設け責任者を処罰することが確認されたのみであった。損害調査といっても、双方とも「損害は相殺する」方針を事前に了解しており、損害賠償を生じさせないことが前提にされた調査であった。したがって日本側は何を得ることもなく撤退したのであり、「「交渉」の名に値しない失敗」だった〔臼井、一九九八〕。むろん中国側にとっても損害賠償や陳謝を得られない屈辱的な内容であったとはいえ、日本軍の撤退は交渉によって実現したわけであるから、外交交渉としては十分評価し得る結果であった。要するに山東出兵を強行した田中外交自体に無理があったからであり、「結局、済南攻撃の不当さに起因」する〔同前〕というほかない失敗であった。

田中外交の二年間に日中関係は一挙に悪化し、各地で激しい反日運動が展開されるようになった。日本は経済的打撃を受ける一方、列強が国民政府に接近する中、日本のみが関係を改善できず孤立した。また、張作霖爆殺事件*が起きたことも影響し、満洲の既得権益拡大交渉も進捗せず、日本の対中国政策は全く行き詰まりの様相を呈していた。一九二九年七月、ついに田中内閣は倒壊し、民政党の浜口雄幸内閣の下、幣原喜重郎が再び外相を担当して対華外交の建て直しに当たることになった。

＊北伐により北京政府が倒壊した際、政府の実力者であった東北の張作霖が、北京から瀋陽(奉天)に列車で帰還しようとした一九二八年六月四日、乗車していた列車ごと爆破され死去した事件。関東軍高級参謀河本大作らの仕業であった。河本らは、張を謀殺すれば混乱が生じるという予測を前提に、それに乗じて出動した関東軍が満洲全土を制圧することを企図していた。しかし張作霖の息子張学良は、関東軍による謀殺であることを見ぬいて慎重に対処し、混乱を起こすことなく東北の地方政権トップの座を継承した。張学良政権は、国民政府の下、東北の鉄道、港湾建設や金融整理などの近代化政策を推進していく。

中国の関税自主権回復と米英日

一方、国民政府は、すでに述べたように、新たな首都を南京に定め積極的な外交政策を展開した。その最大の成果が、一九二八年の中米関税条約から一九三〇年の日中関税協定に至る各国との交渉を通じて実現した関税自主権の回復である。これによって中国は、一九世紀半ば以降の対外条約によって課されていた一律五%という税率規制から脱却し、輸出入貿易に対する関税を自主的に制定できるようになった。それはたんに外交上の大きな成功だったばかりではなく、安定した税収源を確保し中央政府財政の基礎を固めていく上でも、また外国品の流入を規制し国内産業を保護する関税政策を進めていく上でも、きわめて重要な意味をもつ成果であった[久保、一九九九]。

国民党政権にとって、関税自主権回復までの道は、けっして平坦なものではなかった。一九二八年七月に最初に新条約に応じたアメリカ、同年末にそれに追随したイギリスなどは、中国の保護関税政策の対象になるような軽工業品の輸出が少額だった上、関税自主権を認める姿勢を積極的に打ち出し、中国の民族主義勢力との間に良好な関係を築くことを重視していた。それに対し綿布・雑貨など自国の対中国輸出品に対する打撃が大きいことを懸念した日本は、さいごまで中国の関税自主権回復を認めることに消極的だった。そして中国が外国と結んだ条約には最恵国条項という条文が含まれ、他国に比べ不利な扱いは受けないことが明記されており、日本が認めないことには、中国の関税自主権は回復不可能という仕組みになっていた。そのため、関税自主権が記された新条約を一九二八年に英米などと結んだにもかかわらず、中国は関税自主権を回復することができなかったのである。

しかし中国の関税自主権を認めることは、日本も出席した一九二一―二二年のワシントン会議における国際的な確認事項であったし、日本以外の列強は一九三〇年までに全て新条約に応じていた。こうした中、結局、日本も一年ないし三年の間一部品目の税率を据置くことを条件に、中国の関税自主権を認める日中関税協定を結ばざるを得ない状況に追い込まれた。

前述したように、日本では一九二九年七月から、民政党の浜口雄幸内閣の下、幣原喜重郎が再び外相を務めることになっていた。幣原はロンドン軍縮会議の妥結に至る米英との協調外交を展開するとともに、それに照応する形で中国へも融和的な姿勢をとり、対華外交の建て直しを図った。そうした第二次幣原外交を象徴する一つの成果が一九三〇年五月に結ばれた日中関税協定にほかならない。

ただし第二次幣原外交に対しては、それに反対する不気味な動きが日本国内に存在していた。佐分利公使の死は、それを象徴する事件の一つである。国民党政権との関係改善を進める狙いを込め、一九二九年八月、幣原外相はエース級の外交官佐分利貞男(一八七九―一九二九年)を中国駐在公使に任命した。命を受けた佐分利が対中関係改善に取り組もうと意気込んでいたことは確かであり、中国側もまた関係修復のシグナルに応えようとした。邵元冲の同年一〇月一五日の日記には、南京で佐分利公使の招宴を受け、三時間、食事をともにしたことが記されている〔『邵日記』五七二頁〕。その佐分利が、進展状況を説明するため日本に一時帰国した一一月末、箱根の富士屋ホテルで謎の死を遂げた。直前まで健康に職務を果たしていた佐分利公使の突然の死は、遺書の類もなく、出所不明の拳銃を利き腕ではない手に握らされているなど、きわめて不自然なものであった。幣原外交に不満な軍の一部やそれに近い勢力が決行した謀殺であった可能性は否定できない〔コラム3「箱根で死んだ佐分利駐華公使」参照〕。佐分利のあとを次いだ重光葵《まもる》駐上海領事の手によって、日中関税協定はまとめられている。

その後、中国の保護関税は、国内産業界から保護関税の設置が切望されていた綿製品、セメント、雑貨など様々な品目の輸入税率を引上げていくことによって達成された。従来五％未満に抑えられていた平均税率は一九三〇年に一〇％台に達し、三五年には三〇％を上回るまでに至っている。ただし、関税自主権が回復したにもかかわらず、一年ないし三年の間一部品目の税率を据置くという条件が付されることとは、短期間とはいえ中国の主権が拘束されることを意味する。こうした問題が存在したことを背景に、国民党政権の内部でも日中関税協定に対し疑義が出される場面があった。邵元冲の日記には、立法院で緊迫したやりとりが続いたことが記されている。

五月一〇日　土曜

午前中、立法院会議を開催。会議では〔王正廷〕外交部長に対し、中日関税協定に関する質問が急遽提出された。そのほか砿業法などは通過。午後、考試院で実務。……

五月一二日　月曜

朝八時から立法院の〔孫文〕記念行事。九時から会議。王正廷外交部長に出席を依頼してあり、立法院の審議を経ることなく中日関税協定に調印した経緯が質された。王正廷も種々答弁したので、一一時半になっても終わらない。そこで早めに退席し、考選委員会に行って実務を処理した。

……

五月一三日　火曜

午前八時から立法院大会。中日関税協定を承認するとともに、国民政府に対し、今後、対外条約の案件は必ず事前に立法院の審議にかけることを建議することになった。一一時、考選委員会で実務を処理し、戴季陶のところで話を交わす。午後、党史編纂の会議。

〔『邵日記』六二七―六三〇頁〕

一九三〇年の日中関税協定は、佐分利公使の死という事件が起きていた日本側にとっても、立法院会議が三日間も紛糾した中国側にとっても、それぞれギリギリの妥協の産物という面があったと理解しておくべきかも知れない。

コラム……3

箱根で死んだ佐分利駐華公使

外交官、それも中国で日本を代表する公使の身にあった者が、本国政府と打合せるため日本に一時帰国中、……突然、謎の死を遂げるという事件があった。それが一九二九年一一月末に箱根で起きた佐分利貞男公使の死亡事件である。ただごとではない。当時、新聞でも大きく報じられ、警察も捜査に力を入れた「『東京朝日新聞』一九二九年一一月三〇日夕刊」「『読売新聞』同年一二月一日」。

政友会田中義一内閣の強硬な中国外交が失敗した後、民政党浜口雄幸内閣は中国外交の建て直しを期し、幣原喜重郎に外務大臣を託した。その幣原の期待を一身に背負い、一九二九年八月に駐華公使に任命されたのが佐分利であった。佐分利は、本文に書いたとおり、対中外交の建て直しに向け精力的に外交活動を始めていた。その矢先の突然の死であった。

佐分利は、一九〇五年、東京帝国大学法科大学仏法科を卒業、その年の秋に外交官及領事官試験に合格した。外交官補として清国、ロシア、フランス在勤などを経て、外務省参事官、大使館参事官、通商局長、条約局長などを歴任している。当時、エース級の外交官の一人だったといってよい。その彼が、一時帰国中の一一月二九日、箱根宮ノ下の富士屋ホテルで、拳銃を握り、銃弾が頭を貫通した状態で発見された。前日、二八日の土曜に箱根を散策した翌朝の出来事である。当初は自殺と報じられた。

しかし、そもそも自殺する理由が見あたらない。夫人を亡くし孤独を感じていたとの説が一部に流れたが、夫人を亡くしたのは一九二六年であり、すでにそれから三年が経っている。二七日に佐分利と会い、日中間の外交交渉について打合せをした幣原外相は、佐分利の死が伝えられた直後、「非常に元気だった。生理的神経衰弱などとはつゆ思えない。精神的にも悩みのある素振りは決してなかった」と語った。実際、佐分利自身、二九日正午に東京で農林大臣と会うことを約束しており、箱根のホテルの支配人にも二九日朝七時半にホテルを出る、と伝えていた。さらに一時帰国中に東京で滞在していた帝国ホテルのボーイは佐分利の日常をよく知る人物だったが、二八日に箱根へ向かう際も、普段と変わらず「死のうというご様子は全然ありませんでした」と証言した。

佐分利は護身銃を持っていた。外交官は思わぬ危険に遭遇する時もあったからである。しかし佐分利が持ち歩いていた小型の護身銃は、この時、東京のホテルのトランクの中に残されており、箱根のホテルで死んだ佐分利の右手には、出所不明の大型拳銃が握らされていた。後に警察が調べても、出所は判明しなかった。しかも佐分利は何をするにも左利きであったのに、この時はなぜか右手に拳銃を握らされていた。しかし初動捜査の際、警察は自殺と決めてかかっていたようであり、拳銃の指紋を採ったり、硝煙反応を確認したりする捜査も、行われなかったという。

佐分利の死を悼む声は中国側に多かった。「この時局の重大の際、中国革命と国民性とに理解ある公使を失ったことは大損失です。尊敬に値する人だった。実に惜しい」(国民政府王正廷外交部長)。「まことに残念だ。公使は日本における最も中国を理解した優秀な外交官であり、自分は何度も面接しその人格を崇拝していた」(国民政府宋子文財政部長)。佐分利が中国のナショナリズムを理解し、国民党政権と対等に交渉する姿勢を示していたことが窺える。こうした佐分利公使の存在は、中国に対する強圧的な外交を望む人々にとっては、障害物と映っていたことが推測される。

佐分利の死が自殺ではなかった可能性は高い。事件発生直後に外務省の職員とともに箱根へ向かい、現場を見た甥の佐分利一武氏も、そのように考えていた。しかし、事件発生から数日を経た後、一武氏を呼び出した幣原外相は「対中関係が大切な時であるし、君がこの際他殺説を言い立てるといろいろな方面に影響が大きいから黙っていてくれ」と口止めした。二五年後、雑誌の取材に応じた一武氏は、「もう時効になっていますし、当の幣原さんも亡くなられ、日本の情勢もガラリと変わっているのですから、お話ししていいかと思います」と前置きして、そう語っている。さらに氏は、自殺説を記者会見で発表し事件の幕引きを図った丸山鶴吉警視総監が、記者たちが去った後、一武氏に向かって「一応自殺ということになった。だが他殺としたら、この犯行は直ぐには判るまい。二十年後、三十年後、時勢が変わってきたら、あるいは他のことから関連して判る時がくるかも知れない」と語ったことも証言した[戸川、一九五四]。

外務大臣として、佐分利の直接の上司であった幣原喜重郎は、戦後の回想録の中で、自らこの事件に触れ「彼の死は、自殺として納得の行かないものであった」と書き残した。そして「佐分利の働きは非常なもので、ことに中国のためによほど面倒な仕事をうまくやっていた。これは中国人におおいに感謝されていいと思う。……彼はすでに有能な働き手であったし、有為の資質を備えて将来を期待されていたのに、実に惜しいことであった」と結んでいる〔幣原、一九八七(初版一九五一)〕。

二〇年代末国民党政権の対日姿勢

一九二七年春以降、日本の外交政策がいわゆる幣原外交(第一次)から田中義一の強硬な対華外交へ、さらに再び幣原外交(第二次)へと転変を重ねていく中、中国の国民党政権は、対日政策をどのように構想していたのだろうか。一言でいえば、米英のみならず日本にも関税自主権回復を認めさせた成果を踏まえ、国力を強め、あくまで交渉を通じて主権を回復することがめざされていた。山東出兵という大きな圧力を受けながらも、それを外交努力で押し返すことができたという自信も大きい。

蔣介石は、済南事件の一周年記念日に当たる一九二九年五月三日、軍隊と民衆が一致団結して国民党の指導と指揮を受け入れることが不可欠だとした上で、こう述べた。

国恥記念日だからといって、ポスターを貼ったり、スローガンを叫んだり、集会を開いたり、デモ行進したりする必要はない。……むしろ工場ではいつもより二時間長く働き、学校ではいつもより二時間長く勉強するといった努力こそが求められる。こうして実力を蓄えていってこそ、中国の独立と自由平等を実現することができる〔蔣介石、一九六〇、第一冊五四七頁〕。

邵元冲の「建国の道」と同様、民衆運動ではなく、労働し学習することの意義が強調される。国民党の一党独裁体制の下、中国自身の力量を強化していくならば、必ず独立と自由平等を実現できるという確固たる信念を見てとるべきであろう。

さらに蒋は、この年の七月、北平（北京の当時の呼称）の陸軍大学で、学生たちを前に国民党政権の対外戦略についてこう語った。

我々の革命がめざす目標は、外国帝国主義の打倒である。しかし、帝国主義は一国だけではなく連帯しているので、個別に打倒することはできないし、全ての帝国主義を同時に打倒するなど、なおのこと不可能である。機会を利用しなければならず、そうすることによって初めて成功できるであろう。孫子の兵法に言うとおり、戦わずして勝利することが、最も好ましい〔同前、第一冊五五一頁〕。

機会を捉え中国から帝国主義を一掃していくことが長期的目標に据えられている。では、どんな機会か。蒋の回答は、来るべき第二次世界大戦という機会を利用することであった。

帝国主義者たちの間には、東方で、あるいは中国で、いつ衝突が発生してもおかしくない状況が存在している。……英米対日本にせよ、あるいは日本対ロシアにせよ、彼らの利害が衝突していることは明らかである。……ことが起きた時、もし中国が一致団結して奮闘努力しなければ、第二次世界大戦が勃発した日は中国が滅亡する日になるであろう。……〔それに対し、〕国際的な戦争が発生する前に、国防体制を固め、帝国主義に牽制されないようにしておけば、わが国は亡びないですみ、その機会を捉えて完全な独立を達成することができる。……帝国主義者が互いに殺しあう時こそ、わが中国が独立のため奮闘すべき時なのである〔同前、第一冊五五一頁〕。

次いで蒋は、将来の情勢がどうなるかは予測できず、国際的戦争に参戦するか、中立を保つかは、その時点における中国の国際的な地位、国内経済の状況、国民の意識などによって決めればよいこと、第一次世界大戦の際の好機を中国が逸したのは実に惜しまれるとはいえ、第二次世界大戦の時にもう一度好機を狙えること、などといった説明を加えている。日本の中国侵略に備えるという意識は希薄であり、あたかも局外者のような立場で世界大戦を好機として利用し、帝国主義を一掃し中国の完全な主権回復を実現することに重きが置かれていたことが理解されよう。この後の内外情勢の展開を知る現在の我々の目から見れば、ある意味では緊張感を欠いた見通しだったともいえようが、日本などはものともせず、世界を相手にするという大きな気概が漲《みなぎ》っていたことに注目すべきである。

この直後にあたる一九二九年一〇月、アメリカで株式市場が大暴落し、世界恐慌が勃発した。それは西欧諸国や日本にも波及し、世界各国は厳しい経済状況に陥る。そうした中にあって、銀による決済で経済が回っていた銀通貨圏の中国では、むしろ経済が上向くような状況が生まれていた。世界的な物価下落に伴い銀の価格も下がったことから、金本位制の他国との関係では外国為替レートを切り下げる効果が生じたためである。折からの関税引上げもあって、外国品の輸入が抑制される一方、外国に対する国産品の輸出が促進された。中国経済は、一九二〇年代末から三〇年代初めにかけ、活況を呈することになった。こうした状況は、その後、一九三一年九月のイギリスの金本位制離脱や一九三二年以降のアメリカの銀買上政策などの影響で急速に暗転するまで続いた。成立したばかりの中国国民党政権は、比較的めぐまれた経済的な環境の下でスタートを切っていたことになる。

以上のような情勢の下、邵元冲のように日本をよく知る国民党幹部が、それなりの主体性を保持しつつ、日本とも適宜連携する可能性を考慮するのは、十分にあり得ることであった。済南事件のような日本の侵略行為は絶対に許さないが、その一方、英米やソ連と対抗していくため、必要に応じて日本と協力する場合もあり得るという判断である。

日本が済南事件を引きおこした時、邵元冲は広州にいた。ほぼ連日、中央政治会議広州分会に出席し、西南の政治勢力を国民党政権の下に結集するという課題に注意を集中していたのである。そうした事情もあってか、済南事件に対する反応は鈍く、蔣介石のように激しい憤りを日記に記すといったことはなかった。五月一一日、中央政治会議広州分会は、日本の山東出兵に対する当面の対策として、（一）兵力を京漢線方面に集中し、北京を奪取すること、（二）全国一致して対日経済絶交を行うこと、の二点だけを確認している〔『邵日記』四二三頁〕。

むしろ邵元冲が注意を集中していたのは、長期的に見て日本がどう動くか、という問題であった。五月一四・一六の両日には、国民党政権の対日政策責任者の一人戴季陶と会って日本の動きを詳細に分析している〔同前、四二五―四二六頁〕。邵元冲が日本に対する関心を保持し、その政治動向を注視していたことは、一九二七年一二月の『日本史』閲読〔同前、三七九―三八〇頁〕、二八年一月の『〔日本〕政治年鑑』閲読〔同前、三八五頁〕、同年九月の陳彬龢《ちんびんわ》著『日本研究』閲読と一一月に直接著者に会って交わした会話〔同前、四六〇頁、四七二頁〕、同年一一月二〇日の東亜同文書院見学及び清水董三*（一八九三―一九七〇年）との面談〔同前、四七六頁〕など、さまざまな動きから窺い知ることができる。

＊一九一五年の東亜同文書院卒業生で、当時、中国語担当教員の一人になっていた。その後、日本の外交官をつとめている。東亜同文書院については第Ⅰ章の注記参照。

日本側の個々の動向に関しても、日系紙『上海日日新聞』が流すデマ情報への警戒心を記した一九二九年一月の日記〔『邵日記』四九七頁〕、大連の日本側当局による国民党の活動への規制に反発した同年二月の日記〔同前、五〇七頁〕などが目につく。一方、一九三〇年四月に開かれた政府主催全国スポーツ大会での演説では、明治維新以来の日本の体育政策を高く評価し、「参照に値する」と言い切るような姿勢もみられた〔同前、六一八頁〕。

こうした姿勢の背後に、邵元冲の場合、日本に対するある種の親近感や評価が存在したことは、すでに前章で山田純三郎らとの交遊を例に検討したとおりである。その後も一九三〇年四月一〇日には、山田の甥で当時衆議院議員であった菊池良一（一八八〇—一九四五年、弘前出身）と南京の胡漢民宅で食事をともにし〔同前、六二一頁〕、菊池のことを「我が党と孫文先生を賛助してきた人物」と記した。もっとも当時の日本の国会議事録をたどる限り、菊池は主に地元振興策で動いた国会議員であって、対中国政策について国会で積極的に発言した形跡はない。

その他にも邵元冲の日本人との接触は、上海の吉住医院にいた萱野長友に按摩を頼むような一九二七年二月の交遊〔同前、三〇四—三〇六頁〕や、一九二八年三月に広州の中山大学で戴季陶の招きによって開かれた九州大学教授長寿吉*との会食〔同前、四一二頁〕など多岐にわたっている。そうかと思うと、知人の弟で、日本の陸軍士官学校に留学する中国人の若者に会って話をするようなこともあった〔同前、二九三頁〕。

＊一八八〇—一九七一年。東京帝国大学で西洋史を学んだ研究者。著書に『新西洋史解説』冨山房、一九三四年、『史学概論』三省堂、一九四八年など。ヨーロッパ留学からの帰途、広州に立ち寄ったようである。

それだけではない。国共両党間の緊張が高まっていた時期であるにもかかわらず、上海の内山書店に立ち寄り、日本で出版された社会主義、社会科学関係の文献を手にとって、彼我の社会状況の差異を冷静に認識する邵元冲の姿をみることもできる。

一九二七年二月一一日　快晴　……午後、北四川路の内山書店に行き、日本で最近出版された中国関係の書籍をみる。経済、社会、文化など、どの方面の本も多く、社会主義を研究している団体や同人らが出版している書籍類も一〇〇種類ほどもある。日本人が研究熱心で、どんな方面に関しても全力をあげていることに感嘆した。ひるがえって我国のいわゆる革新運動や社会主義団体などを見るに、あまり研究を深めていなかったり、ひどいのになると理論的な研究を放棄したりしている。こんなうかつなことで、志を成就できるのか？　私は日本語の文献資料が豊富なことに鑑み、最近、改めて日本語の修得に力をいれ、たくさんの日本語の書籍を読む力身につけ、研究を深めてみたいという気になった。だが情勢の変化には激しいものがあり私の初志は貫けそうにない。夜、『日本社会事業年鑑』などをひもとく〔『邵日記』三〇五頁〕。

最後に挙げられているのは、大原社会問題研究所が編纂していた『日本社会事業年鑑』のことであろう。この年鑑は日本の社会運動全般を系統的に記録していた。

この時期以降、日本でも社会主義思想に対する弾圧が強まることを想起するならば、邵元冲の評価には過大評価に近いものがある。しかし、確かに当時の中国と日本を比べるならば、欧米の社会主義思想の摂取という面において、日本の方が先行していた。こうした邵元冲の感慨は、欧米で四年半を過ごし、かの地の社会主義思想の展開についてもある程度は承知した上でのものであり、そのことに重みを感じるべきである。この時期も、邵元冲は、やはり日本に一目置いていたといわざるをえない。

その後も邵元冲は、同じ一九二七年の一〇月一八日、二八年の一一月一七日、二九年の二月八日など、折を見ては内山書店を訪れ、『支那年鑑』、『支那之社会組織』といったさまざまな書籍を購入していた〔『邵日記』三六七頁、四七五頁、五〇五頁〕。ただ購入していただけではない。たとえば一九三一年六月三〇日の日記には、宮崎滔天の孫文伝を読んだことが特記されている〔同前、七四八頁〕。

満洲事変の勃発以降、邵元冲が内山書店を訪れる足は途絶えた。少なくとも彼の日記にそうした記載はない。彼自身が要職に就き多忙になったこともあろうが、やはり日本に対する感情が変化していたのであろう。ただし日本の侵略を非難し、それに正面から対峙するようになった時も、日本を冷静に観察する姿勢は保ち続けていた。たとえば、一九三四年九月一七日、南京の金陵大学の学生向けに行った講演の中で、邵は日本のことを「西欧諸国より中国をよく理解している。それだけに危険であり警戒を要する」と語っている〔『邵文集』下冊二九四―二九五頁〕。あるいは彼の脳裏には、六年前に訪れた上海の東亜同文書院の印象が鮮明に残っていたかもしれない。

二〇年代末の日本留学と新たな日中連帯

一九二〇年代も日本への留学の波は途切れることなく続いていた。欧米への留学が増え、関東大震災の影響があったりしたので、外国へ留学する中国人学生全体の中で日本に向かう学生の比率は下がっていたと見られるが、絶対数が大きく減っていたわけではない。一九一〇年代に比べ、理工系の学校に進学するものが増加していた。

そうした中で、少数とはいえ、日本で社会主義思想に触れ、社会主義リアリズムの文化運動に加わる中国人留学生が生まれていたことは注目に値する。まさに彼らの中から、「義勇軍行進曲」が歌われる映画「嵐の中の若者たち」をつくる許幸之や司徒慧敏のような人々が出てきたからである。この時期、日本で広がっていた社会主義リアリズムの文化運動は、民衆の生活と運動をリアルに描き出すことを通じ、貧困と格差を解消する社会主義をめざすことを呼びかけた運動であり、小林多喜二の「蟹工船」(一九二九年)や徳永直の「太陽のない街」(一九二九年)などプロレタリア文学と呼ばれた作品が大きな反響を呼んだ。その思想の影響は、絵画や木版画といった美術方面、あるいは秋田雨雀(第Ⅱ章既出)らが一九二四年に開設した築地小劇場を拠点とする演劇方面にも及ぶ。一九二八年三月には全日本無産者芸術団体協議会(エスペラント語でNippona Artista Proleta Federacio、NAPF、略称ナップ)が結成され、文学、美術、演劇などさまざまな方面で社会主義リアリズムの文化をめざす人々の大同団結が実現し、初代委員長に文学者の藤森成吉(一八九二—一九七七年)が就いた[大笹、一九九〇]。さらに一九二九年二月には佐々元十(一九〇〇—五九年)、岩崎昶《あきら》(一九〇三—八一年)、北川鉄夫(一九〇七—九二年)らによって日本プロレタリア映画同盟(略称プロキノ)が結成されている[並木、一九八六]。

「嵐の中の若者たち」の監督をつとめる許幸之は、江蘇省揚州の出身で、一九二五年から三〇年まで上野の東京美術学校(現在の東京芸術大学)に留学し、藤島武二の下で油絵を学んだ画家である[吉田、二〇〇九、一六二—一六三頁]。と同時に、彼は社会主義リアリズムの文化運動の影響を受け、在日留学生の同志を募って青年芸術家連盟を組織した一人でもあった。在学中の一九二七年、一時帰国した際、国民革命末期の左翼弾圧に巻き込まれて逮捕され、その後、東京美術学校校長の嘆願書で保釈され再び日本に戻って留学を再開したという経歴を持つ。一九二八年に東京で中国人留学生が結成した青年芸術家連盟は、中国国内の「革命文学」派の動きにも呼応し、社会主義リアリズムの芸術運動を展開しようとするものであった〔小谷、二〇一〇〕。許幸之の卒業制作の絵には、卓上の片隅に、たまたま何気なく置かれたかのようにナップの機関誌『戦旗』が描かれている〔吉田、二〇〇九、五八頁、二三〇頁〕。むろん「何気なく」はありえない。強いメッセージを込め、描きこまれたものに違いない。許は一九三〇年、美校を卒業して帰国し、中華芸術大学という左翼の影響が大きかった上海の美術学校に就職し、絵画を教えながら、中国で社会主義リアリズムの文化運動に関わり続けた。同年、左翼の画家や芸術家が創設した時代美術社に加わり、一九三三年には天一公司という映画会社で映画制作も手がけている〔許幸之、一九八二(日)〕〔程季華主編、一九八〇、二二四頁、二八一頁〕。前に触れたプロキノの委員長を務め、戦後も映画評論の分野で活躍した岩崎は、一九三五年四月に上海を訪れ、許幸之に出会っていた(第Ⅳ章参照)。

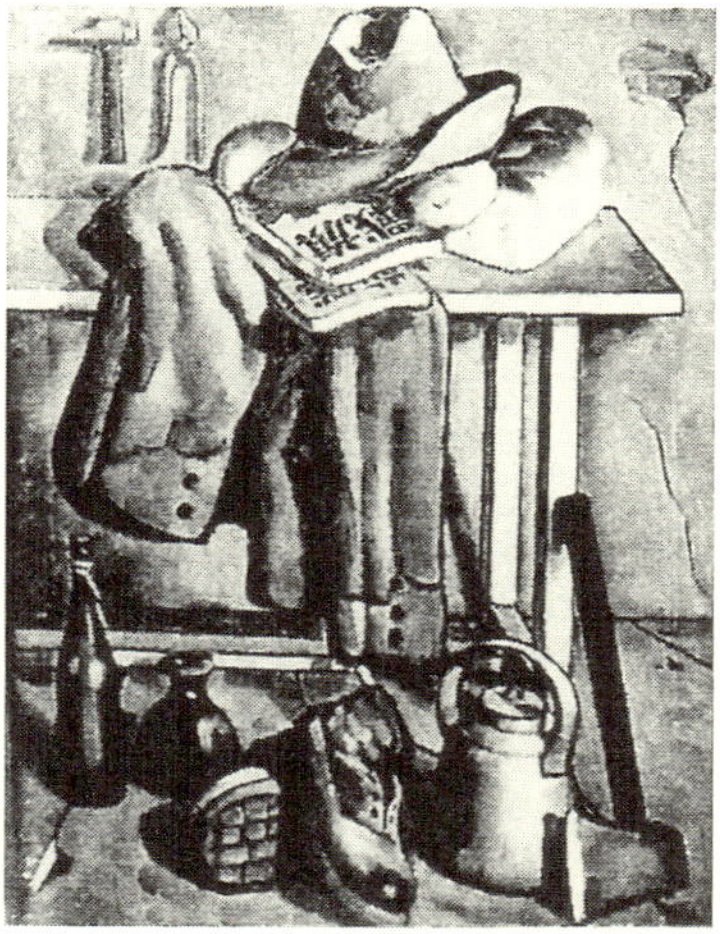

図8　許幸之(許達)卒業制作「友人の家」(1930年)

映画「嵐の中の若者たち」には、もう一人、青年芸術家連盟に参加した日本留学生が関係していた。撮影と録音を担当した司徒慧敏である。広東出身の司徒は、北米から帰国した華僑の家の生まれであり、国民革命の展開を間近に見ながら育ち、一九二八年、東京美術学校の図案科に入学した。戦後、一九四六年からアメリカで暮らした後、五二年に帰国、映画制作部門で働き、一九七八年から人民共和国政府の文化部副部長に就いている〔黄玲、二〇一七、一一〇―一一八頁〕。司徒は築地小劇場に頻繁に出入りし、レマルクの反戦文学を劇化した「西部戦線異状なし」や、村山知義（一九〇一―七七年）の「暴力団記」（コラム4「「暴力団記」 日本人が書いた中国労働運動の舞台劇」参照）などの舞台装置制作を手伝うこともあった。その一方、一九二九年に開設された日本大学法文学部文学科芸術学専攻の映画課程や早稲田大学の授業を聴講し、映画制作に関する知識を吸収することにも努めたという。二九年一〇月、後述する反帝同盟での活動を理由に日本の特別高等警察に捕まり、六週間拘留され国外退去処分となり、三〇年春に中国へ帰った。上野の東京美術学校図案科教授千頭庸也の尽力で釈放された、と本人は回想している。帰国後は、広告会社でデザインを担当したり、天一公司で映画撮影用セットの背景制作を担当したり、と許幸之と似たような場で仕事をすることになった。司徒が日本にいたのは二〇歳前の二年間であり、学び得たものはそれほど多くなかったかもしれない。しかし、次章で触れるように司徒慧敏が日本留学時に形成したネットワークは、映画「嵐の中の若者たち」制作に際して大きな役割を発揮することになる。画家である許幸之が「嵐の中の若者たち」の監督をつとめることになったのも、このような日本での経験が影響していた。

美術学校に学び画家になった許幸之、同じく美術学校に在学した司徒慧敏、官立明治専門学校（現・九州工業大学）*に留学し電気工学を学びながら文学や戯曲に傾倒していった夏衍《かえん》（本名沈乃煕、一九〇〇―九五年）、やはり工業技術を学びながら中国に帰国した後は映画監督として活躍する沈西苓《しんせいれい》（一九〇四―四〇年、代表作に「十字街頭」）など、日本で青年芸術家連盟を結成した中国人留学生は、秋田雨雀、村山知義、藤森成吉、藤枝丈夫（一九〇三―八五年）をはじめとする当時の日本の左翼文化人との交流を深めていた［小谷、二〇一〇］。秋田の一九二九年二月一一日の日記には、藤森成吉、村山知義らとともに日華学館で談話会を開いたこと、中国人女性も参加していたことなどとともに、青年芸術家連盟の連絡先が記されている［秋田、一九六五］。また一九三五年春に上海を訪れた映画評論家岩崎昶は、映画会社の応接室で沈西苓と親しく語り合う機会を得た（第Ⅳ章参照）。日中の文学者の間での交流も盛んであり、そうした影響も受ける中で、田漢らが東京で組織し上海で活動を展開していた創造社（第Ⅱ章参照）も、日本留学生であった李初梨、馮乃超《ふうだいちょう》などの新たなメンバーの下、社会主義リアリズムへの傾斜を強めていった。

＊夏衍の留学先である明治専門学校は、一九〇九年、戸畑（現・北九州市戸畑区）に私立明治専門学校として設立され、採鉱・冶金・機械の三学科が置かれた。一九二一年に応用化学と電気工学の二学科を増設、一九二一年、官立明治専門学校に改組された。一九四四年、明治工業専門学校に改組改称。一九四九年、九州工業大学に改組改称。

図9　村山知義『暴力団記』

全日本無産者芸術団体協議会（ナップ）の機関誌『戦旗』は、その創立直後に発生した済南事件に際しても、日本軍の山東出兵は帝国主義的な利権を守るためのものと喝破し、それに真正面から反対する特集を組んだ［『戦旗』第二号、一九二八年六月］。特集号は、「日支労働者農民団結万歳」と結ぶ巻頭言を掲げ中国の民衆に連帯する立場を表明するとともに、小川信一「支那の同志へ」、藤枝丈夫「禁戦区域」、鹿地亘《かじわたる》「何の為に武器を取るか」などを掲載している。多くの中国人留学生が彼らの訴えに励まされ、共感を持った。実際、当時、『戦旗』編集部に対し、共感を記した書簡が留学生から殺到していたという。ただし労働農民党につながるナップは、社会民衆党をはじめ、日本国内の他の政治勢力と力を合わせ、広範な民衆を結集する平和運動を提起することはなかった。

済南事件に際しては、中国人留学生自身、「中国留日各界反日出兵大同盟」(略称：反日大同盟)を組織し、山東出兵に強く抗議する運動を展開した。やがて運動は各地で「反帝国主義大同盟」を組織する方向に進んでいく。

こうして生まれた社会主義思想を共有する人々を中心とする間の新たな日中連帯は、その後、多くの曲折を経なければならなかった。治安維持法下の日本では、官憲の厳しい取締を受け左翼運動から離れる人々が続出しているし、中国でも共産党につながる運動は、国民党政権による弾圧の対象になった。中国人留学生の運動の背後に中国共産党の影響があることを察知した日本の警察当局は、一九二九年一〇月に大規模な弾圧を行い、多くの中国人留学生を逮捕拘禁したうえ、国外へ追放している〔小谷、二〇一〇、七〇―八〇頁〕。許幸之らが中国に帰国したのは、そうした事情の下で起きたことであった。以上のような多くの困難があったにもかかわらず、第Ⅳ章で述べるように、一九三五年、「義勇軍行進曲」の作曲者聶耳は日本にやってきたし、秋田雨雀は、その聶耳の死を悼む文章を朝日新聞に寄せた。

コラム……4

「暴力団記」 日本人が書いた中国労働運動の舞台劇

——村山知義と藤枝丈夫、そして中国人留学生

一九二三年二月七日、長江中流の大都市武漢で鉄道労働者の運動が弾圧された(二・七事件)。その六年後、これを題材に村山知義が書いた戯曲「暴力団記」の上演が、一九二九年六月に東京で始まり、多くの観客を集めた。ふだん左翼演劇など無視する大新聞でも好評を博し、その脚本を収めた『暴力団記(日本プロレタリア傑作選集)』[村山、一九三〇]は版を重ね、四五刷になったという[村山、一九七一]。実際、九〇年近くを経た今もこの本は古本市場に出回り、私の手元の本の奥付には「二八版」と記されている。意図的に小分けに増刷したとも見られるとはいえ、ただならぬ増刷回数である。そして、この舞台の制作を手伝った中国人留学生の中に、本文で触れたように、後に映画「嵐の中の若者たち」をつくる司徒慧敏がいた。

京漢《けいかん》鉄道(北京—武漢)の労働者が組合を結成し、待遇改善を求め大規模なストライキを構えたのに対し、当局側が軍隊や警察を動員し、労組役員を殺害するなどして弾圧したのが二・七事件である。一方、戯曲を書いた村山知義(一九〇一—七七年)は、一九二一年、東大哲学科を中退し留学をめざしてベルリンに向かい、そこで大戦後のヨーロッパに広がっていた社会主義運動と美術・演劇の新潮流に強い刺激を受け、一九二三年に帰国した後は舞台芸術方面に進路を変えたという経歴の持ち主だった[大笹、一九八六、四六〇—四六九頁]。築地小劇場で左翼の演劇人と実験的な舞台づくりに挑み、戦後は東京芸術座を主宰している。ただし彼は中国に行ったこともなければ、中国語もできない。そんな村山が、なぜ中国の労働運動を題材に選んだのか。日本では、当時(多分、今も、だが)ほとんど知られていなかった出来事だったのに、なぜ、二・七事件か? その謎を解く鍵は、脚本の最後に村山が記した「材料、考証等の点で藤枝丈夫君の助力を得たことが多い。記して好意を謝す」との言葉である。

藤枝丈夫(一九〇三—八五年)は、一九四二年に北海

道の三菱美唄《びばい》鉱に入り、戦後、同労組の委員長を経て、全日本炭鉱労組連合会の委員長などもつとめた。しかし若い頃は左翼の文化運動に関わり、それ以前は、右翼の政治結社とされる玄洋社の周辺にいた［藤枝、一九七八］。藤枝の言によれば、福岡県の炭鉱で事務をしていた養父の下、西南学院中学で学んだ後、義父で玄洋社の社員だった東久世《ひがしくぜ》賛次郎の指示を受け、一九二〇年、一七歳の時に中国に渡り、天津の石炭商社隆泰煤行のただ一人の日本人社員になって五年間を過ごす。中国各地の関係者に金品を運び、玄洋社系のネットワークを支える下働きをした。この時、中国語を身につけた［三石、一九七四］。しかし一九二五年一二月、第Ⅱ章で触れた郭松齢を支援していたとして在華日本政府当局に睨まれ、日本に強制送還されてしまう。それが大きな転機になった。一九二六年二月、東京に出て触れた左翼演劇の熱烈なファンになり、やがて自ら築地小劇場の舞台に上ったり、村山知義らと親しく交流したりするようになった。左翼陣営にとっては中国語を理解する貴重な人材を得たことになり、一九二九年一〇月、プロレタリア科学研究所が設立された際、

藤枝は中国問題の責任者に抜擢されている。

こうして親しく行き来していた藤枝が、村山へ「中国の京漢鉄道の大ストライキに関する資料を提供してくれたので、それをもとにして書いた」のが「暴力団記」であった［村山、一九七一、四九八―五〇〇頁］。藤枝も同様の経緯を語っている［藤枝・小林、一九七四］。藤枝が村山へ提供した資料は、事件直後の一九二三年三月に刊行された『京漢鉄路工人流血記』という記録集である。編者は、労働運動に関わっていた共産党員羅章龍（一八九六―一九九五年）で、戦後、リプリント版も出された。羅は一九三〇年代初めに指導部と対立して党を除名され、一九三四年以降は河南大学、西北大学、湖北大学などの教員になり経済史を教えた。藤枝はこの本を市ヶ谷の中国人留学生向けの書店で購入した。『戦旗』の記事を通じて知り合った中国人留学生（本文参照）が連れて行ってくれたという［藤枝、一九七八］。

それにしても一九二九年夏、なぜ多くの日本の観衆が「暴力団記」に喝采を送ったのであろうか。一九二九年といえば、労働農民党の代議士であった山本宣治

が、その年の三月、右翼暴力団の組員によって刺殺された年であった。一九二六年の共同印刷のストライキ、一九二七年から二八年にかけての野田醤油（現キッコーマン）の二一六日間ストライキをはじめ大規模な労働争議が続き、経営側が暴力団を雇って労働者に暴行を加えるような事件も後を絶たない状況にあった。こうした体験を身近に持っていた当時の日本の民衆は、苛酷な弾圧下で展開された中国の労働運動を描いた演劇に強い連帯感を持つことができたのではないか。そうした気配を感じた当局により、「暴力団記」という刺激的なタイトルを禁止され、「全線」（鉄道全線でのストの意味）への名称変更を迫られたこともあった。当時、中国と日本の民衆は、存外、近いところにいたのかも知れない。そう考えると、中国人留学生が「暴力団記」の舞台装置の制作に協力したという事情も納得できる。

三　日本の対中政策の可能性

社会民衆党宮崎龍介の対中連携論と対支非干渉運動

では一九二〇年代半ば以降、邵元冲らが抱いたような期待に応える条件は、日本に存在したのだろうか。実はまさにこの時期、社会民衆党の宮崎龍介から国民党との連携を期待する書簡が送られてくる、というようなこともあった。一九二七年四月二三日、日本から帰国した国民党員葛暁東が携えてきた邵元冲宛の宮崎龍介の書簡には、日本の社会民衆党は中国の国民党と連携し、三民主義を国際化していくと書かれていた〔『邵日記』三二〇頁〕。ついで同年夏、宮崎は松岡駒吉とともに中国を訪れ蒋介石と会談し、社会民衆党と中国国民党との連携を図っている。

一方、一九二七年六月六日、上海で開かれた日本の山東出兵に抗議する集会の準備会議では、「日本の社会民衆党と全ての無産階級政党に対し、一致団結し日本軍の撤退を主張するように要請する」、「宮崎龍介に出兵反対を主張することを要請する」、などの提案が採択された〔『民国日報』一九二七年六月七日〕。こうした動きには、日本の上海領事館も神経を尖らせ、本省に経緯を報告している〔上海領事館→外務省、第八三五号電、一九二七年六月七日、外交史料館 A-1-1-0、済南事件／排日及排貨関係　第六巻上海(アジア歴史資料センター B02030055000 内)〕。

この時期の宮崎龍介の中国政策論は、確かに邵元冲らが注目する内容を持っていた。当時、日本国内で左翼政党や民衆団体が結集し、対支非干渉運動を展開する動きが見られたことも想起されてよい。中国の国民革命を支持し、日本、イギリスなどの帝国主義諸国による干渉行為に反対する運動は、一九二七年一月頃から日本の左翼政党や民衆団体の間で真剣に議論されるようになった。とくに同年二月一二日、そうした日本の政党・団体関係者を中国国民党駐日総支部が招待し共同行動の具体化を要請したことから、労働農民党・社会民衆党・日本労農党の無産三党(プロレタリアート＝無産階級の立場を標榜する三党の総称)は、共同行動のための実行委員会を作ることを一度は申し合わせている。しかし、労働農民党(非合法化された日本共産党の主張を実質的に代弁していた政党)が中国共産党や国民党左派(武漢派)を支持する立場をとったのに対し、宮崎龍介らの社会民衆党は共産党に反対し蔣介石らの国民党(南京派)を支持する立場をとり、日本労農党は二つの立場の間で動揺するという状況に陥ったため、結局、共同の実行委員会は組織されずに終わった〔大野、一九六六〕。日本労農党は、同年四月二八日、「対支非干渉の共同戦線樹立」を労働農民党・社会民衆党の両党に申し入れている。だが同党は、日本政府に対し国民政府の即時承認を求める一方、「南京派・武漢派のけじめを立てず一視同仁主義を以て国民革命運動を支持する」立場を標榜したため、結局、武漢国民政府を支持する労働農民党と蔣介石らの南京国民政府を支持する社会民衆党の双方から共同戦線樹立を拒否されることになった［増島・高橋・大野、一九六九、一四〇―一四二頁］。

その後、同年五月六日に労働農民党と日本労農党が演説会を共催し、五月三一日には労働農民党を中心に日本労働組合評議会、日本農民組合、無産青年同盟、プロレタリア芸術連盟など二四団体の代表と藤森成吉らの個人が集まり、対支非干渉全国同盟を結成した［井上、二〇〇八、一六―二〇頁］。同盟は、「居留民保護」など田中内閣が挙げる山東出兵の目的に対し、それは「民衆を欺瞞し、帝国主義者の野心を遂行するもの」だと批判し、日本の民衆に向かって「出兵に反対せよ」と呼びかける活動を展開した。

しかし、対支非干渉全国同盟の活動に、社会民衆党や日本労農党は参加していない。それぞれの勢力が自己の主張に固執し、共同行動を実現するための努力を二の次にしたためであった。また、労働農民党系の対支非干渉全国同盟が一九二七年六月から八月にかけて展開した日本の第一次山東出兵に反対する出版物の配布、演説会の開催、さらには中国視察団を派遣する運動などは、日本の警察当局によって厳しい取締を受け、押さえ込まれてしまった［大野、一九六六］。中国視察団代表を選出するための集会は八月一六日に東京で開催され、一三人の代表を選ぶとともに、二六日に東京を出発し福岡に向かうという旅程まで準備されていたことを確認することはできる。しかし、福岡から長崎を経て中国に向かう具体的な計画や中国側の受け入れ予定先は確認できない。そのうえ、視察団の出発当日になると、多数の警官が動員され、代表や見送り人を全て検束したため、派遣は実現しなかった［井上、二〇〇八、一二三―一二八頁］。もっとも、たとえ対支非干渉全国同盟の視察団が中国にたどりついたとしても、その時、彼らが目にすることができたのは、彼らが支持した武漢国民政府ではなく、社会民衆党が支持した南京国民政府であった。武漢政府は二七年九月、最終的に崩壊し、その構成メンバーの多くは南京政府に合流している。労働農民党系の対支非干渉全国同盟の活動が、全体として行き場を見失いつつあったことは否定できない。一九二八年、第二次山東出兵が強行され、済南事件が発生した際も、先に述べたように労働農民党系のナップは真正面から出兵に反対した。ただし、その立場は、機関誌『戦旗』に掲載された鹿地亘「何の為に武器を取るか」が示すように、「裏切者蔣介石」への強い非難をともなうものであり、南京国民政府による全国統一が進展していた中国情勢に対応したものではなかった［『戦旗』第二号、一九二八年六月］。

それに対し社会民衆党の宮崎龍介たちは、他の無産政党や民衆団体との共同行動が困難に陥った後も、第二次山東出兵を実行した田中外交を批判し、中国国民党による自主的統一運動を支持すべきだという立場を繰りかえし表明していく。社会民衆党は、一九二六年一二月四日、安部磯雄、鈴木文治、片山哲、宮崎龍介らが中心になり、「民衆政治の実現」を旗印に「右翼無産政党」を標榜して発足していた政党である［『東京朝日新聞』一九二六年一二月六日］。

一九二八年春に開いた民衆政治学校での講義録を基礎にした宮崎の主張に耳を傾けてみよう［宮崎龍介、一九二八］。二部構成の冊子の前半部、「世界政策論」の構成は次のようになっている。国際的視野に立った議論を展開していること、帝国主義批判と国際的な社会主義、平和主義の流れを踏まえた主張であることが知られよう。

〔前編〕　世界政策論

支那問題の重要性　／　近代国家の本質　／　国際平和運動　／　インターナショナリズム　／　新しきインターナショナル

後半の「対支外交論」は、以下のとおりである。さすが宮崎滔天の息子らしく、孫文の三民主義と国民党に対する高い評価が議論の軸に据えられ、それを踏まえた国民政府理解が示されていく。ついで田中内閣の山東出兵に対する批判、米英の対国民政府外交の合理性に対するある程度の評価が続き、最後に日本がとるべき政策が提起される。

〔後編〕　対支外交論

支那革命の中心思想　／　革命と反革命　／　中国国民党の連露と断露　／　日本政府と国民政府　／　新日本の対支政策　／　結論

「結論」で宮崎龍介は次のようにいう。「日本は長い間支那に対して支那民衆を苦しめ、支那の国家的統一をさまたげ、支那の自主的要求をこばんで来た。……今日の日本は一般に成金根性によって、純粋なそして赤裸な、日本人の本性を忘れてしまっている」。まことに厳しい日本の対中政策批判である。

ただし、宮崎は、こう付け加える。

日本人がかくまでも成金熱に浮かされたのは、決して日本民衆の総ての責任ではない。日露戦争に勝った時、日本の軍閥が自ら政治を壟断《ろうだん》せんがために日本の国民の感情を不当に煽り、軍力万能の感情を植え付けたのに起因する。……吾々は日本が支那の民衆を苦しめたことも、支那の統一をさまたげたことも、また支那の自主的要求をこばんだことも、此等はすべて日本の支配階級の意志であって、日本の全民衆の意志で無かったと断言する。今や日本はこれ等の支配階級の永い間の罪科の為に暗澹たる前途を横たえんとしている。この日本の運命を打開するのは一に日本民衆の責任である。

こうして宮崎は、厳しい批判の対象とした日本の対中政策について、それは民衆自身が求めたものではなく、軍閥や官僚が植え付けたものとの理解を示したうえで、国民党の有力者が述べたという次のような発言を紹介している。

「これまで私共は、日本は曽て経験したその経験を以て必ず支那の運動を助けて下さるものだと思っていました。それは支那ばかりでなく、トルコ人でも、印度人でも、皆そうでした。それで日本が花々しく世界の舞台に乗り出した時に、私共はどんなに喜んだか知れなかったのです。しかし私達を助けてくれると思っていた日本は虎でした。それは、私共を喰おうとする虎でした。私共はこの虎を野に放り出して置くわけにはゆかない。檻に入れるか、殺してしまうかしなければならないのです。そうしないと我々の命がなくなります。」

では、日本人はどうすればよいか。宮崎は言う。

日本国民は不平等条約の撤廃はおろか、即時に満洲の問題をも解決して、支那四億の民衆と共に、全世界被圧迫民衆の解放と帝国主義資本主義の野獣と高利貸しの征伐に猛進しなければならぬ。社会民衆党がその立党の当初から支那に於ける国民党の運動に賛成し、之に対して声援を与えたのは全く此意味からである。中国国民党の国民革命運動は支那民族が自ら起し、自ら為しつつあるところの自主的運動である。吾々は彼等の運動の発達を欲する。……また同時に、……無産階級の味方だと称して、帝国主義的野望と同様な統一意識に駆られて盲動しつつあるロシアの人々に対して断然反省の要求を為すものである。

反帝国主義と民族主義理解の立場から中国国民党に対する熱烈な支持と、ソ連及び共産党に対する警戒心が表明されている。これが宮崎龍介をはじめとする社会民衆党の主張であり、彼らが労働農民党とは一線を画したところでもあった。労働農民党につながるナップの機関誌『戦旗』は、前述したように済南事件を非難し中国の民衆に連帯する立場を表明していたとはいえ、社会民衆党などとの共同は提起していない。一九二〇年代末の日本で起きた平和運動である「対支非干渉」運動が大きく発展しなかった一因は、官憲の弾圧に加え、このように運動自体の内部に分裂する要因がはらまれていたところにもあった。

宮崎は、冊子の最後を日中両国の民衆への呼びかけで結んだ。

日本の全民衆よ！　吾等は最後の、しかも最高の世界平和の建設者となろう。而して支那四億の民衆よ！　吾等は共に立ち、互に国境を越えて相結合し、世界最大の平和と幸福との建設者、真実な人類の祖国の創造者となろうではないか〔宮崎龍介、一九二八、一六二―一六三頁〕。

この呼びかけは、元来、社会民衆党の候補者として、一九二八年の第一六回衆議院選挙に際してなされたものであった。妻である歌人柳原白蓮が色紙を書いてかいがいしく応援したエピソードも伝わっている(コラム5「宮崎龍介と柳原白蓮」参照)。しかし宮崎は、選挙期間中、結核の再発によって倒れ、東京四区で三五八一票(総投票数五万七六六四票の六・二%)を得ただけで落選した。翌年、同党の分裂時に党から除名された宮崎は、彼を支持するメンバーとともに全国民衆党を新たに結成するが、世論全体に対する影響力には限界があったといわざるを得ない。もっとも宮崎の先の得票数は、同じ選挙区の最下位当選者の得票数が四二〇四票であったことからすれば、また同じ無産政党である労働農民党の候補者が二八四五票を集めていたことを考慮すれば、全く当選する可能性がなかった数字ではない。

ともあれ中国に対する関心を示していた知識人、文化人の中でも、宮崎のような議論は少数派であった。たとえば、「義勇軍行進曲」を作詞する田漢とも交流があった作家の村松梢風は、一九二八年六月、個人雑誌『騒人』の巻頭言に「山東出兵大賛成だ。ドシドシ出兵して、蔣介石だろうが張作霖だろうが、日本の云う事を聞かぬ奴は片ッ端から踏み潰してしまえ」と書き、田漢から厳しく批判されている[小谷、二〇一三、第Ⅲ章「村松梢風と中国」]。村松は、同じ一九二八年の秋、六年ぶりに訪れた南京について「更生せる新支那の心臓として旺《さか》んに活動しつつある」と好意的な評価を下し、国民党政権による新首都建設の槌音に「全く新しい印象を受けた」と述べるほどの人物である[村松、一九二九]。このような村松にしても、いったん居留民保護や自国の権益という言葉を聞くと、そのとたん、きわめて日本本位の発想に陥っていたところに問題の深刻さがあった。

では、宮崎龍介のような主張は、日本国内で、まったく孤立していたのか？　実は、そうともいえないことが、次に述べるように、宮崎がいた政治の世界とは異なる場で確かめることができる。

コラム……5　宮崎龍介と柳原白蓮

朝の連続ドラマ「花子とアン」(NHK、二〇一四年)は、翻訳家村岡花子と歌人柳原白蓮(燁子《あきこ》)をモデルに、学生時代以来の二人の友情を軸として彼女たちを取り巻く人々が生きた時代を描いた話であった。その柳原白蓮(ドラマでは「蓮子さん」)の三人目の夫が宮崎龍介である。家の事情のため、自らは望まぬ結婚を二度も強いられた白蓮は、やがて短歌に打ち込むようになり、帝大生であった龍介に出会う。二人は深く愛しあうようになり、白蓮は二度目の嫁ぎ先を出奔して龍介と添い遂げることになるのだが、その詳しい経緯は、二人の間に生まれた宮崎蕗苳《ふき》の話などに譲ろう[宮崎蕗苳、二〇一四]。

ここで書いておきたいのは、ドラマではいささか影の薄かった宮崎龍介のことである。龍介の父宮崎滔天(寅蔵)は、熊本出身で自由民権の思想を抱き、一八九〇年代に知り合った孫文の革命構想に意気投合した。辛亥革命が起きる十数年も前のことだ。以来、さまざまな形で彼らの運動を援助し続け、自らの半生記『三十三年の夢』を通じ孫文を世に紹介した。東京で同盟会が結成される一九〇五年頃の宮崎家の様子を、一八九二年生まれの龍介はこう語っている。「孫文は日本へくると、いつも横浜の同志の家へ宿をとるんですね。横浜から新宿の番衆町(現・新宿五丁目付近)の私のうちへやってきて三日とか一週間くらいとまってまた横浜へ帰る。こういうふうにして同志と連絡をとりながら中国革命同盟会というものができた」[宮崎龍介ほか、一九六七、一七二頁]。「私は一三才の時はじめて孫文をみたのですが、その頃は留学生が盛んに来て活発な議論をやっているわけですよ。それで僕らもやっぱり、あんまり広い家でないから、そのグループと入り混りになっていたから、ついそういう議論をきく……同盟会の人の顔にしても名前にしても、みんな知っていました」[宮崎龍介、一九六六、二九頁]。

こんな少年時代を過ごして一高の法科に入学した龍

介であったから、中華民国成立後の一三年に孫文が来日した時は、当然のように多くの友人たちと連絡を取り合い、築地にあった精養軒で歓迎会を開いている。また一六年、東京帝国大学の法科に入学した龍介は、新人会という学生主体の政治団体に加わり、一九年の夏休みには北京を訪れ中国の学生との交流も開始した［同前、二八頁、三〇頁］。新人会は「世界の文化的大勢たる人類解放の新気運に協調し之が促進に努む」べく、普通選挙の実現や労働組合の設立を促し、社会主義思想を紹介した団体である。若き日の赤松克麿・麻生久・佐野学・棚橋小虎・野坂参三ら、後に政治の舞台でさまざまに活躍する人々が顔を連ねていた。

このような経験を積んでいたからこそ、龍介は蔣介石や邵元冲など中国国民党の幹部に信頼され、議論を交わすことができたし、この時代の中国情勢を適確に認識することができたといえよう。宮崎龍介は、結核が癒えた一九三一年五月、愛妻の白蓮をともない、国民党政権が開催した国民大会に来賓として招かれ、南京を訪れている［宮崎龍介ほか、一九六七、一七六頁（六月とあるのは記憶違い）］。邵元冲、蔣作賓らは五月一二日に盛大な歓迎の宴を張った［『邵日記』七三二―七三三頁］。ただしこの時、国民党政権の内部では南京の中央政府と広東派の反目が深刻なものになっている。宮崎の目にそれがどう映じていたかは定かではない。

「民国は民族的に目醒めた」――教育者松本亀次郎の中国再認識論

中国人留学生の日本語教育に長く携わってきた松本亀次郎（第Ⅰ章コラム１「東亜高等予備学校と松本亀次郎」参照）は、一九三〇年四月から五月にかけての中国視察旅行を踏まえ、一九三一年七月一八日――満洲事変勃発の二カ月前――に出版した本の最後に、次のような提言を書いた。

民国は今や民族的に目醒め、「民国は民国人の民国だ、民国内に於ては、領土・法権・政治・経済・文化・教育の全般に渡り、他国の侵略を許さぬと云う思想」約言すれば、「打倒帝国主義」

なる思想は、可成り濃厚に行き渡り、殊に小中学校生徒に対して、鼓励が最も能く行き届いている。此の時に当り、日本人が、僅かに一日の長を恃み、依然として日清日露両役戦勝の旧夢より目醒めず、「民国人は個人主義だ、」「国家的観念が乏しい、」「全国統一なぞ出来る者か、」「憲法政治など河清を待つの類だ、」などと言って、見くびっていたら、大間違いである。民国の民族的に目醒めたのは、鴉片戦争以来、最近に至るまでの列強の圧迫に刺激されたもので、言い換えれば、列強の圧迫其の物が、民国を覚醒したと言ってもよろしいのである。民国は、今や眠れる獅子に非ずして、国を挙げて自覚し勇猛に帝国主義に反抗しているのである。列強にして、この後尚依然として旧時の圧迫を加えば、民国はいよいよ反発的に奮起するのみで、圧迫を加えた国に、何等の利益を将来せぬのみならず、永久に悪感をのこすばかりである。取り越し苦労は老人の常であるが、親善輔導を第一要義とし、民国の新建設に対しては、出来得る限り、好意と便宜を図るが宜しい〔松本、一九三二〕。

視察を通じて得た新たな中国認識を踏まえ、国民党政権下の中国と対等に向きあい、その主権を尊重する政策を求める提言である。松本は、かつて辛亥革命前夜に秋瑾を教えたことがあり、五四運動前夜に日本で留学をめざした周恩来も彼の下で学んだことがあった（第Ⅱ章コラム2「神田神保町を歩いていた若き周恩来」参照）。松本の東亜高等予備学校には、聶耳も一九三五年に通っている。中国に多くの知己を持つだけに、松本の中国認識は適確であった。

松本は自著を各界の有力者に贈呈し、提言に対する理解を求めた。著書を受けとった一人、歌人の与謝野晶子は、「両国の知識人が心と心とを相繋ぎ候ことが第一の必要なりと多年考えおり候私としては、先生が殆どその御一生の大半を民国青年の教育にお用い下さり、実際に我国との平和関係に御尽し下され候ことを有り難く存じ申し候」と共感を込めた礼状を送り返している［平野、一九八二］。

だが、そうした好意的な反応ばかりではなかった。関東軍司令官に着任していた本庄繁は、「最後の視察感想概括、繰返し拝見つかまつり、吾人も主旨と精神に於て全然同感に有之、是非斯くありたきものと存じ申し候」と前置きしながらも、「只現実の問題が生やさしきものに無之、支那人全般を通じたる総括的観察に於て、革命的国権の一足飛の回復希望に燃え、思慮ある人士の意見の如き此空気に圧倒されあるにあらざる乎」と、中国民族運動に対する反発と警戒心を露わにしていた［同前］。この書簡が書かれた二〇日後、本庄の率いる関東軍は、石原莞爾ら幹部将校が仕組んだ謀略の筋書に沿って武力による満洲占領に歩を進めていく。

しかし、さらに言葉を継いでおくならば、邵元冲が一九二七年に上海の内山書店での感想を記していたような意識、すなわち世界を見渡した上で日本を評価する眼力も、中国の知識人はすでに備えるようになっていたことにも注意しておきたい。

第Ⅳ章

侵略する日本と抵抗する中国——一九三〇年代

南京の政権中枢にいた邵元冲にとっても、上海の映画界で働き始めた聶耳にとっても、一九三一年の満洲事変と翌年の上海事変は大きな衝撃であった。しかし日本の侵略に抵抗するのは決して容易なことではない。日本と中国を知る人々ほど、そうした考えは強かった。二〇年前に日本に留学し、当時国民党政権トップの座にいた蔣介石がそうであったし、その同志である邵元冲も思いを共有していた。では、日本の侵略に抵抗する彼らの構想は、どのようなものであり、それをどう実行していったであろうか。

一方、聶耳のような若者の間では侵略に対する反発とともに日本に対する新たな関心も高まり、一九三二年以降、来日する中国人留学生は再び増加した。前章で見たように日本と中国の若い世代の間では、社会主義思想を通じた連帯の芽も育っていた。侵略への抵抗を呼びかける映画「嵐の中の若者たち」の挿入歌として「義勇軍行進曲」を作曲した聶耳が日本への留学を果たすのは、そのような文脈の中で捉えるべきである。

国民党中央の宣伝委員会主任の座にあり、政権による文化統制の責任者を務めていた邵元冲と、上海の映画界に身を置き、左翼思想の影響を受けていた聶耳とは、全く異なる世界にいたように見える。しかし、聶耳を追悼する文集が東京の中国人留学生によって刊行された際、刊行資金拠出者の冒頭に記されたのは、邵元冲の無二の親友にして義弟でもあった中華民国駐日大使蔣作賓の名であった〔『東京聶耳紀念会、一九三五』〕。邵元冲と聶耳の生きた軌跡は、一九三〇年代の中国と日本で確実に重なっていく。

一　満洲事変期の中国政府と民衆

満洲事変の勃発と中国

一九三一年九月一八日、満洲に駐屯していた日本の関東軍は、瀋陽北郊の柳条湖で中国の東北軍に対する攻撃を開始した。満洲事変(九・一八事変)の始まりである。日本が経営していた南満洲鉄道(満鉄)の線路が柳条湖附近で東北軍によって爆破されたというのが口実であった。ただし満鉄線の爆破自体、関東軍が仕組んだ謀略であったことを、戦後、それに関わった旧軍人が明らかにしている。関東軍は謀略に沿って計画的に兵を進め、朝鮮に駐屯していた日本軍部隊の協力も得て、またたく間に満鉄沿線の都市、拠点に進撃し、占領した。

衝撃的な事件であったとはいえ、満洲事変は、当時の中国の人々にとって、全く意想外の突発事というわけではなかった。たとえば、上海の映画会社で働いていた聶耳は、日記に「今日、九月二〇日、注意に値する一番の大事件は、新聞の「日本軍、瀋陽を占領、満鉄線を爆破」という見出しだ。……日本の中国侵略は、十分予想されていた。万宝山事件や中村(大尉)失踪事件などを見るがいい。みな彼らの悪だくみではなかったか？　現在彼らはなんと東北地域を侵犯するという大事件を引き起こし、帝国主義的な横暴をほしいままにし、飛行場や兵器工場を全て占領した」と書いた〔『聶全集』下巻三〇七頁〕。日本の侵略行為を「大事件」としつつ、「十分予想されていた」ことと評しているのである。

日本の政策に沿って入植した朝鮮人農民と満洲現地の中国人農民とが衝突した万宝山事件、密かに満洲を偵察していた日本軍の中村大尉が行方不明になり殺害された事件などが頻々《ひんぴん》と伝えられる中、内外の情勢についてある程度の知識を持つ中国の若者にとって、日本が満洲で中国の主権を侵犯する可能性があることは、すでに想定される範囲内の事態になっていた。

一方、政権中枢にいた邵元冲は、九月一九日の日記にさらに明確に書いている。「午後は原稿の校訂。四時過ぎ、黙と連れだって紫金山の北麓に赴き休息。夜八時、中央党部から通知があり、緊急会議開催。日本軍が理由もなく瀋陽を突如攻撃し、今朝六時半には瀋陽全域と営口、長春、安東の各地を占領し、瀋陽の兵器工場と飛行機工場を破壊し、行政機関・軍事機構を全て占領するとともに東北大学まで破壊し占拠したことを知る。駐屯していたわが軍は抵抗していない。これらの日本軍は一万人以上に達し、……満蒙併呑政策を貫徹しようとしている」（『邵日記』七七四頁）。事件自体は突発だったとはいえ、満洲占領という日本の政策目標は一貫していた、との認識である。金曜日に当たるこの日、週末の休息をとるべく妻の張黙君と近郊の保養地紫金山に赴いていた邵元冲は、南京市内の中心部にある国民党中央の建物に急遽《きゅうきょ》呼び戻され、緊迫した会議に出席した。

このように、当時、多少なりとも政治や外交に関心を持っていた中国人にとって、日本軍の東北占領という行為は、ある程度、予測されていたものであった。そのため、九月一八日に起きた柳条湖での出来事それ自体は、日本軍が仕組んだ謀略に基づく突発事件であったにもかかわらず、中国側の反応は迅速であった。上海など各地で民衆団体が日本の侵略に抗議する集会を開催する一方、国民党政権は、日本の侵略行為をやめさせるよう国際連盟に提訴した。日本の武力侵攻に対し、中国当局は正面から軍事的に抵抗することを回避し、問題を国際連盟及び欧米諸国に訴え、外交的に解決することを図っている。

ただし民衆の間には強い危機感が広がっており、中国政府の内部すら不抵抗政策で一致していたわけではなかった。東北地方政権の指導者であった張学良がいち早く不抵抗主義を宣言したことに対し、国民党政権幹部の邵元冲は、先に引用した日記の記述の中でも激しく反発している。

日本軍が瀋陽を占領した時、中国軍は全く抵抗せず、されるがままに武装解除されたという。張学良はそれを電報の中で不抵抗主義と称している。そもそも不抵抗とは、先に銃火を使うことを避け、非武装の状態で敵に包囲された時に採用する手段のことをいう。何も抵抗せずに武装解除されてしまっては、民族主義や国民精神など失われたも同然だ。外敵が無人の野を行くが如くとなっても、何ら怪しむに足らない〔同前、七七四―七七五頁〕。

こうした中にあって、なぜ国民政府は国際連盟及び欧米諸国に訴え、外交的解決に全てを託す政策を取ったのだろうか。

その理由は、第一に、何といっても日本の軍事行動に対応する余裕がなかったことである。そもそも満洲を地盤とする張学良が率いていた東北軍は、一九三〇年、蔣介石の中央政府とそれに反発する地方勢力が武力衝突を繰り広げた際、軍の主力部隊が蔣介石を支援するため華北に移動したままであって、いわば虚を突かれた状況になっていた。一方、南方の江西省などの限られた地域であったとはいえ、共産党の反政府ゲリラも活動を続けており、その鎮圧が国民政府の当面する課題の一つになっていた。また、一九三一年春以降、国民党政権の内部で内紛が起こり、広東派を中心とする反蔣介石派は広州に別個の政府を樹立し、湖南に出兵していた。こうした事情のため、当時、国民政府軍全体が行動を制約されていたのである。そもそも国民政府を率いる蔣介石自身、柳条湖事件が勃発した時点では首都南京を離れており、蔣が南京に戻ったのは事件発生の三日後、九月二一日であった〔同前、七七五頁〕。さしあたりの緊要事として、広東派との関係調整が急がれたのは当然である。

専ら外交に頼り、国際的な圧力によって問題の解決を図ろうとした第二の理由は、蔣介石をはじめとする国民政府の首脳が、自らの力と条件について、それなりの判断を持っていたことである。彼らは、中国は軍事的には弱体であり、もし日本と戦えば敗北は必至だと考えていた。と同時に中国側は、日本は国際的には脆弱な存在であり、他の列強間で合意が成立すれば、かつて日清戦争後に起きた三国干渉やワシントン会議で扱われた山東問題のように、日本の本来の主張を撤回し国際的な決定に従わざるを得ないことを期待していた。このため、中国側は武力対決を避け、問題の外交的解決を図ったのである。国民政府は、満洲事変に関わる外交政策を総合的に指揮する機構として、特種外交委員会を発足させ、政府と党の幹部を集め、連日会議を重ねながら、国際連盟と欧米諸国に働きかけ、日本に対する圧力をかけようとした。そうした活動に並行し、満洲事変直後からソ連との連携も模索していたことが知られる。

高まる反日世論と上海事変

日本軍の東北侵略に対し、中国の世論は激しく反発した。全国各地で抗議集会が開かれ、空前の規模の日本品ボイコット運動が展開されるとともに、東北軍の一部が日本軍に対し展開した抵抗運動を支持し、国民政府に武力抵抗を求める声も高まった。東北軍の主力は、前述した国内政治の事情で華北に駐屯しており、東北残留部隊の大半は「不抵抗主義」に従っていた。しかし黒竜江省に拠点を置く馬占山ら東北軍の一部は、日本の占領統治に反旗を翻し武力による抵抗運動を始めたのである。

上海の映画界で働く聶耳も、国際情勢に関心を持っていた一人の中国人の若者として、事変勃発の二日後に当たる九月二〇日の日記の中で、国際連盟に提訴するにとどめるという国民政府の対応を厳しく批判している。「今、どうすればよいのか？　誰かに解決を期待しようなどというのは、たわごとだ。何が国際連盟だ。彼らは一緒の仲間などではない」〔『聶全集』下巻三〇七頁〕。

実際、国際連盟理事会は中国の提訴に基づき東北問題を討議し、何度も日本側に撤兵を要求する決議を可決したにもかかわらず、効果はなかった。日本軍の侵攻はやむことなく、政府は領土喪失に対する世論の厳しい非難をあびる。ついに一九三一年末、蔣介石は下野に追い込まれた。

日本軍が東北のほぼ全域を占領し、それを既成事実化する勢いを示していたことに対し、中国の民衆の間には強い危機感が広がっていく。聶耳の周囲にいた若者の間にも、それは広がっていた。年が明けた一月四日、聶耳は、勤め先の映画会社が抱える、連華歌舞班という女性アイドルグループ――このグループについては後で触れる――に属する少女が書いた年賀状を友人に見せてもらい、大きな衝撃を受ける。

「暴風雨が吹きすさぶようなこの激動の時代の前夜、
　暴虐な日本の侵略はなおやまず、
　緊迫した事態は私たちを悲嘆させ、憤慨させる。

悲嘆は人生の最後を示すもの、失望は世紀末の象徴。
しかし時代の大きな車輪は回り続ける。
それは私たちに告げる、人生を墓場に埋めてしまってはいけない、
時代の進歩は私たちに新しい希望を与えるということを。……
一九三一年大晦日、万茜《ばんせん》」

この年賀状には心底びっくりした。夢ではないか、と思ったほどだ。
身体じゅうの血が沸騰し、感情が高ぶり、心が躍った――この万さんの年賀状に書かれた詩を、友だちに見せてもらった時のことだ。この詩を彼女自身が書いたのか、どこかから写してきたのかなんて問題じゃない。要するにとても注意を引きつけられてしまったのだ。彼女がこんなことを考えていたなんて、まったく思いもよらなかった〔『聶全集』下巻三四七頁〕。

年賀状を書いた万茜は、本名を万青山といい、連華歌舞班のメンバーの一人であった。満洲事変の勃発とそれに抗議する反日運動の高まりの中、歌と踊りに明け暮れているかに見えた少女も、社会の動きをしっかり考えていることを聶耳は実感したのである。

一九三二年一月初め、国民政府は改組され、蔣介石を批判してきた広東派などの勢力が政権を樹立する。しかし彼らは安定した支持基盤を持っておらず、一カ月に満たずして新政権は倒壊した。請われて再び蔣介石が政権に復帰することになり、それに汪精衛らも協力する体制が整い、一九三二年一月三〇日に蔣汪合作政権が成立した。蔣汪合作政権は、その後、一九三五年一一月に汪精衛狙撃事件が発生し政府の改組を余儀なくされるまでの約四年間、中国の統治体制の中枢を担う。ただし四年間、

安定して続いたわけではない。一九三二年八月に汪精衛が辞意を表明し、一〇月から病気療養を理由に渡欧したため、汪が中国に戻る一九三三年三月まで半年以上中断し、汪の休職中は宋子文(一八九四—一九七一年、財政経済政策を主導、宋慶齢の弟で宋美齢の兄)が行政院長を代行した。ここでは、中断前を第一次蔣汪合作政権、中断後を第二次蔣汪合作政権と呼ぶ。

第一次蔣汪合作政権が発足することになった矢先の一月二八日、東北に続いて上海でも日中衝突が勃発した(第一次上海事変、一・二八事変)。この時、上海一帯に駐屯していた十九路軍及び国民政府直属の第五軍は、民衆に支持されながら日本軍の侵攻に対し頑強に抵抗した。全国の世論は上海での抗戦を支持し、抗日運動が空前の高揚を見せる。国民政府も洛陽《らくよう》に一時遷都し、断固抵抗する姿勢を示した。日本側は苦戦に追い込まれ、部隊を追加投入してようやく上海周辺を占領する。一九三二年五月、イギリスの調停により、日中両軍の撤退、非武装地帯設置などを決めた停戦協定が締結された。

第一次蔣汪合作政権は、国際連盟への働きかけを軸に、引き続き日本に満洲からの撤兵を求める国際的圧力をかけるとともに、日本の新たな侵略行動には抵抗しつつ、日本との直接交渉も進めるという方針を採用した。国際的な圧力、武力抵抗、外交交渉という三つの方面から日本に対抗しようとしたわけである[鹿錫俊、二〇〇一(日)、六九—七三頁]。

こうして日本との緊張関係がます中、上海事変の真只中で二〇歳の誕生日を迎えた聶耳は、真剣に自らの進路を考えざるを得なかった。一九三二年二月四日の日記には次のような文章が綴られている。

大砲が僕の誕生日を祝ってくれた。今朝の五時から始まり、午後の四~五時頃になる今も砲の音はやんでいない。呉淞《ウースン》や閘北《ざほく》で激戦があり、日本の軍艦が一隻撃沈され、飛行機が一機撃墜された。たくさんの民家が焼けてしまった。……世界全体が動揺を開始したのだ！　帝国主義の衝突と第二次世界大戦の始まりは、今や隠しようもない事実になっている。僕の進路問題も同時に動揺し始めている。芸術の研究ということも、どうやら長い間続けていくのはできなくなりそうだ。社会環境が決めるところにより、いつも障害と刺激を感じている。まして僕の重視してきたクラシック音楽が、きわめて反革命的であることを考えると……。

考えがくるくる混乱してしまい、不安でいっぱいだ。何といっても今日、二〇歳の誕生日を迎えたというのに。とにかくもう一度考えをまとめてみよう。少なくとも自分の進路のことについては、見通しを立てるための手がかりも多いはずだ。すべてのものが激動の中にあることを、よく認識しなければならない［『聶全集』下巻三六四頁］。

日本の満洲侵略、上海侵略を「帝国主義の衝突の始まり」とする見方は、当時、中国共産党が主張していたものであったし、「クラシックが反革命的……」という言葉にも、聶耳が左翼的な思想の影響を強く受けていたことが示されている。しかし全体としてみると、激動の上海で暮らす二〇歳の若者が、自らの進路をめぐりさまざまな思いに駆られたことを率直に記した日記であった。

世界の耳目が上海の戦争に向いている間に、日本軍占領下の満洲とその周辺では、着々と占領を既成事実化する準備が進展した。元来、この地域の領有を企図していた関東軍は、国際世論を顧慮した陸軍中央に反対され、「独立国」樹立に方針を転換し、一九三二年三月、清朝最後の皇帝であった溥《ふ》儀《ぎ》（一九〇六―六七年）を執政とする「満洲国」（以下、「」省略、なお一九三四年三月、溥儀を皇帝とする満洲帝国に改編）を樹立した。満洲国は、国防と治安の維持、日本軍が必要とする鉄道・港湾等の管理及び建設などを全て日本に委託し、実質的に帝国日本の新たな植民地となった。一九三二年九月一五日、こうした形ばかりの満洲国を日本は「独立国」として正式に承認する。一連の動きを阻めなかった汪精衛は、張学良との対立と持病の悪化を理由に行政院長辞任を表明し、第一次蔣汪合作政権は一九三二年八月に中断した。

一方、中国側の強い働きかけを受けた国際連盟は、リットン調査団を派遣して満洲事変に関する調査を行い、一九三三年二月二四日、日本の満洲撤退を求め、東三省に自治組織を樹立し、その国際管理を提案する報告書を総会で採択した。しかし日本はこれすらも受けいれず、同年三月、国際連盟から脱退することを通告した。中国の外交は日本の国際的孤立を促すことになったとはいえ、目前の日本軍の侵攻を押し戻す効果はなかった。加えて、後述するように一九三三年初めから日本の華北侵攻も始まり、国民党政権は窮地に立たされる。

邵元冲の民族復興論

満洲事変の直後から、邵元冲は、団結して民族復興をめざすことを前面に出した主張を展開するようになった。訓政を始めた時期の個々の議論はさておき、当面、国内の統一と建設を最優先する主張であり、これは南京政府全体の主張とも重なるものであった。

邵元冲の抗日論を理解することは重要な意味を持っている。なぜなら抗日戦争を指導する蔣介石と邵元冲は、出身地、世代、政治経験などが重なり、腹蔵なく議論を交わすことができる極めて親しい関係にあったからである。一九二三年秋、蔣介石が中国国民党の使節団の団長としてソ連を訪れた際、邵元冲がモスクワで彼らに合流したことはすでに触れた。一九三一年末、満洲事変への対応策などをめぐる党内抗争のため、蔣介石が一時政権から離脱し故郷の浙江省奉化県渓口に引きこもった時、一九三二年一月初め、渓口の山中まで蔣を訪ね、その政権復帰を促したのは邵元冲と蔣作賓の二人であった。蔣作賓はこの時期に日本駐在の公使を務めていた外交官であるとともに、邵元冲の長年来の友人であり、それぞれの妻同士が姉妹だったことから、義理の兄弟という関係でもあった。三人は一月七日から一一日まで起居をともにし、内外情勢と中国が進むべき道を話しこんでいる〔『邵日記』八一九―八二〇頁〕〔蔣作賓、一九九〇、三九八―三九九頁〕。この時、蔣介石は『中華民族存亡問題』という書物の執筆を邵元冲に託した。その後、一九三六年、西安へ向かう蔣介石が邵元冲を自らに同行させたのも、邵が深い信頼を寄せる友人だったからにほかならない。

柳条湖事件勃発の直後、邵元冲が初めてまとまった見解を明らかにしたのは、一九三一年九月二一日の講演であった。ここで邵は「国家が危急存亡の時にある今、平時のあらゆる意見の相違は置いて、国家の危機を救い民族の存続を図るため、力を合わせよう」と呼びかけ、「心を一つに、ともに国難に対し立ち向かおう」と訴えた〔『邵文集』中冊四三八―四四三頁〕。ただし彼が呼びかけた「全国人民と全党同志」の中に、「民族の生存に危害を及ぼす赤匪」、すなわち共産党は含まれていない。意見の相違があっても力を合わせるべき対象として意識されていたのは、広州に独自の政治機構を設け、南京国民政府と対抗していた孫科、陳銘枢《ちんめいすう》（一八八九―一九六五年）ら国民党広東派を中心とする勢力であった。一〇月一〇日の双十節（辛亥革命記念日）記念講演でも、民族精神を発揚し、外国の侮りを防いで救国をめざすことが訴えられ〔同前、上冊二三三―二三六頁〕、国民党第四回大会を目前に控えた一一月三〇日の演説では改めて国民党員が国難突破に向け、団結して努力することが強調された〔同前、中冊四四八—四五六頁〕。

こうした邵元冲の主張を支えていたのは二つの認識であった。一つは中国の国民が団結しなければ、とうてい正面から帝国主義に対応することはできない、という自国の状況に対する冷徹な認識である。そして、もう一つは、日本の対華侵略政策は一貫しているという認識であった。もう少し正確にいえば、「日本の内閣の政策には変化が見られるとはいえ、根深い基礎を持つ日本の軍閥の政策は、やはり一貫しており変わらない」というものである〔同前、中冊四五一頁〕。

日本は、数十年来、軍国主義的な侵略の野望を抱き続け、教育を通じて、他国、とりわけ中国を侵略する意志を持つ侵略主義的な軍事国家を担う日本国民を育てあげてきた。もとよりこうした教育は誤ったものであったとはいえ、とにかく目標を持ち、全般的な計画に基づき、それを進めてきたのである〔同前、中冊四五四—四五六頁〕。

浜口内閣の発足と第二次幣原外交の開始を睨み、日本と協調する可能性も考えていた一九二九年から一九三〇年にかけての認識は、ここに至り、すっかり影を潜めたといえよう。と同時に興味深い点は、強力な軍国主義国家たる日本と対比する形で、当時の中国の圧倒的な弱さが自覚されていたことである。右記の発言を受け、それにすぐ続ける形で邵は次のように慨嘆した。

しかるに中国はどうか。何十年もの間、中国を取り巻く国際環境の危険性を認識せず、中国の国民が努力し奮闘すべき責任を明瞭にせず、漫然と教育を行ってきた結果、国家が必要とする科学知識を備えた人材を養成することができず、それどころか社会の混乱を招き国家の進歩を妨げる思想を青年たちの間に広げてしまっている。中国の危険は帝国主義の侵略や圧迫にあるのではない、多くの人民が国家を建設する知恵を持っていないことにあるのである〔同前、中冊四五五頁〕。

青年の間に広がった「社会の混乱を招き国家の進歩を妨げる思想」として邵元冲が警戒していたのが共産党の影響であったのは間違いない。いずれにせよ日本の強さと中国の弱さをともに認識していたところに、日本留学も経験した邵元冲の面目躍如というべき姿を看取できる。こうした認識を踏まえ、邵元冲は、「国民党の団結を基礎に国民の団結と国家の統一を実現し、民衆に科学知識を普及し、二度と侵略や圧迫を受けない強力な国家を築こう」と呼びかけるのであった〔同前、中冊四五六頁〕。

一九三二年春、満洲国設立という形で満洲事変以降の動きが一つの節目を迎え、上海事変も停戦協定が結ばれ日本軍が撤退して決着する。この頃から邵元冲が改めて強調するのは、教育を通じて人民に恥を自覚させ、民族精神を培い、科学知識を普及することであった〔『邵文集』上冊二三六―二三九頁〕。「民族の生存を図るためには、政治と軍事に加え、教育に注意しなければならない」と、邵元冲は同年六月二七日、中央陸軍軍官学校の講演の中でも強調している〔同前、下冊二三一―二三二頁〕。

二　中国政府の対日政策

日本の華北侵略

満洲国成立後も、日本の中国侵略はとどまるところを知らなかった。満洲各地で抗日武装勢力が抵抗を続け、満洲・モンゴル・華北の境界に位置する熱河省が満洲国に帰属する姿勢を見せずにいると、日本軍はその熱河の攻略を企てた。そして一九三三年一月、日本軍は長城東端の山海関を守る中国軍を攻撃し、華北地域に侵入した。国民政府はただちに軍隊を増派し「長城抗戦」と呼ばれる戦闘を展開する。この時、北平(国民党政権は北京を改称していた)郊外まで侵攻した日本軍は、それ以上、兵を進めることはしなかった。国際世論の厳しい非難を浴び、昭和天皇を含め日本の政権内部で慎重論が強まったからである。五月三一日、日本軍は中国軍と塘沽《タンクー》停戦協定を結び兵を収めた。停戦協定の内容は、日本軍が自由に国境地帯をパトロールできるのに対し、中国軍はそこからの撤兵を強いられるなど、きわめて中国側に不利なものになっている。

図 10　長城抗戦(軍事科学院軍事歴史研究部『中国抗日戦争史』上巻，解放軍出版社，1991 年)

当時、国民政府の外交は、一九三三年三月に行政院長に復職した汪精衛と蔣介石によって主導されていた。この第二次蔣汪合作政権は、中国の政治的な統一を強め経済を発展させ、国力の強化を図るとともに、当面、日本を刺激することを極力避け、妥協の可能性を見いだすことに注意を集中した。三四年七月、中国政府は満洲国との鉄道連絡を開始し、同年末には郵便連絡を認めた。当面、満洲国問題を棚上げし、対日宥和による日中関係の安定を求めたことになる。蔣介石が同年末、徐道鄰に書かせ、『外交評論』誌上に発表させた「中

日問題の解決 敵か友か」という評論には、そうしたギリギリの対日妥協姿勢が示されている。こうした流れを受け、三五年五月にはそれまで公使交換の水準であった日中関係が、大使を交換する水準に引きあげられた。

しかし華北一帯に影響力を広げた日本は、それを背景に経済進出を強化し、華北での権益をいっそう拡大しようとする。華北には石炭、鉄鉱石をはじめ豊富な鉱産資源と農作物、そして広大な市場が広がっていた。一九三五年五月、日本は中国に対し、天津の親日紙記者暗殺事件を口実に、北平・天津からの国民政府機関・国民党機関・中央軍の撤退や抗日運動の停止などを強硬に要求した。国民政府はやむなく受諾を決し、六月、口頭でその旨を通知する。さらに日本側の強い要求を受け、七月五日には、中国軍の司令官である何《か》応欽《おうきん》から日本軍の司令官である梅津に宛てて、要求を承認する旨の書函を送付した(「梅津・何応欽協定」)。チャハルでも日本軍は同様の要求を行い、受諾させた(「土肥原・秦徳純《しんとくじゅん》協定」)。華北を国民党政権の統治から切り離そうとする日本側の「華北分離工作」は、中国民衆の間に反発を広げただけではなく、中国の政権内部にもさまざまな軋みを生じさせることになった[石川、二〇一〇、一四二―一四六頁]。

民族力の強化をめざす邵元冲

民族復興に向けた邵元冲の訴えは、とくに一九三三年の長城抗戦以降、一段と熱を帯びる。同年三月から五月にかけ華北に赴いた邵元冲は、現地を視察するとともに各地で講演を行った。邵元冲は、日本の横暴な侵略を非難し、長城抗戦を称えながら、「民族力」＝民族としての力を強め民族復興をめざすことを主張している〔『邵文集』下冊九五―一〇一頁、一一二―一一八頁〕。
そのためにまず強調された点は、民族の歴史を学び、民族精神を確立することであった。一九三三年一〇月一〇日の双十節（辛亥革命記念日）の演説では、心理・政治・経済・教育・軍事の五つの建設をめざすこと、中でもその基礎は心理建設にあり、団結して民族復興をめざすことを呼びかけている〔同前、上冊三六一―三六五頁〕。翌月、邵は、スポーツの全国大会に参加した東北代表が山河を取り戻し国家の復興をめざす覚悟を表明したことを紹介し、それを「民族性の表現」と高く評価し賞賛した〔同前、上冊三七六―三八三頁〕。

邵元冲は民族精神の確立だけを主張していたわけではない。教育政策について論じた邵は、一九三四年三月、国力を強めるには、教育を普及し国民が科学知識を身につけることが大切であり、専門家としての力量を備えた人材の養成が不可欠だとした〔同前、上冊三八八―三九三頁〕。そうした観点から、邵元冲は民族力を支える四つの要素を指摘している。すなわち、①専門知識、②精神力と体力、③民族主義的なモラル、④団結力、の四つであり、この全てを備えることが求められるとしたのである〔『邵文集』上冊三六五―三六九頁、下冊一六五―一六九頁、三四一―三四八頁、三九七―四〇二頁〕。専門知識の修得を重んじ、教育や人材養成に関わる発言が多かったことには、清華大学、金陵大学などの大学や中国経済学社という学会の場で、学生、知識人を前に話す機会が多かったことも影響している。

邵元冲の抗日論で注目されることの一つは、西北開発の重要性を早くから指摘していたことである。中国の西北地域とは、黄河高原が広がる陝西《せんせい》から草原の内モンゴル、さらには新疆《しんきょう》あたりまでを広くカバーする地域概念であって、満洲事変以降、脚光を浴びるようになった。一九三二年春、上海に広がった戦火を避け、河南省洛陽で国民党第四期第二回中央委員会が開かれたのを機に、邵元冲は陝西省を初めて見て回った。隴海線《ろうかい》が開通していた潼関《どうかん》まで列車で移動した後、西安近辺の華清池《かせいち》、始皇帝陵などの史跡と水利工事や鉄道建設の現場を自動車で見て回る旅である。陝西を統治していた楊虎城《ようこじょう》とも初めて会い、条理明晰な話をする得難い軍人との好印象を記した〔『邵日記』八四六頁〕。四年後、楊虎城と張学良が起こした西安事件によって邵元冲は命を落とすことになる。ともあれ、こうして陝西省を実地に見て回った邵元冲は、たんに中国文明発祥の地というだけではなく、石炭をはじめ地下資源が豊富で羊毛や皮革の大増産も期待できるとして、西北の経済的な価値にも注意を喚起している〔『邵文集』下冊一一二頁〕。一九三二―三五年に西北開発の声が高まりを見せる中にあって、邵元冲はいち早くその重要性を指摘していた一人だった〔久保、一九九三〕。

しかし、こうして民族復興を訴え、民族主義的な教育の強化を求め、西北開発の意義を説いた彼の本心は、もう少し別のところにあった。それは、一言でいうなら、国民党内の現状と中国国内の社会状況に対する強い危機感である。一九三三年の大晦日、一年を顧み、邵元冲は次のように書いた。

党務についていえば、幹部の力量不足、党内の派閥抗争、過去の軋轢と分裂などの結果、すっかり精神が萎縮してしまっている。大部分の党員は、派閥の道具になったり個人の利益を追求したりするばかりで、自覚的精神を見いだすことができず、進取の気風もない。とくにそれは西南地域の党員の間に顕著であって、何から何まで中央に反対しようとしている。いや国民党の中央自体、奇々怪々というべき惨状にあり、政策は定まらず、精神は弛緩し、議論は通じず、感情的な不一致も甚だしい。……社会状況について振り返ってみると、地方自治の基礎を固めることができず、教育の普及は遅れ、農村は破産し、経済は疲弊し、民衆のモラルも堕落し、奢侈に走っている。そのため民族的な自覚が衰え、個人主義が台頭している。口では日本品のボイコットを叫びながら、実際には日本品が増えるばかりである〔『邵日記』一〇六六―一〇六七頁〕。

憂慮は深い、といわざるをえない。現状批判が誇張されている面はある。それにしても当時の彼の思いの一端が、率直に示されていると見るべきであろう。邵は最後に「立国の要として、民族の歴史精神を提唱していきたい」との決意を記し、大晦日の日記を閉じていた〔同前、一〇六八頁〕。

実際、この時期、邵元冲は、国民党の党史を回顧し、革命精神を説いて一致団結を呼びかける訓話を繰り返している。孫文と辛亥革命に関する話が多かったのは当然であるが、その他にたびたび引かれたのは、上海で時の袁世凱政権に反旗を翻した軍艦「肇和《ちょうわ》」の行動であり、陳其美《ちんきび》や朱執信《しゅしっしん》など同じ浙江出身の革命家が説いた政治思想と彼らの生きざまであった。いかにも浙江出身の国民党元老邵元冲らしい訓話であったが、それは、国民党の現状に対する深刻な危機感の裏返しでもあった。

中国政府内部の激論

満洲を占領した日本が華北でも権益拡大を続ける事態に対し、国民党政権の中では複雑な反応が起きていた。国際連盟や欧米諸国に期待することの限界が明らかになる一方、日本にどう対応するか、そして中国自身の力をどう強めるかが問われたからである。立法院副院長として院長代理をつとめ、国民党中央の宣伝委員会主任も兼任していた邵元冲自身、一九三二年一〇月二日、国際連盟の調査報告書の内容を知った後、深い失望の念を記している〔『邵日記』九一三頁〕。報告書の内容は、満洲から日中両軍が撤兵することを求め、日本の既得権益を承認するにとどまるものであって、中国の主権回復を保障するものではなかった。

さらに同年一〇月の末になると、行政院の部長（大臣）人事をめぐり、邵元冲は強い不満を漏らすようになる〔同前、九二二頁〕。翁文灝《おうぶんこう》や朱家驊《しゅかか》らは力量不足だというのである。そして一九三二年の末から三三年初めにかけ、今度は立法院の人事をめぐり深刻な紛糾が生じた。邵元冲が立法院で進めたかったことは、専門家としての力量を備えた知識人による立法作業であり、第三期の立法委員候補者として邵が準備した名簿にも学識経験者や専門家の名前が挙がっていた〔同前、九三三―九三六頁〕。それに対し新たに立法院長に就くことになった広東派の孫科らは、民意を反映する憲政の実現に向けた橋頭堡として立法院を位置づけ、幅広い社会層から立法委員を登用しようとしていた。その結果、立法委員候補者名簿をめぐって中央政治会議は紛糾し、邵元冲は孤立する〔同前、九三六―九三七頁〕。葉《よう》楚傖《そそう》、陳果夫《ちんかふ》（一八九二―一九五一年）、蔣介石らの説得にもかかわらず、一九三二年一二月から邵元冲は上海に引きこもってしまう〔同前、九三七―九四三頁〕。

結局、立法院の実質的な職務から離れることを条件に、三三年二月、ようやく邵は南京へ戻った〔同前、九五〇―九五一頁〕。しかし邵が南京で公務を再開した直後、こんどは宣伝委員会の会議の場で、新委員の石瑛《せきえい》が委員会主任の邵に対し、公金不正使用の疑いがあると非難を加える異例の事件が起きている。この時の紛糾は、石瑛の非難に問題があるとして短期間で収拾されたが、邵元冲を取り巻く空気に刺々しいものがあったことを象徴する事態であった。

先に述べたように一九三三年春、邵元冲が華北視察へ赴いた裏には、恐らく、政府の中で孤立した彼の面子を立てようとする、蔣らの思惑も働いていたことであろう。邵元冲自身は、この年の大晦日の日記に「中枢が紊乱していたので、発憤して地方を周遊した」と振り返っており、政権内部のゴタゴタに嫌気がさして地方に向かったという心情を書き残している〔同前、一〇六七頁〕。

その後、一九三四年七月一一日の日記に、邵元冲は、行政院が三四年関税公布時に立法院の審議を省略した問題や監察院の人事案件を一方的に処理した問題を挙げ、行政院の横暴を非難する文章を書き込んだ。行政院長汪精衛に大きな不満を蓄積していたのである。この日、邵は宣伝委員会の主任を辞する決意を固め、翌朝には辞意を伝える上申書をしたためた〔同前、一一三六―一一三七頁〕。この時は慰留され主任に留まったとはいえ、いつ辞めてもおかしくない状態に陥りつつあった。

一九三五年になると、対日政策をめぐる国民党政権内部の軋みはさらに増した。第二次蔣汪合作政権の下、汪精衛の対日妥協姿勢に対し、邵元冲は、それを批判する急先鋒に立つ。しかし対日交渉の厳しい情況を知らされた邵は、眠れぬ夜を過ごすこともあった。一月三〇日の日記には次のような文章が書かれている。

汪精衛が外交方針案を説明。その大要は、主権保持という原則の下、中日間の親善を図り、当面の難局を打開するというところにある。これに対し自分は、考慮すべき問題が多い、として、疑問点と補充意見を提出するとともに、譲れない限界と最後の決意とがあるべきであり、基本的には国力の充実が大切であることを力説した。黄郛《こうふ》がいろいろ説明を付け加え、今や日本側は政府と軍部が一致してきている、と述べた。九時過ぎに散会。夜半、諸政策を考え、日寇〔日本〕が我々に種々の圧力をかけてきている一方、我々の国防力を充実させる基礎はまだまだ完成していないことに思いを致し、気持が落ち着かず、寝つかれない〔同前、一二〇六―一二〇七頁〕。この日、邵元冲は蔣介石に対し、日本に断固たる態度で臨むことを求める書簡を書いた〔同前〕。もっとも翌日になると、その強硬な姿勢をやや緩めたようにも感じられる。蔣介石が『外交評論』誌上に発表させた「中日問題の解決 敵か友か」を読んだ邵元冲は、日記に「さまざまな角度から議論を進め結論を下しており、たいへん示唆に富む」と記した〔同前〕。さらに邵の日記には、一週間後の二月六日に開かれた中央政治会議の模様が描かれている。

午前八時政治会議に赴く。汪精衛らが倭賊〔日本〕に対する態度を緩和する原則を緊急提案した。「当面の国難に対し、全国の人民は中央が定める方略に依拠し、一致団結した決意と段取りによって共同で救国をめざすべきである。日本商品の検査と各種の抗日組織は、問題解決の方法とは認められないので、中央より各方面の管理担当機関に命じ、実情に即して活動を停止するように勧告する」といった内容である。この原則案が提出された後、参加者の中から、たくさんの疑問が出された。自分は、次のように発言した。もしこの原則が実行されれば、政府に対する民間の疑念と反感は、憂慮しなければならない状況に達するであろう。その一方、日寇は何度となく排日侮日の態度・行為を完全に中止することを求めてきているので、このままでは国貨提唱〔国産品愛用〕運動まで日本品ボイコットとみなすであろう。したがって、仮にこの方針を中央の同志たちが了解し、民衆もまた政府の苦衷を察し堅忍自重したとしても、日寇は決して満足せず、排日的な疑いのある教育関係書や言論思想の取締、あるいはまた形を変えた排日だとする国貨提唱運動の取締など、必ずやさらに新しいことを要求してくるに違いない。中央として、それを一々聞き入れることができるだろうか。長時間の討論の末、次のように何カ所かを修正し、原案が通過した。〔修正個所は〕「中央所定方案」というタイトルの「方案」の二字の前に「救国図存」という四字を入れること、〔各種排日運動への対応策について書かれた〕文末を「中央より各方面の管理担当機関を召集して会議を開き、適切な対応策を協議し、実情に即して活動を停止するように勧告する」に改めること、修正案を各常務委員が持ち帰って検討した上、明日の中央常務委員会で改めて決定すること、などである〔同前、一二〇八―一二〇九頁〕。

この時期、日本側から出された教科書叙述訂正要求についても、それに応じる方針を示した汪精衛に対し、二月一一日、邵元冲は公然と批判する態度をとった。

党の中央本部に赴き、常務委員会が招集した各省市党幹部の会合に出席。汪精衛が先に常務委員会で決定した、日本側の排日教材削除要求を受け入れ、小中学校の教科書から日本の中国侵略に関する史実を削除する方針を説明。これに対し自分は、そのようなことはすべきでないと痛烈に批判した。汪精衛はムッと怒気を示す〔同前、一二二一頁〕。

後述するように邵元冲が国民党宣伝委員会の職を離れてから三カ月ほど経た後、一九三五年六月一〇日、国民政府が行政院に指示し、一五日に全国各地に伝えられた敦睦《とんぼく》邦交令は、日本との関係の改善に努力する意志を改めて明らかにするものであった〔『申報』一九三五年六月一七日、三面〕。汪精衛らが日本に対する譲歩を重ねた背景として、この時期、中国経済がかつてなかったほどの深刻な危機に陥っていたことも考慮しておく必要がある。恐慌対策の一環としてアメリカ政府が国内の銀採掘業者救済のために実施した銀買上げ法は、結果的に国際的な銀価格を押し上げ、中国元の外国為替レートを高騰させ、中国経済に大きな打撃を与えていた。一九三五年の春には金融恐慌が発生して複数の銀行が経営難に陥り、政府から支援を受けるようになっている。危機からの脱却は、一九三五年一一月の幣制改革を待たなければならなかった［久保、一九九九］。

国民党宣伝委員会主任邵元冲

邵元冲は、一九三一年一二月の国民党中央常務委員会で、党中央の宣伝委員会主任を任されることになった。宣伝委員会の組織条例を制定した後、彼は週に二、三回は事務所に顔を出し、精力的に主任としての仕事を続けた。二〇年ほど前、中華民国が樹立された直後に政治紙の記者として活動を始めた彼にとって、宣伝全般を受け持つこの部署はやりがいのある場であったかもしれない。

宣伝委員会が担当することになった活動は、国民党自身の主張を宣伝するとともに、党外のさまざまなメディアに対し国民党の立場から統制を加えることであった。すでに一九三一年一月、共産党などの反政府運動を弾圧する「危害民国緊急治罪法」が制定され、国家に反逆する宣伝をしたものは死刑、もしくは無期懲役に処すことが決められていたし、「出版法」（一九三〇年一二月一六日公布）やその施行細則に当たる「日報登記辦法」なども施行されていた。しかし、たとえば一九三二年三―一一月に辦法に基づき登録された新聞は全国で三七五紙に過ぎず、全国で実際に発行されていた新聞の数を大幅に下回っている［馬光仁主編、一九九六、七一八―七一九頁］。一九三〇年代初めの商業紙は、かなり自由に政府批判の記事も掲載した。上海の代表的な商業紙『申報』は、満洲事変後に国民政府の不抵抗政策を批判する論調を維持し、一九三一年一二月二〇日には蔣介石を非難する宋慶齢の宣言を全文掲載した。その後も「自由談」というコラムを設け、進歩的な作家らに紙面を提供している〔方漢奇編、一九九六、四二五―四三八頁〕。このような状況に鑑み、恐らく邵元冲のような古参の幹部が宣伝委員会主任に引っ張り出されたのである。蔣介石が宣伝委員会の活動を重視したことは、一九三二年四月二三日、邵元冲を呼んで宣伝関係の方針について突っ込んだ協議を行っていたことにも示されている〔『邵日記』八五九頁〕。

宣伝委員会がカバーする活動領域は、文芸全般から党の機関紙類、一般の新聞雑誌類、映画にいたるまで、多方面に及んだ。一九三二年八月には党の機関紙類に関する業務会議を開いており、その前後に『申報』や『大公報』の報道を牽制する動きもあった〔『邵日記』八九二―八九三頁〕。『大公報』に対しては、関税税率改定問題で政府の内部情報がリークされた経緯が質されている。一九三三年一月一九日には、「新聞検査標準」と「重要都市新聞検査辦法」が制定され、南京、上海、北平、天津、漢口、広州などの大都市には宣伝委員会の指導の下、新聞検査所が設けられ、ニュース報道の事前検査制度を設けることになった〔方漢奇編、一九九六、三九九頁〕。南京を例にとると、同年二月、「外交に関わる情勢が緊迫しているので、ニュース報道を厳密に検査する」として、憲兵司令部、首都警察庁、南京市政府などを含む七つの機関が共同で検査する体制が設けられている〔『申報』一九三三年二月二〇日、二六面〕。

以下、一九三四年春に開かれた文芸宣伝会議、新聞宣伝会議（「新聞」は個々のニュースも意味する）、電影事業談話会（「電影」は映画のこと）という三つの会議に着目し、宣伝委員会の活動の全体像を確認しておこう〔『邵文集』下冊二〇七―二一二頁〕。

まず各地の党組織から三二人が出席した文芸宣伝会議では、影響を広げていた左翼文芸に関し「現状への誹謗中傷ばかりで建設的積極的な方向が提起されず、青年を悲観と失望に陥らせる」との認識が示され、①三民主義に基づく民族文芸をめざすこと、②国民党の革命史と中国固有の歴史や文化に基づき、民族の自強自決精神、自衛抗敵の感情を高めること、③ロマン主義的な退廃を防ぎ、私利私欲に走る傾向を退けること、などが確認された。この方針に沿い、すでに同年二月、魯迅の著訳書一二点を含む一四九点の文芸書が発行禁止処分に付されている［小島、一九九二、五四頁、六八頁］*。

＊こうした措置に文学者沈従文が抗議の声をあげたが、魯迅は沈従文の軟弱な抗議姿勢を批判した。なお邵元冲は、かつて北京で魯迅らを招き会食したことがあり［魯迅、一九八五（日）、一四頁］［『邵日記』一一八頁、一九二五年二月一七日］、魯迅を支えた学術行政の高官許寿裳（一八八三―一九四八年）とも面識があった［同前、五八三―五八四頁、一九二九年一二月二日］。邵が時折訪れた内山書店の常連客が魯迅であったことも想起される。しかし互いを意識していたであろう同郷の二人が互いをどのように評価していたかを窺う材料は見あたらない。

ついで各地の党組織代表と通信社代表四一人が出席した新聞宣伝会議で討議されたことは、主に国民党自身の新聞事業の拡大強化策であり、一般商業紙に関しては、若干の問題が生じても中央の指示で是正されてきたとし、「とくに注意する必要はない」とされた。一九三三年一〇月末に施行された「修正新聞検査辦法」も、「これまでの検査基準は軍事外交に偏重していた」として、今後は「社会問題のニュースで性犯罪や強盗などの描写が社会のモラルや青年の意志に影響を与える点を重視する」とし、左翼思想の排斥は一段落したような書きぶりになっている［『申報』一九三三年一〇月二一日］。

一連の会議の最後に開かれたのが、映画会社をはじめ四六の団体から九六人が参加した電影事業談話会である。「近年、民衆に対する影響力を急速に広げている」と邵元冲も重視していた映画の検閲は、電影検査法(一九三〇年一一月公布)の下、すでに一九三一年二月から国民政府の教育部と内政部が共同で組織した電影検査委員会によって始まっていた。しかし、同法第三条の上映禁止基準は、「①中華民族の尊厳を損なうもの、②三民主義に反するもの、③善良な風俗や公共の秩序を妨げるもの、④迷信邪教を提唱するもの」という漠然とした四項目に過ぎない[中国第二歴史檔案館編、一九九四、文化(一)三五七頁]。同委員会が実際に行っていたことは、政府の担当者(彼らは国民党員ではなかった)が公開前の映画を実見し、怪奇映画や扇情的なハリウッド映画の問題場面を削除する程度であった。そのため、国民党の関係者の間では「左翼映画の蔓延を許している」との批判が強まり、すでに一九三三年九月、党中央の宣伝委員会の下に電影事業指導委員会が設けられ、その中の電影劇本(シナリオ)審査委員会を軸にシナリオ段階で映画の内容を検閲する仕組みが設けられていた。時期を同じくして国民党内の右翼分子が左翼映画を攻撃する動きも顕在化した[汪朝光、二〇一三、一一〇―一一四頁]。一九三三年一一月には、「上海電影界鏟共同志会」(「鏟共」は、共産主義者狩りという意味)を名のる右翼グループが主な映画制作会社に脅迫状を送りつけ、その一つ芸華影片公司に押し入って施設を破壊する事件まで引きおこしている[程季華主編、一九八〇、二九七―二九八頁]。

一九三四年五月二〇日、政府の電影検査委員会は撤廃され、新たに党中央の宣伝委員会電影事業指導委員会の下に、中央電影検査委員会が発足した。電影事業談話会を踏まえ、国民党による映画の統制を強化する試みである。実際、この後、社会派映画のシナリオが大幅にカットされる事件が起き、左翼映画の制作本数も減少した。しかし結果から言えば、本数の減少自体は主に不景気が影響したのであって、左翼の文化人による映画が全く制作されなくなったり、制作された映画の上映が禁止されたりする事態は起きなかった。映画制作に携わる文化人の間には左翼的な思想が広く浸透しており、彼らを全て排除することは事実上不可能だったからである。したがって中央電影検査委員会が発足した一九三四年五月以降も、とくに民族主義的な呼びかけが盛り込まれた映画については、左翼の文化人が制作し上映する条件が存在していた［汪朝光、二〇一三、一一六頁］。後述する名画「漁光曲」や、「義勇軍行進曲」が歌われる映画「嵐の中の若者たち」は、そうした条件の下で制作が可能となった。

再び邵元冲の動きに目を凝らしてみよう。邵は、かなり早くから宣伝委員会主任を退く意向を持っていた。一九三三年二月、前に触れた石瑛の邵元冲非難発言があった際、ことを荒立てず穏便に処理しようとする周囲の雰囲気に邵は不満を感じ、党の中央常務委員会を途中で退席している［『邵日記』九五七—九五九頁］。その年の夏、邵元冲は、義弟にして最も親しい友でもあった駐日公使蔣作賓と、避暑地廬山《ろざん》で暫しの休暇をともに過ごした。その折、蔣作賓は邵に対し、宣伝委員会の職務を続けるよう説得した。蔣介石の意を受けてのことであろうと邵元冲は推測している。邵の回答は消極的なものであった。「党内の意見がバラバラで政策も定まっていない中、一つの主張を貫き通すことは非常に難しくなっている、その上、派閥抗争が広がり、まともに責任を負うことができない状況になっている」——そう答えたことが邵元冲の八月一〇日の日記には記されている［同前、一〇二〇頁］。対日政策をめぐる不協和音に加え、身辺まで波及した党内の派閥抗争が邵元冲の気持を萎えさせていたのは疑いない。

そして一九三四年の夏、邵元冲はいよいよ宣伝委員会主任の職を辞する決意を固め、上申書を書きあげた。この時の彼の心情が七月七日の日記に記されている。

ここ数日来、新聞各紙と農業、工業、商業分野の各経済団体は、財政部が決めた新関税に対し、日本品の輸入税率を引下げ、民を傷つけながら外国に媚びを売るものと批判の声をあげている。自分自身は、政権中枢にいるにもかかわらず、敵を倒す力を培うことも、誤った政策を正し国民の生活を救うこともできない。ただただ皆の後に付き随い、言葉を費やしているだけである。いったい何の役に立つというのか。……〔同前、一一三五頁〕。

国民党政権の政策と世論との板挟みに悩み、いよいよ邵元冲は、宣伝委員会主任を辞する決意を固めたのであった。問題となった一九三四年関税は、実際には、それまでの一九三三年関税の保護主義的な性格を抜本的に損なうものではない。日本に対する配慮を示すため綿布などの輸入税率が部分的に引下げられ、一部の日本品が輸入されやすくなったとはいえ、大部分の保護関税は維持され、部分的には強化されていたほどであった〔久保、一九九九〕。それにもかかわらず、一九三四年関税は対日譲歩策の一つと受けとめられ、民族主義的な国内世論の激しい非難にさらされた。そのため、民族力の強化を訴えてきた邵が、政府の政策と自らの発言の間の矛盾に悩んだのは無理からぬところであった。ただしこの時も邵元冲は周囲から慰留され、結局、一九三五年春まで宣伝委員会主任の座に留まることになる。

邵元冲が辞意を固めていくもう一つの重要な契機は、メディア統制をめぐる蔣介石らとの意見の相違にあった。この時期、第二次蔣汪合作政権は、日本に対する譲歩策を進めるため、民族主義的な世論を必死に押さえ込もうとする。一九三四年七月二九日から八月一日にかけ、その矛先が向けられた成舎我《せいしゃが》(一八九八—一九九一年)の『民生報』と民族通訊社の扱いをめぐり、邵元冲は蔣介石の強硬策に強い異議を唱えた〔『邵日記』一一四一—一一四二頁〕。だが、汪精衛の懇願を受けた蔣介石は、国防会議の下に新聞検査所を置くことにし、軍を使って強硬にメディア統制を実施しようとした。これに対し邵元冲は反対し、寛大な方策を採るよう要請したのである。しかし、第二次蔣汪合作政権は、結局、メディア統制をさらに強化する方策を一九三五年に打ち出した。国民党中央の宣伝委員会の外部に、軍人で蔣介石の腹心の部下賀衷寒《がちゅうかん》(一九〇〇—七二年)を処長とする中央新聞検査処を新設した措置がそれである。その検査基準には、抗日宣伝については「「妨害邦交罪」として対処する」という一文が明記された〔馬光仁主編、一九九六、七一九頁〕。邵元冲にとっては恐らく納得しがたい措置であった。

一方、注目されることの一つは、邵元冲が宣伝委員会の主任として、文化交流の分野からソ連との連携を強化することにも取り組んでいたことである。宣伝委員会が活動を開始した当初の時点では、日ソ連映画は「治安を害するので禁止する」という方針で臨んでいた〔『邵日記』九一九頁〕。しかし、日本の侵略行動を牽制するため一九三二年一二月に中ソの国交回復が実現する中、ソ連映画を取り扱う方針にも変化が生じる。一九三三年二月一六日には、上海大戯院という大きな劇場でソ連映画「人生案内」(ロシア語原題は Путёвка в жизнь、中国語タイトルは「生路」)が初公開された。少年たちの再教育を主題としたソ連最初の音声付き映画であり、一九三二年、第一回ヴェネツィア国際映画祭において監督賞を受賞した作品である。これを皮切りに中国の新聞や雑誌にソ連映画の紹介が次々に掲載されるようになり、その数は一九三三年末までに五五篇に達した〔程季華主編、一九八〇、一九四—一九五頁〕。

一九三五年になると、国民党政権の後援の下、モスクワで開かれる国際映画祭に、中国から代表団を派遣することになる。邵元冲は同年二月七日の日記には次のように書いた。

　正午、ソ連で開かれる国際映画祭に参加する明星公司の周剣雲、胡蝶ら、中国映画界の代表を明湖春に招宴。中央宣伝委員会がモスクワに派遣する余仲英ら数人も同席した。午後二時半散会。党の中央本部に赴き、映画指導委員会談話会を開催。ソ連に派遣する代表団の旅程、費用、参加作品などを計画どおりのものとし、日本経由でウラジオストックに向かい、そこから空路モスクワへ向かうことを決めた〔『邵日記』一二〇九―一二一〇頁〕。

　そして二月二一日、中国から出品された「漁光曲」がモスクワ映画祭栄誉賞に輝く。上海の左翼の映画人がつくった作品であり、監督は蔡楚生《さいそせい》（一九〇六―六八年。自立した人生を模索しながらも挫折する女性を描いた「新女性」も彼の作品）、主役を演じた女優は明月歌舞団の出身で、聶耳とも親しかった王人美（一九一四―八七年）であった。舞台は沿海の漁村。手こぎの船で生計を立てていた漁民は、エンジンを積んだ外国船の底引き網漁業によって大きな打撃を受ける。漁村に生きる若者たちは運命に翻弄されながら果敢に生きるというストーリーである。美しい海辺の光景と叙情あふれる主題歌の効果があいまって、「漁光曲」は多くの観衆を魅了した〔程季華主編、一九八〇、三三七―三三八頁〕。漁民を苦しめた外国船とは、日本の漁船にほかならない。一九二〇年代前半から三〇年代前半にかけ、東シナ海沿海に日本の機船底引き網漁船やトロール漁船がやってきて中国の在来漁業を圧倒していた〔陳激、二〇一四（日）、三六―三八頁〕。上海の観衆は、そうした事情を百も承知していたはずである。映画「漁光曲」も、日本の圧迫とそれに対する中国の抵抗を含意する映画であった。

　こうして左翼の映画人がつくった抗日映画が、国民党政権の公認の下、その支援を受けてソ連の映画祭に出品され入賞するという状況が生まれていた。邵元冲は、その場にも立ち会っていたことになる。中国共産党が抗日統一戦線を呼びかける八・一宣言を発表する頃、すでに時代は変わりつつあった。

張默君の救亡論、女性論

日本の満洲侵略、華北侵略を前に、夫の邵元冲が民族力の強化を訴えていた時、妻の張默君もまた民族の精神を復興し国難に立ち向かうことを呼びかけていた。例えば、一九三三年、軍人向けに行った「国難の中の精神建設」という講演は、次のような一節で結ばれている。――歴史的には中国の文化を吸収し発展したにすぎない日本が、なぜ強大になっているか。それは日本が団結しているからにほかならない。中国は、今こそ王陽明の「即知即行」と岳飛の「官吏は金銭に執着せず、軍人は死を恐れない（文官不愛銭、武官不怕死）」という精神に基づき、安内攘外に努力しなければならない〔張默君、一九八三、一三一―一三四頁〕。いうまでもなく王陽明の「即知即行」とは思想と実践の一致を求める陽明学の教えを指し、岳飛は北方の遊牧民族と戦った宋代の英雄である。このように伝統的価値観を動員して民族主義を賞揚するのが張默君の個性であった。精神建設の要として教育の役割を強調する際も、それがよく表れている。一九三五年一月、南京の国民党員に対する講演で、張默君は教育に三つの危機があるとして、教育者のモラルの低下、青年の勉学精神の不足と並び、「西洋文化に盲従し、中国固有の文化を忘れ、民族精神を喪失すること」を挙げた〔同前、一四〇―一四三頁〕。

それとともに張默君の場合、辛亥革命の頃から一貫して女性の政治参加を訴え、自ら女子教育拡充の先頭に立ってきたという自負心を持っており、国家存亡の時を迎え、女性が教育学術の面から重要な役割を果たすべきことを強く呼びかけた。『申報』女性欄のインタビュー記事で「中国の女性が自覚すべき道は何でしょう?」と記者が問いかけたのに対し、張は答えている。「中国の女性は、中国固有の道徳を身につけ、人格を通じて人々を感化することに重きを置き、教育学術方面から中国社会の改革を進め、国家滅亡の危機を救わなければなりません」〔『申報』一九三六年四月一八日、一七面〕。

さらに記者が「賢妻良母」という言葉に対する張默君のコメントを求めると、「女性は一般にこの言葉を喜んで聞くわけではありません。しかし、自分が思うに、これは古今中外いかなる社会でも不可欠の主張になっております。なぜなら国家の隆盛は健全なる家庭にかかっており、女性は家庭の中心だからです」と、まずはそれを肯定する。そのうえで「しかし」と言葉を継ぎ、「一家の幸福は、男女双方の協力にかかっており、賢妻良母の対手には賢父良夫がいなければなりません。賢いことと良いことは、男女双方がともに顧みるべき課題であって、どちらか一方に偏るべき課題ではないのです」とした〔同前〕。一九一〇年代から神州女学や江蘇第一女子師範の校長として女子教育に尽力し、国民党政権下の数少ない女性の立法委員として、男性の立法委員と同じ立場にたって活動を続けてきた張默君の面目躍如たる姿勢が窺えよう。

三　「義勇軍行進曲」と上海の文化界

一九三〇年代上海の映画界

聶耳の作曲した「義勇軍行進曲」は、冒頭で触れたように映画「嵐の中の若者たち」(中国語原題「風雲児女」)の挿入歌としてつくられたものであった。この映画はどんな内容であったのか。そもそも、なぜ上海で「嵐の中の若者たち」が制作されたのか。その背景を理解するため、一九三〇年代上海の映画界の活況をみておくことにしたい。

上海は、一八九六年、日本より三カ月早く最初の映画が上映されて以来、中国映画揺籃の地であった。全国で映画館が一〇六館を数え、客席数が六万八〇〇〇席に達していた一九二七年、上海には、そのうち二六館が集中していた。たんに映画館がたくさんあっただけではない。映画の制作も盛んであった。一九一三年に最初の国産映画が制作され、一九二二年には、中国最大の映画会社に成長する明星影片公司が設立されている。一九二八年から三一年までを例にとると、中国国内では約四〇〇本の映画が制作されていた。ただし、その四〇〇本の映画作品の過半に当たる二五〇本は、カンフーなどの武芸ものであったといわれ、国産映画よりもハリウッドから輸入されたアメリカ映画のほうが人気が高いという状態が続いていた。

一九三〇年代、こうした状況に変化が生じる。映画作品の質の向上が図られ、社会問題を取りあげた映画も制作されるようになった。一九三〇年に中小の映画会社の合併によって誕生した連華影業公司は、そうした映画界刷新の先頭に立った会社の一つである。若い経営者羅明佑《らめいゆう》(一九〇〇―六七年。叔父は政治家羅文幹)の指揮の下、連華影業公司は、「漁光曲」の蔡楚生《さいそせい》、道路建設労働者を主人公にした「大いなる路」を撮った孫瑜《そんゆ》(一九〇〇―九〇年)などをはじめ、新進気鋭の監督と名優を抱え、映画史に残る秀作を次々に世に送り出す。蔡楚生の「新女性」の主人公を演じた後、一九三五年三月八日、国際女性デーの日を選び、自分をめぐるスキャンダル報道に抗議して自殺し、大きな社会的波紋を呼ぶ女優阮玲玉《げんれいぎょく》もまた連華の所属であった。

その連華影業公司は、映画上映の合間に少女たちの歌と踊りを披露し、集客力を高める専属の少女グループ、連華歌舞班を擁していた。このグループは、元来、一九二七年に中華歌舞団として上海に設立され、二八年五月から香港やシンガポールを巡業して回った後、二九年に明月歌舞劇社(通称・明月歌舞団)に改称された。それを連華影業公司が一九三〇年に買収し、正式名を連華影業公司音楽歌舞班に改めたのである。そして、この少女グループに所属した若きバイオリン奏者こそ、「義勇軍行進曲」を作曲することになる聶耳その人であった。勤務先が店を閉じたため失業中だった聶耳は、一九三一年三月二八日付『申報』に掲載された連華影業公司音楽歌舞学校の職員募集広告を見てそれに応募し、歌舞班の専属演奏者に採用されている〔『聶全集』下巻二七九―二八〇頁〕。

連華歌舞班には、「漁光曲」で一躍スターになる王人美、二〇世紀中国最大のヒット曲「何日君再来《ホーリージュンツァイライ》」(「君いつ帰る」)*を歌うことになる周璇《しゅうせん》(一九一八―五七年)、やはり歌手として随一の人気を誇った白虹《はくこう》(一九二〇―九二年)、映画と舞台で長く活躍する黎莉莉《れいりり》(一九一五―二〇〇〇年)らが、皆、新人の頃に属しており、当時は「美美女校《メイメイニューシャオ》」と呼ばれ人気を博したグループであった。

＊一九三七年に歯磨会社の宣伝映画用に創作された曲であったが、「別離の後、君はいつ帰るのか」の「君」に、恋人だけではなく蔣介石や中国軍（中国語では「君」と「軍」の発音は通じる）など様々な意味を込め、日中戦争期に中国の民衆の間で大流行した。のみならず、都市部を占領した日本軍兵士の間でも、日本語に訳された歌詞で別離を惜しむ歌として流行した。戦後、一九七〇年代から八〇年代にかけテレサ・テン（鄧麗君）らが歌ってリバイバルし、中国大陸や日本でも再び親しまれている［中薗、一九八八］。

中華歌舞団の創設者黎錦暉《れいきんき》（一八九一―一九六七年）は、湖南省湘潭の出身で長沙高等師範学校を卒業した後、一九一〇年代には北京で中学の教員に就き、二〇年代半ばには上海の中華書局で児童雑誌『小朋友』の編集に携わった人物である。この時期、彼は国語を学ばせるには唱歌が一番という信念を抱き、多くの童謡を作詞作曲した。二〇年代末に黎錦暉は流行歌の作曲に身を転じ、三〇年代から四〇年代にかけ、中国で最も人気のある作曲家の一人になった。歌舞団を設立した黎錦暉の脳裏には、日本の宝塚少女歌劇（一九一四年設立）などの存在があったかもしれない。なお彼は国民党左派の隠れた支援者の一人でもあり、一九三〇年八月九日には黎錦暉邸を会場に中国国民党臨時行動委員会が結成されている［尚明軒・唐宝林、一九九〇、二二三頁］。弟の黎錦光（一九〇七―九三年）も流行歌の作者として活躍した。李香蘭（山口淑子）が歌った「夜来香《イエライシャン》」は、彼の代表作である。

一九三一年春に歌舞班に就職した聶耳は、何も大楽団の一員になったわけではない。連華歌舞班の少女たちが歌や踊りを学ぶ場が連華音楽歌舞学校であり、聶耳はそこで彼女たちのためにさまざまな楽曲を演奏するという役回りに過ぎなかった。それでも聶耳にとってみれば、たんに職を得たというだけではなく、当代一流の流行歌作者黎錦暉らに身近に接し、彼らから多くのものを学ぶ機会を得ることにもなった。その経験は、聶耳の才能を開花させていく上で大きな意味を持った。

こうして連華で仕事を始めた聶耳だったが、一年後の一九三二年三月、連華歌舞班は、影業公司側の事情で解散に追い込まれる。生活に窮した歌舞班のメンバーは、黎錦暉を中心にもとの明月歌舞劇社の名を掲げて再結集し、自主経営によって公演活動を再開した。この時、聶耳も行動をともにしている〔『聶全集』下巻三七四―三七五頁、三八九―三九〇頁〕。しかし、映画会社との連係を欠いた下、少女たちの歌と踊りだけで観客を集め、歌舞団の経営を成り立たせるのは容易なことではなかった。集客のため黎錦暉が試みたのは少女たちの肌の露出度を高めるといった低俗化路線であったが、それは必ずしも効を奏さず、五月の武漢公演は失敗に終わった〔同前、下巻四〇八頁、また王懿之、一九九二、一八六頁〕。雑誌で黎錦暉の新路線を批判した聶耳は、結局、喧嘩別れに近い形で明月歌舞劇社を離れ、一九三二年八月、北平に向かう〔同前、下巻四四四―四四六頁〕。新たな人生への挑戦である。

北平に住まいを移した聶耳のさしあたりの目標は、国立北平芸術学院に入学し、音楽家としての本格的な教育を受けることであった。同時に、この頃から、聶耳の胸中には日本に留学するという選択肢が去来するようになる。なぜ日本留学か。この点については、実際、日本留学に足を踏み出す一九三五年の聶耳を語る際、改めて言及することにする。この時、聶耳は、体調を崩したこともあって、結局、国立北平芸術学院の受験に失敗し、生活費も底をつく。その折、上海の友人から古巣の連華でもう一度仕事をしてみないかという誘いがあり、一九三二年一一月、聶耳は上海に戻り〔同前、下巻四八〇頁〕、その月の下旬から連華で働き始めた。

この時期、つまり一九三二年末から三三年にかけ、上海の文化人の間ではソ連や社会主義リアリズムの影響が広がり、映画界でも、一九三三年二月九日、反帝国主義・反封建を掲げる「中国電影文化協会」が発足している〔程季華主編、一九八〇、一九六―一九九頁〕。前述したように、国民党政権が一九三二年一二月に中ソ国交回復に踏み切ったことが以上のような動きを後押ししていた。

しかし、一九三三年末以降、先に述べたように左翼系の映画に対する国民党政権の規制が強まる中、連華影業公司などで左翼的な映画人が働きにくくなる状況が生まれていた。聶耳も一九三四年一月、病気療養を勧めるという口実の下、連華を解雇されてしまった〔王懿之、一九九二、二五〇頁〕。もっとも「病気療養」に何も根拠がなかったわけではなく、三三年の八月末、聶耳は過労で倒れ入院したことがあった。

この時期、左翼系知識人に影響力を持っていた共産党の勢力が後退していたことにも注意しておく必要がある。一九三三年から一九三四年にかけ、主に江西省の農村部に展開していた共産党の反政府武装蜂起勢力、紅軍は「一割程度にまで減少」（毛沢東）し、奥地への逃避行を開始した〔劉継増・毛磊、一九八六、一三八―一四一頁〕。無謀なデモや集会を繰り返していた都市部の党組織も壊滅状態に陥り、上海を例にとれば、一九三四年三月から一九三五年二月の間に六度にわたる一斉逮捕などの弾圧を受け、個々の共産党員の活動は細々と続いていたとはいえ、党としての組織的な指導体制は崩壊していた。一九三五年二月の一斉逮捕によって、左翼作家連盟に関わっていた田漢も逮捕されている〔蓋軍、一九九六、一七一―一七二頁〕。南京に送られ取調べを受けていた田漢は、関係者の働きかけによって七月に釈放された。

一方、この時期、連華影業公司や前に触れた明星影片公司以外にも、上海では中小の映画会社が興亡を繰り返していた。その一つに、有声映画制作の技術を開発した工学系の技術者と左翼系の映画人が集まって作った電通という小さな映画会社があった。この電通が「嵐の中の若者たち」の制作会社である。連華を解雇された後、一九三四年五月頃から百代唱片公司《パテ・レコード》（ＥＭＩ）＊というイギリス資本のレコード会社で暫く働いていた聶耳も、この電通公司に新たな仕事の場を見いだすようになる。

＊一九三一年に成立したレコード会社 Electric and Musical Industries（EMI）の中国での社名。中国では、一九二〇年代にイギリス資本に買収されたフランスのレコード会社パテ・マルコニ Pathe-Marconi 社の社名を継承していた（百代はパテの音の漢字表記）。

電通影片公司と「嵐の中の若者たち」制作

司徒《しと》逸民《いつみん》、龔毓珂《きょういくか》、馬《ば》徳建《とくけん》ら、アメリカ留学から帰り、有声映画を作る独自の技術開発をめざしていた技術者が、一九三三年、電通公司という小さな会社を上海で設立した。設立時点の電通公司は、映画用録音機器の製造に特化した専門メーカーである。アメリカで一九二六年に開発された有声映画の技術は、中国の映画制作会社にとって極めて高価なものであった。そこで、当時、廉価な独自技術を開発し中国の映画会社に売り込もうというベンチャー企業が各地に生まれていた。電通公司はその一つであり、前述した映画「漁光曲」の録音技術を担当し名声を博した。漁民の生活を題材にした「漁光曲」は有声映画であったとはいえ、映画に挿入する歌曲の部分だけに音がつくサウンド版という方法である。ともあれ、この成功に気をよくした三人は、自社で映画制作をめざすことに挑戦しようとする。この動きに、当時活動の場を狭められていた左翼の映画人が飛びついた。司徒逸民の甥で、日本留学中に日大の芸術学専攻映画課程の講義などにも顔を出し、帰国後は上海で演劇関係の仕事に関わっていた司徒慧敏《しとけいびん》は、彼の日本留学仲間で画家の許幸之《きょこうし》、映画監督の経験がある袁牧之《えんぼくし》や応雲衛《おううんえい》、仕事を求めていた新人俳優らに声をかけ、一九三四年の夏、叔父司徒逸民らの電通公司を基礎に、電通影片公司と名づけた新たな映画会社を設立した〔宮浩宇、二〇一二〕。新人女優の一人には、藍苹《らんぺい》、後に毛沢東夫人となる江青もいた。

電通影片公司は、無声映画から音声入りの映画へと時代が変わっていく、その時代の最先端で国産映画を制作する企業になり、一九三五年末に解散するまでに四本の作品を世に送った。大学卒業時に希望に燃えて就職した若者（桃やスモモ＝李にたとえられる）が、やがて職場のトラブルで離職を迫られ、事故で妻と子どもをあいついで失い、ついには不幸が重なる現実社会に絶望し犯罪者へと転落する姿を描いた第一作「桃李劫《とうりごう》」（意訳すれば「奪われた青春」）は、不況下に苦しむ若者たちの心を捉え、多くの観衆を集めた。同時に「桃李劫」は、中国で独自に開発された技術を用いた有声映画としても、高い評価を得ることに成功した。この映画に使われた挿入歌「卒業の歌」（原題「畢業歌」）は、希望に燃え学窓を巣立つ若者の姿を象徴する明るい行進曲風の合唱曲であり、田漢が作詞し聶耳が作曲している。その歌詞には、国土が次第に失われる中、一人ひとりが責任を負う決意をこめ前進しようとの字句が含まれ、「義勇軍行進曲」同様、抗日運動の中で多くの民衆によって歌い継がれていくことになった。

「嵐の中の若者たち」は、会社設立二本目の作品である。その制作構想は一九三五年の初めに持ちあがった。監督をつとめた許幸之の回想によれば、彼自身は共産党の党員ではなかったが、左翼の文化運動を通じて知り合っていた共産党員から、若者を抗日運動に動員する映画の制作への協力を求められたのだという〔許幸之、一九八二(日)〕。許幸之が一九二〇年代の日本留学生であったこと、日本で社会主義思想や左翼的な文化運動に触れていたことについては、すでに第Ⅲ章で触れた。撮影を担当した司徒慧敏も二〇年代末に日本に留学し、日本の左翼演劇に触れた一人である。「嵐の中の若者たち」の最初の脚本は田漢が書き、田漢が共産党の活動に関わった嫌疑で逮捕された後は、夏衍《かえん》が完成させた。画家が本業であった許幸之が監督をつとめ、一九三五年五月、上海で上映されている〔程季華主編、一九八〇、三七八―三九五頁〕。

電通影片公司が制作した四本の映画は、先に紹介した第一作の「桃李劫」、五四運動から国民革命へと続く激動の中を生きる若者たちを描いた第三作「自由神」、都市の小市民の生活の諸相を風刺を込めてスケッチした第四作「都市風光」など、「嵐の中の若者たち」以外の他の三本を含め、国民党当局によって上映を禁じられることはなかった。

図11「義勇軍行進曲」の紹介頁（『電通半月画報』第2期 1935年6月）

こうした作品を制作し上映することが可能だった理由の一つは、電通影片公司が、左翼だけではなく様々な社会勢力によって支えられていたためであった。当時、上海の国民党当局がまとめていた調査報告によれば、「電通影片公司経営者〔原文「股東老板」〕司徒慧敏は某有力者〔「某要公」〕から高い評価を受け、監督の一人袁牧之は国民党改組派に擁護され、同じく監督の一人応雲衛は黄金栄・杜月笙〔上海の裏社会の実力者、引用者注〕につながる」といった具合で、「鋤共隊」〔国民党系の反共団体〕の名義で脅迫したり、当局が容易に取り締まったりすることができる存在ではなかった〔上海檔案館、一九九四、二四―二六頁〕。

そして、より根本的な理由は、映画の検閲に当たっていた国民党当局自体の姿勢に求められる。宣伝委員会主任邵元冲の活動を見る中で引用したように、国民党政権は、「民族の自強自決精神、自衛抗敵の感情を高めること」、「ロマン主義的な退廃を防ぎ、私利私欲に走る傾向を退けること」を文芸作品検閲時の主たる判断基準に掲げており、映画に関しても、怪奇ものや扇情的な作品には神経を尖らせ規制していた反面、民族主義的な主張を前面に出した作品については容認する傾向が強かった〔宮浩宇、二〇一七、二〇〇―二一七頁〕。そして「嵐の中の若者たち」は、まさにそうした「自衛抗敵」精神を描く作品であって、そのシナリオは、邵元冲が宣伝委員会主任を退く頃、同委員会の下に置かれた中央電影検査委員会での審査を終えている。邵元冲とその部下たちにとって、「嵐の中の若者たち」は、恐らく許容範囲の中におさまる作品であった。国民党当局により一九三五年四月に開かれた映画関係者の第二回座談会には、許幸之らも参加している〔宮浩宇、二〇一七、二〇八―二一三頁〕。むしろ侵略への抵抗を呼びかけながらも、日本を名指しで批判するのは避けたシナリオであったことも、審査をパスできた一因であろう。

さらにいえば、映画を制作した田漢らの側にも、民族主義を掲げた映画であれば、国民党政権の検閲を通過して上映することができ、電通公司の営業収益を確保できるという、いわば営業政策的な打算も恐らくあったはずである。許幸之の「共産党員から、若者を抗日運動に動員する映画の制作への協力を求められた」という先に引いた回想は、共産党政権成立後、かなり経ってからのものであり、やや粉飾されているかもしれない。一九三五年初めの時点での中国共産党の方針は、依然、抗日運動の推進ではなく国民党政権の打倒に重点を置くものであった。

ただし電通影片公司が制作した四本の映画は、「桃李劫」が大きな成功を収めたのに対し、「嵐の中の若者たち」、「自由神」、「都市風光」の三本は観客動員数も少なく、興行的に失敗した。なぜ、第二作の「嵐の中の若者たち」以降は興行的に失敗してしまったのか、いささか気になるところである。

「嵐の中の若者たち」のあらすじは以下のようなものであった。

――上海で暮らす東北出身の詩人と学生(つまり故郷は日本の占領下にある)、二人が好意を寄せる貧しい河北出身の少女が主人公。学生は、抗日テロ組織に参加した友人を助けていた嫌疑で逮捕された後、華北に向かい日本の侵攻と闘う軍隊に参加していく。一方、母親が急死した少女は歌劇団で働くようになり、華北各地を巡業する愛国的な歌劇に出演している。詩人は、富裕な未亡人に生活を見てもらっていたが、たまたま巡業してきた少女の熱情こもる歌声を聞き、友人だった学生の戦死の報に決意を固め、勇躍、敵に立ち向かっていく。その最後のシーンに鳴り響く「義勇軍行進曲」。

確かに「自衛抗敵」精神を描こうとしていたことは理解できる。しかし、このストーリーを読んでみても、主人公の三人の心の動きは伝わってこないし、主人公の詩人が日本の侵攻と戦う決意を固める契機が、あまりにも偶然性が強く説得力に欠ける。これでは、厳しい鑑賞眼を持つ上海の観衆から高い評価をもらうことはできなかったであろう。話の筋に無理があることは、監督をした許幸之自身も認めざるを得なかった〔許幸之、一九三五〕。さらに当時の映画評論に拠れば、撮影技術や録音技術にも問題があったという。映画「嵐の中の若者たち」は、当時としては比較的長い四カ月という制作期間を費やしたにもかかわらず、一九三五年五月に封切られて以降の上映日数は延べ一三館四九日間にとどまり、電通影片公司が制作した第一作「桃李劫」の延べ一五館六八日間に比べても短く、興行的に期待された水準に達しなかった*〔季暁宇、二〇一四〕。しかし、映画自体に対する評価とは別に、映画の最後に歌われる「義勇軍行進曲」は、中国の民衆の間に広まっていった。その理由は、映画が抱えていた問題とは別に考えられなければならない。

＊この映画の前半部分だけ、一九三九年の夏に満洲国の奉天で上映されたという記録もある〔王孫公子、一九三九〕。詳しい事情はわからない。

聶耳と田漢の「義勇軍行進曲」

いうまでもなく「義勇軍行進曲」が広まった最大の理由は、曲自体の魅力にあった。明るい行進曲にしあげられていたこの曲のメロディーやテンポが、当時、若い世代を中心とする多くの民衆によって支持されたのである〔榎本、一九九八、二二〇―二二二頁〕。すでに映画「桃李劫」のテーマ曲「卒業の歌」や童謡「新聞売り子の歌」〔原題「売報歌」〕で高い声価を得ていた聶耳の作曲というだけでも、「義勇軍行進曲」は、十分、人々の耳目を集める条件を備えていた。なお「新聞売り子の歌」は、明るい未来を信じ上海の街頭で毎日働く新聞売りの少女が唄うという設定の、軽やかなテンポの劇中歌である。今も歌い継がれ、大陸の中国人であれば誰もが知る童謡になった。

「義勇軍行進曲」が広まったもう一つの大きな理由は、田漢が書いた歌詞にある。ここで本書の冒頭に掲げたこの曲の歌詞を確認しておこう。まず国際的な革命歌「インターナショナル」にならって、「起て(起来)!」という言葉で始まった後、「中華民族は最も危険な時を迎え……」と深刻な民族的危機感が表明されていることに注意しておきたい。これは、本章第二節で述べたとおり、華北を支配下に置こうとする日本の圧力が格段に強まっていた一九三〇年代前半の情勢を反映している。そして二年前の長城抗戦の記憶が鮮明だったからこそ、「われらの血肉で、われらの新たな長城を築こう!」という言葉が生きてくるのである。また最後のほうにある「我ら民衆が心を一つにし、敵の砲火を冒して前進しよう!」というフレーズは、抗日に向け多くの人々の協力を呼びかける意味を持っていた。

しかし、この歌詞の中では、なぜ「敵」として日本という名が明記されなかったのか。それは、すでに述べたように当時の国民政府、すなわち第二次蔣汪合作政権が日本に対して慎重な姿勢を保持し、抗日運動を規制していたからにほかならない。日本という名を歌詞に明記していたならば、これを挿入歌にした映画の上映は許可されなかった。ただし、日本と記さなくとも、当時の中国人にとって「敵」が誰かは明白であり、この歌の意味も容易に理解されるものであった。「義勇軍行進曲」の歌詞は、当時、中国の人々が抱いていた民族主義的な情緒に強くアピールする内容を持っていた。

作詞者の田漢は、第Ⅱ章で触れたように一九二〇年代前半はロマン主義、耽美主義の文学に傾斜していた。そして一九三〇年代を迎える頃、田漢は大きな転機を迎える。上海で社会主義リアリズムと呼ばれる左翼的文芸思想の影響が広がり、田漢自身も「中国左翼作家連盟」の中心的な人物となって活躍するようになったのである。文学サークル創造社や太陽社が、ナップなど日本の文芸界の動きにも呼応しながら、急速に社会主義リアリズムに傾斜していったことは、すでに第Ⅲ章で述べた。彼とその周囲の人々の間にこうした変化が生じた理由の一つは、一九二〇年代半ば以降における国民革命の展開であり、山東出兵や満洲事変以降の日本の軍事侵略と圧迫であった。ロマン主義や耽美主義は、中国を揺さぶる激動に対応できなかった。そして田漢は、一九三五年、映画「嵐の中の若者たち」の挿入歌「義勇軍行進曲」の歌詞を書くに至る。

映画自体は総じて不評であったにもかかわらず、映画の挿入歌であった「義勇軍行進曲」が、その歌だけが独自に普及していく上では、当時、多くの人々の耳に届くようになっていたラジオ放送が重要な役割を果たしたことにも注意しておくべきであろう。一九三七年には民間の放送局が全国に四五局開設されており、聶耳の「卒業の歌」や「義勇軍行進曲」も繰りかえしラジオで流されていた〔方漢奇編、一九九六、四二三頁、五六三頁〕。

四　聶耳の日本留学と邵元冲の西安行

聶耳がこだわった日本

中国では一九三〇年代に日本留学の新たな高まりが見られた。民衆の間に広がった満洲事変、上海事変に対する抗議運動が一段落すると、一九三二年半ば以降、今度は、存在感を増した日本に対する関心が高まったのである。当時、日本語研修の最大手の一つであり、聶耳も通うことになる東亜高等予備学校を例にとると、一九三二年四月の在学者数は僅か七人に減っていたにもかかわらず、一九三三年一二月の在学者数は一〇五九名に達した。一九三六年頃、日本にいる中国人留学生の総数は五〇〇〇―六〇〇〇人に及び、清末民国初期に匹敵する規模になっていた。このように日本留学が激増した理由は、存在感を増した日本への知的関心が高まったこと、日本語を修得し就職やビジネスに生かそうとする動きが生じたことに加え、この時期に為替相場が大きく元高に振れ、留学費用が大幅に低下したという事情も影響していた。恐慌対策の一環として日本が低為替政策に転じていた上、最大の銀産国アメリカが銀産出業者の苦境を救う銀買上政策を推進した結果、一九三二年から三五年にかけ中国の通貨である銀元は日本円に対し二倍以上の高値を付けている〔さねとう、一九六〇、一一八―一三二頁〕。

こうした動きに接していた聶耳は、日々、仕事と生活に追われながらも、自らの進路として、日本留学という選択肢を真剣に模索するようになる。とくに一九三二年の夏から秋にかけ、国立北平芸術学院を受験し、それに失敗した後は、日記に何度も日本留学という言葉が記されるようになった。九月二六日の日記には「外国語の修得に努力しよう。日本語と英語について、自分は基礎ができている」〔『聶全集』下巻四六九頁〕とあり、一〇月五日には「今日から日本へ行く夢の実現をめざすことにする。よく考え、〔周囲の人々と〕話しあってみよう」〔同前、下巻四七〇頁〕とも書かれていた。実際、第Ⅲ章で述べたように雲南第一師範の外国語コースをトップの成績で卒業し、英語と日本語の学習に力を入れていた聶耳は、語学力については、ある程度自信を持っていたに違いない。

しかし、この時は、留学資金のメドが全く立たなかった。日本行きか、北平残留か、上海帰還か、という三つの選択肢の良い点と問題点を整理した一〇月一三日の日記には、聶耳の揺れる心が率直に表現されている。

日本行き。

良い点―日本語をよく読めるようになること。国外に出て、音楽や劇を考察できること。

問題点―経済的に見て正規の学校に通うのは困難であること。自分の日本語の水準が低いので、直接、活動に参加できないこと。

北平残留。

良い点―引き続きトノフ〔当時、北平にいたロシア人のバイオリン演奏家、引用者注〕の下でバイオリンを学べること。……空気が澄んでいるし、北京語も聞き取りやすいこと。

問題点―生活費も学費も欠乏し、落ち着かないこと。雲南会館〔聶耳が当時、寄宿していた同郷会館、引用者注〕では音楽の練習が思う存分にできないこと。……

上海帰還。

良い点―収入の道があること。学費免除でバイオリンを学ぶことができ、楽団に入ることも希望でき、張りのある生活を送れること。音楽に接する機会も多いこと。

問題点―今のところ思いつかない〔同前、下巻四七一頁〕。

結局、金策が尽きた聶耳は、上海の友人から再就職に関する情報を受けとったこともあって、日本に行くことを諦め上海へ戻ることを決めた〔同前、下巻四八〇頁〕。

しかし一九三二年一一月に上海に戻った後も、聶耳は日本語修得に対する意欲を持ち続ける。一九三三年二月四日の日記には、探し求めた日本語教科書が書店から撤去されたと店員から聞いて、「自分はたいへん不思議に思った。抗日なら日本語を読んではいけない、とでもいうのだろうか」と、そうした単純な反日の動きに疑問を投げかけながら、自らは日本語の勉強を続けようとの決意を記している〔同前、下巻四九二頁〕。

そして一九三五年四月、聶耳は、本当に日本へ来てしまった。国民党政権による左翼運動への弾圧を避けるため外国へ行くことにした、との説明が、しばしば概説書などに記されている。確かに、前述したとおり、きわめて近い立場で行動をともにしていた田漢まで二月に逮捕されているので、そうした弾圧から逃れようとして聶耳が日本へ向かった可能性は否定できない。しかし、弾圧を逃れるためだけであれば、何も日本へ向かう必要はなかった。上海を離れ日本以外の外国へ行ってもよかったし、故郷の雲南に戻ることもできた。そうした他の選択肢を排した彼の心中には、やはり日本へ行ってみようという痛切な思いがあったことを見ておくべきである。雲南でも急速に整備されつつあった近代教育を受けた聶耳は、第Ⅱ章、第Ⅲ章で述べたように、すでに一〇代の頃から世界に目を向け、英語と日本語の修得に力を入れていた。親しかった三番目の兄聶叙倫は、実際、日本に赴き、大阪で働いた経験を持っていた。満洲事変が勃発した後も、聶耳は日本への留学という選択肢を常に考え続け、日本語の勉強を続けていた。そして映画「嵐の中の若者たち」で彼が仕事をともにした主なスタッフは、みな日本へ留学した経験を持っていた。このような条件が全て重なっていたからこそ、聶耳は日本に向かったと考えられる。

聶耳にとって日本留学は年来の夢の一つだったのであり、日本にやってきた聶耳は、神田神保町で暮らしていた昆明以来の友人張天虚（張鶴、一九一一―四一年）の下宿に転がり込み、期待に胸を膨らませ、留学生活を始めた。親しかった友人宛の手紙には、次のような感想が書かれている。

この一カ月というもの、音楽会通いの毎日です。日本の音楽界の活発なことは、まったく驚くばかりです（むろん中国に比べてのことですが）。とくに春というこの季節は、演奏会がない日というものがないほどであり、時には日に二つも三つも開催されています。……日本人の家に下宿しているので、会話の機会も多くなります。……大家さんはアメリカに一一年暮らしていたことがある人なので、英会話も忘れないですみます（艾思奇宛一九三五年五月一一日付書簡）［同前、下巻一五五頁］。

艾思奇《がいしき》（一九一〇―六六年、雲南）は昆明時代の友人の一人で、上海では隣に暮らしていた。日本留学の経験があり、その後、中国でマルクス主義の政治思想研究者として有名になる人物である。なお聶耳の連絡先は「神田区神保町二丁目一二番地二　梶原方」だった［同前、下巻一五九頁］。神田区は現在の東京都千代田区の一部であり、聶耳も通った東亜高等予備学校の所在地神保町界隈には、当時、多くの中国人留学生が暮らしていた。

音楽に親しみ、それなりに日本での生活を楽しんでいたことは、母親ら家族に宛てた手紙にも記されている。

毎日四時間、語学学校に通うほか、たくさんやることがあります。どんなことをしているかというと、日本の音楽の研究であり、音楽会を聞きに行くことです。毎日とても忙しくしており、上海にいたときより、やることが多いくらいです（雲南の母親・兄・姉宛一九三五年六月四日付書簡）〔同前、下巻一五八頁〕。

家族を安心させようという心遣いも働いていたであろうが、明るい雰囲気に溢れた文面である。来日以降、日記の叙述自体が断続的になるとはいえ、「音楽会通いの毎日」というのは、まんざら誇張でもなかった。たとえば、四月二一日陸軍戸山学校軍楽隊演奏会（日比谷公会堂）、四月二二日宝塚少女歌劇（東京宝塚劇場）、四月二二日新交響楽団（日比谷公会堂）、四月二四日松竹少女歌劇（新宿松竹劇場）、五月二一—二三日全日本新人演奏会（日比谷公会堂、読売新聞社主催）、五月一二日児童舞踊会（九段軍人会館、島田児童舞踊研究所主催）、五月二四日新交響楽団定期演奏会（日比谷公会堂）などなど。下宿していた神田神保町から歩いて行くこともできたし、市電に乗ったかもしれない。最初に聞きに行ったのが陸軍戸山学校軍楽隊の演奏であったことも興味を引く。陸軍戸山学校軍楽隊は、当時、日本を代表する吹奏楽団の一つであり、行進曲の演奏を得意としていた。いくつもの行進曲を作ってきた聶耳にとって、これは聞き逃せなかったに違いない。

映画や演劇を見に行くこともあった。五月一四日全日本映画コンクール（日本青年館、東京毎日新聞社主催）、五月二八日新築地劇団「坂本龍馬」（築地小劇場）、六月二日「復活」（新宿武蔵野館）、六月二九日創作座「母親」「築地明石町」「赤鬼」（新橋飛行館）。そのほか六月二日には多摩川にあった日活の撮影所も見学した。上海の芸華の施設と比べ「同程度」と記し、驚いた様子はない。なお四月二八日に神田の一橋講堂で鑑賞した「雷雨」は、中国人留学生らによる公演であった〔同前、下巻五三〇頁〕。

四月二二日の新交響楽団のコンサートについて、第一バイオリンを西欧人が務めていた以外、六〇人規模のオーケストラのメンバーが全て日本人であることに目をとめ、「感心、感心」と記している［同前、下巻五二六頁］。上海でもコンサートは盛んに開かれていたとはいえ、オーケストラの団員の多くは上海在住の西欧人によって占められていた、という事情が背景にある。

手紙から浮かびあがってくるのは、毎日のように音楽会や劇場に通い、周囲の日本人と会話を楽しみ、濃密な留学生活を送っていた聶耳の姿である。当時の日本の文化状況に対する強い関心も感じざるを得ない。日本の中国侵略に対する厳しい批判と、近代日本の文化に対する幅広い関心とが並存していたところに、聶耳の日本観の特徴があった。

七月に入り、聶耳は、友人たちと湘南方面に向かった。江ノ島や鵠沼《くげぬま》海岸などに近い藤沢まで行き、そこで知人の家に落ち着いている。数日間、海水浴を楽しむ予定であった。そして一七日午後、不幸にも鵠沼海岸で遊泳中に溺れ、亡くなった。近年の岡崎の検討が改めて明らかにしているように、事故死を疑う余地はない［岡崎、二〇一五、二二二―二三五頁］。

聶耳は、当時日本にいた中国人留学生の間ではよく知られた存在になっていたため、追悼会が開かれ、彼らの深い悲しみと思いを綴った『聶耳紀念集』が刊行された［東京聶耳紀念会、一九三五］。日本で刊行された中国語による追悼文集である。*

*『聶耳紀念集』の奥付には、一九三五年一二月三一日という出版年月日、東京聶耳紀念会という編輯団体名に続き、編輯人として「中野区宮前通三一一六堀澤方　天虚・黄風」の二人の名が、そして「神田区神保町一―四五　堀川印刷所」という印刷所名が記されている。また、上海方面からの原稿送付の遅延、演劇公演に伴う関係者の多忙、印刷所での書簡紛失などのため、一一月刊行という本来の予定より刊行が遅れたことを詫びる一文も付されている。

実際の刊行は三六年初めになっていたのかも知れない。

編集代表をつとめた一人張天虚は、すでに述べたように同じ雲南出身の学生時代からの親友で、東京での三カ月をともに過ごした間柄であった。紀念集の冒頭には聶耳の遺影、楽譜、東京で書いていた日記が掲げられ、かなり詳しい伝記も掲載されている。その後に、郭沫若をはじめ多くの在日中国人知識人や留学生らが文章や詩を書いた。許幸之、司徒慧敏らと親交のあった劇作家秋田雨雀も短い追悼の言葉を寄せている。*『聶耳紀念集』の巻頭に掲載された楽譜の中には、むろん「義勇軍行進曲」もあった。タイトルには、たんに「進行曲」と手書きされているだけで、「義勇軍」という文字はない。あるいは日本の当局による弾圧を慮った措置であったかもしれない。

* 一九三五年一一月二日の日記に、「新協劇団の北林君が中華民国の一青年をつれて来た。この夏、鵠沼で溺死した支那の有名な音楽家聶耳の話をしていった。何か軽い感想を書くように頼んでいった」[秋田、一九六六]とあるのが、その依頼だったのであろう。

図 12 『聶耳紀念集』(1935 年)

さらに、この年の末、東京朝日新聞に秋田雨雀が長文の追悼記事を執筆した。

聶耳の日本での死は、中国の芸術界及び一般に非常な激動を与えているのである。私は彼のレコードを最近二度ほど聴いているが、意味が解らないながらも実に力強い感銘を与えられた。……聶耳の中国に於ける大衆性は、日本の通俗作曲家とは全く性質を異にしていることは、彼の作曲のモチイフの健康性という点にあると言われている。……「大路歌」は民衆の健全な前進行動を歌ったものであり、「開拓先鋒」は労働者が新しい道を開拓していく時の喜びと力を表現したものである〔秋田、一九三五〕。

日記によれば、秋田が聶耳のレコードを聴いた経験のうちの一度は、一一月七日、新宿の明治製菓で開かれた中華戯劇座談会の場であった。杜宣、呉天の二人の留学生の挨拶に続き、秋田も挨拶に立っている〔秋田、一九六六〕。

秋田が聶耳を高く評価していたことは疑いない。また彼が触れた「大路歌」と「開拓先鋒」は、確かにいずれも聶耳の代表的な作品であった。しかし秋田は、朝日に書いた文章の中では、なぜか「卒業の歌」と「義勇軍行進曲」に触れていない。彼の聴いたレコードに収録されていなかったためであろうか。それとも、抗日の強い意志が込められた「卒業の歌」と「義勇軍行進曲」への言及は、日本の当局による検閲を考慮し、意識的に避けたのであろうか。いずれにせよ、この時期、日本の民衆へ「義勇軍行進曲」の歌声が届くことはなかった。

日中映画人の交流という点に関していえば、日本の左翼映画人を代表する一人、映画評論家の岩崎昶《あきら》が一九三五年春、聶耳と入れ違いに上海へ視察に赴いていた〔岩崎、一九三六〕。岩崎は、日本語も中国語も達者な朝鮮生まれの映画人全昌根の案内で、明星、芸華、連華など当時の中国映画界を代表する撮影所を精力的に見て回り、文通をしていた沈西苓《しんせいれい》にも会った。日本留学の経験がある沈は、一九三〇年代半ばの緊迫した社会情勢の下、それぞれ人生の岐路に立って思い悩む若者たちの姿を描いた「十字街頭」をつくり、一世を風靡することになる映画監督である。さらに岩崎は、沈に出会った場で許幸之を紹介され、許とともに電通影片公司を訪れ、「嵐の中の若者たち」が制作されたことまで聞いている〔同前、一八二頁〕。

岩崎はサラッと書き流しているが、上海で彼を案内した「上海毎日」の記者家田弘は「もとのプロキノの同志」であったし、沈西苓とは、岩崎の文章を中国語に翻訳し発表してくれた縁で文通をしていた――実際には、後述するように、もっと複雑な経緯があった――という〔同前、一六五頁〕。また岩崎は許幸之のことを「上野の美術学校出身の若い画家で、僕は失業者や農民を描いたタブローを何枚か見たが、なかなか傑れた感覚の持ち主」と評するなど〔同前、一八二頁〕、一九二〇年代末頃から見られた、在日中国人留学生を通じた日中の左翼的な文化人どうしの交流が受けつがれていたことを、端々で窺い知ることができる。ともあれ岩崎は、沈西苓や許幸之と懇談を重ねるとともに、「漁光曲」を見る機会も持った。「この映画はなかなか立派な作品であり、むろんあらを探せばごまんとあるには違いないが、……十分評価に耐えるもの」というのが岩崎の評価であった〔同前、一四八頁〕。

それから四〇年以上を経た後、岩崎は自伝的な回想録の中で、再び一九三五年の上海訪問の経緯を書き残している〔岩崎、一九七七〕。それによれば、沈西苓が最初に岩崎へ書簡を送ってきたのは、沈が進めていた翻訳作業に関する問い合わせのためであった。その翻訳作業とは、岩崎が日本語に訳したロシア出身の映画人エレンブルグの文章を中国語に重訳する、というものである。沈との文通を通じ、岩崎は、彼が一九三〇年に日本語で書いた「宣伝扇動手段としての映画」という論文がすでに中国語に翻訳されていたこと、その訳者は名だたる文学者魯迅であったこと、沈西苓はその中国語に訳された岩崎の論文を読んだことがあったこと、などの事情を承知していた。そうした事情を理解した上で、岩崎は上海を訪れたのである。岩崎が自分の立場や思想を沈西苓に対しどう紹介していたかは不明であり、若くして亡くなった沈西苓もそれに関する記録を残していない。しかし、日中の左翼映画人同士の交流があったことは確かであり、「義勇軍行進曲」が生まれた同じ時代の空気を吸う空間が、ここにも存在していた。

邵元冲が注目した西北

前にも述べたように邵元冲は、西北開発の重要性を早くから指摘していた。その後も邵元冲は西北への注意を怠らず、一九三二年七月二九日、八月二日、九月五日の日記にあるように、陝西省や甘粛省の政府関係者と頻繁に懇談する機会を設けた〔『邵日記』八八九―八九〇頁、九〇三頁〕。その中には、邵力子のように共産党との関係が強かった顔ぶれも含まれている〔同前、九五八頁、九九九頁〕。

一九三三年秋、邵元冲は国民政府主席の林森や国民党幹部の張継らと協議し、陝西省橋山にあった黄帝陵遺跡の整備を進めた〔『邵日記』一〇三八頁〕。黄帝は伝説上の存在に過ぎず、黄帝陵に考古学的な意味はない。にもかかわらず「民族精神を喚起する」ため、あえて中国最初の皇帝の遺跡とされる空間の整備を進めたのである〔『邵文集』上冊三六九―三七六頁〕。むろん実際の主眼は経済開発を進めることに置かれ、たとえば一九三四年九月の演説で、邵は、現実を踏まえた計画に基づき、責任部署を明確にして開発を進めなければならないとして、一部に見られた空虚な西北開発論に批判を加えた〔同前、下冊二六四―二七三頁「心理建設与民族復興」、とくに二七一頁〕。

一九三五年春、国民党中央の宣伝委員会主任を辞した邵元冲は、再び西北に向かった。この時の視察先は、陝西省はもちろんのこと、甘粛、寧夏や山西省などまで含む広い範囲に及び、三月三一日に南京を出てから八月四日に空路南京に帰着するまで四カ月を費やした長期の視察旅行となった。中央の役職を離れ、長い時間をとることができたという事情もあったし、年来の主張を実地に確認して回るという意味もあったことであろう。

四カ月の視察の旅から戻った邵元冲は、一九三五年八月、国民党・国民政府の幹部を集めた集会で体系的な視察報告を行った〔同前、下冊三四八—三五七頁「西北問題是整個的中華民族的生存問題」〕。邵は、はじめに西北の「地の利」として、砂金・石油・岩塩などの鉱産資源、麦や雑穀などの農産物、羊・牛・馬などの牧畜を列挙するとともに、鉄道と道路の建設を進め、交通を発展させれば、経済発展に大きな可能性が開かれる、とする。ついで人的な条件を正面から論じ、西北の地方政府当局が学費を免除するなど苦心惨憺して努力していることを評価するとともに、さらに学生生活に対する支援を分厚くしなければ、教育の普及と発展は望めないこと、西北をめぐる複雑な国際情勢と豊富な歴史遺産も考慮するならば、西北問題の解決にいっそう大きな力を割くべきであるということを力説した。恐らく、このように邵元冲が西北の事情に深い理解を持っていたことが蔣介石に強い印象を与え、邵を西北に同行させる一因にもなったと思われる。

その後も、邵元冲は、西北を民族の生命線と位置づけ、黄河、渭水、涇恵渠《けいけいきょ》（古代に建設された用水路）などをめぐる水利問題の解決策や堅実な計画的建設の必要性を説き続けた〔『邵文集』下冊三六五—三七三頁「西北之水利問題」（一九三五年一〇月二八日）、上冊四三一—四三五頁「西北建設之前提」（一九三六年二月二〇日）〕。写真をふんだんに使い、史跡と名勝地を案内する『西北攬勝』という本が刊行された際は、その序文も執筆している［『邵日記』一三五六頁（一九三六年一月一一日）］。国民党政権全体が湖南、四川など西南地域に内陸開発の重点を移していったにもかかわらず、邵元冲は頑なに西北にこだわり続けた面がある［久保、一九九三］。

西安事件と「義勇軍行進曲」

映画「嵐の中の若者たち」が上映され、「義勇軍行進曲」が発表された後の日中関係は、どのようなものであったか。以下、簡単に整理しておこう。

一九三五年一一月、国民政府が第Ⅲ章第一節で触れた幣制改革を実施すると、日本軍はその妨害に努め、華北の将領に対し「華北五省自治」を働きかけるとともに、日本側の意を受けて動く殷汝耕《いんじょこう》を首班に「冀東《きとう》防共自治委員会」を設立した。翌一二月には名称を「自治政府」に改め、中国の行政権から分離した存在とする。事実上、同政府は、塘沽停戦協定で規定された北平・天津の東から長城に至る非武装地帯を領域とする日本の傀儡政権になり、独自に輸入関税を引き下げ、国民政府が高率関税を課していたレーヨンや精製糖などを安価に輸入する道を開いた。これは中国の産業と国民政府の財政に大きな打撃を与えた（冀東密貿易）。華北では日本軍の策動、分離工作とともに、経済進出や人的進出が相継いだ。華北に渡った日本人の中には、治外法権特権を利用してアヘン密売等の違法業務に従事するものもいた。

日本の華北に対する新たな侵略の動きは、中国の人々の間に強い危機感を呼び起こし、民族運動を再燃させた。一九三五年一二月九日に北平で学生による大規模な抗日デモ（一二・九運動）が敢行されると、これを契機に各地に多数の抗日救国をめざす団体が設立され、三六年六月、その連合体として全国各界救国連合会(全救連)が設立された。全救連は著名なジャーナリストや弁護士などの無党派知識人が指導者となり、彼らによる内戦反対、一致抗日という主張は、世論に大きな影響を与えた。

それまで国民党政権の打倒を主な目標に活動していた中国共産党も、この時期、高揚する国内の抗日救国運動と国際情勢の変化を受け、方針を大きく転換する。国際情勢の変化を端的に示したのが一九三五年七月から八月にかけモスクワで開かれたコミンテルン第七回大会であった。大会に集まった各国の共産党代表は、ドイツ・イタリア・日本などの侵略勢力に対決し、各国の共産主義者があらゆる政治勢力と団結するのを最優先させることを決定している。この新方針は、自国の安全保障を求めるソ連の国益とも合致していた。大会に出席した中国共産党の代表団も従来の方針を転換し、日本の侵略に共同で対処することを訴える文書を発表した。これは八月一日という文書の日付にちなみ八・一宣言と呼ばれ、パリで発行されていた中国語新聞などを通じ、陝西省延安に移動していた共産党指導部にも伝えられた。

このような情勢の下、西安事件が突発した。陝西省西安で共産党軍掃討に当たっていた東北軍の張学良と西北軍の楊虎城が、一九三六年一二月一二日、督戦にやってきた蔣介石たちを拘禁し、共産党軍掃討戦の中止と抗日を迫った事件である。蔣介石に請われ、西安まで行を共にした邵元冲も拘束されそうになった。国民党政権の要職を離れていた邵をあえて蔣介石が同行させたのは、蔣介石の邵元冲に対する信任が厚かったうえ、邵が西北の事情にも明るかったためであろう。しかし、邵元冲は、拘束されるのを逃れようとした際に銃撃を受け、一二月一四日、四七歳で亡くなった。「革命家は死を恐れない。再び生を得ても、裏切り者を倒し、党と国に忠義を尽くす」との遺言を残したといい〔『邵文集』下冊五七二―五七三頁〕、拘束に来た兵士を叱咤したため邵元冲は銃撃されたとの記述〔同前、上冊六頁〕もあるが、正確なところは不明である。

とにかく事件の首謀者が張学良と楊虎城の二人であったことは疑いない。満洲事変の際に対日不抵抗を非難され、共産党軍掃討戦により自らの東北軍が日々傷つくのを眼にしていた張学良には、抗日世論に乗って名誉挽回と勢力回復を図る狙いがあった。しかし張学良と楊虎城は、明確な見通しと十分な準備を整えていたわけではない。内外の世論が固唾を呑んで事態の推移を見守る中、宋子文、共産党を含むさまざまな勢力が仲介に乗り出していく。国民党政権側と張学良・楊虎城側との長い交渉が続いた末、一二月二六日、蔣介石は抗日に力を入れることを約束して解放された。生還した蔣介石を全国の民衆が歓呼して迎えたことに示されるとおり、この事件は中国の国内統一と日本への抵抗に向け、蔣介石と南京国民政府が持つ役割の大きさを改めて鮮明にするとともに、蔣介石が率いる国民政府を中心に抗日勢力が提携する動きを加速させるものになった〔石川、二〇一〇、一五七―一六六頁〕。

こうしたうねりが「義勇軍行進曲」を受けとめた。一九三六年一二月に起きた西安事件の際、現地に赴いて取材したアメリカ人ジャーナリスト、A・スメドレー（一八九二―一九五〇年）は、抗日を呼びかける民衆集会の中で「義勇軍行進曲」が高らかに歌われていた、と記している〔Smedley, 1943, p. 150（高杉訳、一九五七、一三二頁）〕。

抗日救国運動の中で歌われた「義勇軍行進曲」は、一九三七年に日中全面戦争が勃発してから、いっそう多くの人々の間に広まっていく。映画「嵐の中の若者たち」はしだいに忘れ去られていったにもかかわらず、その挿入歌「義勇軍行進曲」は、中国の民族意識を形成した抗日統一の記憶を象徴する存在になった。こうして一九四九年、中華人民共和国が成立した時、この曲が暫定的な国歌に採用される道が開かれたのである。清末以来、何度か国歌制定が試みられたとはいえ、これほど中国の民衆の間に定着した曲はなかった〔小野寺、二〇一二〕。ただし一九四九年の時点では、「暫定的」という限定がついていたことにも留意しておくべきかもしれない。抗日統一の記憶を象徴する国民的な歌曲になっていたことは事実であるにしても、歌詞が国歌にふさわしいものであるかどうかなどをめぐり異論も存在した。しかし共産党政権が改革開放に舵を切り、富強の中国をめざすことを明確にしつつあった一九八二年、この歌は正式に国歌に採用された。その後、二〇〇四年の憲法改正を経て、いまは中華人民共和国憲法第一四一条に「国歌は義勇軍行進曲である」との一文が明記されている。

矢内原の対華政策転換論の行方

日本にも西安事件は大きな衝撃を与えた。西安事件が発生した直後、東京帝国大学で植民政策を教えていた矢内原忠雄(一八九三—一九六一年)は、従来の日本の中国理解を批判するとともに、新たな中国認識に基づき対華政策を抜本的に転換することを提起した〔矢内原、一九三七〕。矢内原が批判したのは、中国の発展と国民政府の性格をめぐる二つの見方である。その一つは、「中国人は国家意識を持っていない、国民政府も地方軍閥の一種であって外交交渉の相手に値しない」と国民政府を過小評価する右翼的な見方であり、もう一つは、国民政府は「封建的地主土豪勢力と買辦的資本主義との両脚に立つもの」であって「中国の対内的対外的統一の担当者たる資格を持たない」と、やはり否定的に評価する左翼的な見方であった。矢内原は、二つの見方はどちらも誤っているとしたうえで、「民族国家としての統一建設途上に邁進するもの」として国民政府統治下の中国を認識し、それを援助する政策こそ、中国と日本を助け、東洋の平和を可能にする、と結んだ。

これに対し、満鉄調査部の大上末広(一九〇三―四四年)が展開した反論は、中国資本主義は英米に従属しているとしてその自立的発展の可能性を否定し、それを論拠に国民政府による中国統一の可能性も否定するというものであり、当時の左翼的な議論の一つの傾向を代表するものであった〔大上、一九三七〕。一方、同じ満鉄調査部に所属しながら、中国共産党と連絡があり抗日民族統一戦線の方針も知ることができた中西功(一九一〇―七三年)は、大上が植民地性を一般的に語っている点を批判し、個々の外国資本の役割を歴史的かつ具体的に認識するならば、中国の資本主義的発展が民族的な動きに結びつく可能性を見出せることを指摘している〔中西、一九三七〕。後に反戦平和の信念に殉じることになる著名なジャーナリスト尾崎秀実(一九〇一―四四年)も、「入り組んだ国際関係と民族運動の動向」の二つに着目しながら、国民政府統治下の中国を考察する重要性を強調した〔尾崎、一九三七〕。中西、尾崎らの見方は、矢内原の問題提起を、左翼の立場から肯定的に受けとめたものであったと言えよう。

一連の論争は、戦後になってから中国統一化論争と名づけられ、一部の研究者の間で注目されるようになった〔歴史科学協議会編・野沢豊編集解説、一九七八〕。一九三〇年代に国民党政権の下で中国の政治的経済的統一化が進展し、抗日民族統一戦線運動も高まりを見せる中、日本は、そのような中国をどう認識し、どのような政策を以て臨むべきか、という興味深い論争だったことは確かである〔久保、一九八二〕。しかし、この論争が交わされた当時、こうした中国認識が日本の対華政策に生かされることはなく、日本は全面侵略の道に突き進んでいった。

コラム……6　東京で「義勇軍行進曲」の楽譜は完成した

聶耳が「義勇軍行進曲」の楽譜を完成させた場所は、東京の神田神保町であった。そのことについては、司徒慧敏、夏衍《かえん》、許幸之など彼の周囲に当時いた友人たちが口を揃えて証言している。「四月末か五月の初め頃、聶耳は楽譜の完成稿を東京から自分のところに郵送してきてくれた。……そこで我々は小さな合唱団をつくって数日間練習し、上海の百代唱片公司《パテ・レコード》〔レコード会社〕の録音室で録音した。これが、今ではすっかり有名になった義勇軍行進曲だった」〔司徒慧敏「在暴風中誕生」聶耳全集〔編輯委員会編、二〇一一、下巻二三一頁〕〕。「一九三五年四月に東京へ向かう時、聶耳は映画の制作が遅れないように、必ず義勇軍行進曲の完成稿を東京から送る、と我々に約束して行った」〔「夏衍談「義勇軍行進曲」創作経過」『春城晩報』一九八三年三月三日〔王懿之、一九九二、二九三―二九四頁〕より再引用〕。神田神保町は、本文で触れたように、彼の下宿――正確には彼が転がり込んだ彼の友人の下宿――があったところである。

東京で完成させたという事実に対し、疑問が出されることもあった。聶耳が一九三五年四月一五日に東京へ旅立つ前に、このメロディーを聞いたことがあるという関係者の話、作詞者の田漢が二月に逮捕される前に、作詞・作曲とも終えていたはずであるとの推定、などなど。また、何人かの回想を参照するならば、聶耳がまだ上海にいた時、すでに「義勇軍行進曲」の最初の曲想をまとめ終えていたことはほぼ確実であり、友人たちにそれを聞かせ、意見を求める機会もあった。

しかし、映画で使う「義勇軍行進曲」の合唱がレコード会社で録音されたのは、一九三五年五月一三日であった。その事実は、レコード会社に残された記録によって確認されている。一方、そこに作曲者の聶耳は立ち会っていない。この時、聶耳は上海におらず、東京にいたからである。もし上海で楽譜が完成していたならば、作曲者が上海にいた四月半ばまでに、作曲者である聶耳の立ち会いの下で録音していたであろう。実は聶耳は、もう一つ別の曲も東京で完成させ、上海に郵送している。やはり映画への挿入曲で「新しい女性」と名づけられていた。当時、聶耳の頭の中にあったのは、二つの映画挿入曲を完成させるということに過ぎず、何も国歌をつくろうとしていたわけではない。東京まで仕事を持ち越すことに、さしたるためらいはなかったであろう。友人たちの記憶とレコード会社の記録も合致しており、「義勇軍行進曲」の最終的な楽譜は日本で完成したという事実は動かせない〔向廷正、二〇一一、四二三頁〕。最新の研究成果も、それを再確認するものである〔黄玲、二〇一七、七五頁〕。

にもかかわらず、この問題は今後も蒸し返される可能性がある。やはり自国の国歌になっている歌が外国で完成されたという経緯は、狭隘《きょうあい》な民族主義の感覚には受け入れにくい事実かも知れない。もっとも、日本の国歌とされている「君が代」の最初の作曲者がイギリス人J・W・フェントンだったことはよく知られた事実であるし、中国由来の雅楽の演奏者であった日本人奥好義、林廣守らによる改作を経て、最終的に洋楽としての体裁を整えたのは海軍軍楽隊に雇われていたドイツ人F・エッケルトであった。近代国家という枠組みがそうであるように、それを支える小道具の一つである国歌も、世界史の中で生み出されてきた、といえるかもしれない。

エピローグ――二一世紀の日中関係へのメッセージ

国民党政権に対峙する左翼的な文化人による映画制作に関わっていた聶耳と、政権幹部として映画部門を含む文化の統制に携わっていた邵元冲とは、一九三〇年代中国の国内政治にあっては、全く異なる陣営に属していた。しかし、世界に目を見開き、近代日本の存在に着目し、日本を訪れた点において、そして一九三一年の満洲事変以降の情勢に強い衝撃を受けた点において、二人は立場を共有していた。聶耳は、日本軍の侵攻にさらされていた華北の危機に抗し、友人たちが制作した映画「嵐の中の若者たち」のため「義勇軍行進曲」を作曲した。一方、邵元冲は、蔣汪合作政権の対日譲歩政策に反対して民族主義的な立場を強め、「民族力」＝民族としての力を強め民族復興をめざすべきことを主張していた。そのような邵元冲にとって、「嵐の中の若者たち」は必ずしも排斥すべき対象ではなく、制作と上映を認めることができる許容範囲に入っていた。そのため、「義勇軍行進曲」が挿入された「嵐の中の若者たち」は、左翼の映画人が制作に深く関わった作品であったにもかかわらず、国民党政権の文化統制下にあっても誕生することができたのである。しかし、蔣汪合作政権の中で孤立を深めた邵元冲は、一九三五年三月、国民党中央の宣伝委員会主任の辞任に追い込まれる。

では聶耳は、なぜ一九三五年の春、上海を離れ日本へ向かったのか。行動をともにしていた田漢の逮捕を知り、弾圧を逃れるため日本に向かった可能性は否定できない。しかし、そのためだけであれば、何も日本へ向かう必要はなかった。他の外国に行ってもよかったし、故郷の雲南に戻ることもできた。そうした他の選択肢を排した彼の心の中には、やはり訪日への強い思いがあった。雲南で近代教育を受け、師範学校の外国語学科で英語と日本語を学んだ聶耳は、世界に目を広げ、国民革命の熱気にも触れていた。兄の聶叙倫は、日本で働いた経験を持っていた。聶耳は、満洲事変後も、日本への留学という選択肢を常に考え続け、日本語の勉強を続けていた。そして、彼が「嵐の中の若者たち」で仕事をともにした友人たちは、みな日本へ留学した経験を持っていた。このような条件が重なったからこそ、聶耳は日本に向かったと考えられる。短期間とはいえ、極めて充実した留学生活を送っていた聶耳は、一九三五年七月に湘南藤沢の鵠沼海岸で亡くなった。

そして一九三六年一二月、日本の侵略に対する抵抗を訴える抗日の潮流が高まる中、西安事件で邵元冲は落命した。その西安で開かれた抗日集会で、一年半前に亡くなった聶耳の作曲した「義勇軍行進曲」が歌われていた情景を、現場に駆けつけたアメリカ人ジャーナリストが伝えている。邵元冲と聶耳の運命は、ここにピタリと重なる。

近代中国にとって日本は確かに大きな存在であった。二〇世紀初め、多くの留学生が中国から日本にやってきて、伝統中国にはなかった新しい法律制度や経済、文化などを学び、近代国家を形成する手がかりにしようとした。張默君とその伴侶になる邵元冲は、近代国家をめざし中華民国が樹立される時期の社会運動に身を投じた。日本との関わりが深い務本女塾に学んだ張默君は女性の権利確立と女性教育に情熱を傾け、日本に留学した邵元冲は孫文らの革命運動に参加している。対外的危機感が強かった雲南でも近代国家の形成をめざす動きが広がり、多くの日本留学生によって中華民国を地域で支える社会変革が進められた。民国成立の年に昆明で生まれた聶耳は、雲南の革命政権の下で近代教育を受ける。

第一次世界大戦は世界に衝撃を与えた。一九一〇年代半ば以降、従来の国際秩序が大きく揺らぎ、社会主義をはじめ多くの新しい思想潮流が広がった。それにともない、中国も、日中関係も、奥深いところから変容を開始する。中国についていえば、さまざまな階層の民衆の間に社会運動が広がるとともに、日本の権益拡張策に反対する民族運動が大規模に展開されるようになる。そうした動きを基礎として、ソ連の影響も受けながら国民革命が高揚した。邵元冲は国民党幹部の一人として国民革命の最前線に立ち、張默君は女性の権利確立をめざす言論活動を積極的に推進する。雲南で少年時代を過ごしていた聶耳も国民革命に対し強い関心を示した。

国民革命を経て成立した国民党政権の下、中国を取り巻く国際環境は新たな様相を呈するようになる。アメリカが先頭に立って中国の関税自主権を承認すると、イギリスなど他の諸国もそれに続いた。国民革命を妨げる山東出兵を強行して失敗した日本も、国民党政権に向きあわざるを得なくなる。中国を知る日本の一部の人々の間には、主権回復をめざす国民党政権の中国を見直す機運が生まれた。一方、中国の政権中枢に入った邵元冲も、日々、政務に邁進しながら日本の動きに細心の注意を払っている。こうして一九二〇年代の末、日中が対等に向きあう可能性をはらむ時期が訪れた。一方、「嵐の中の若者たち」の監督をつとめた許幸之や撮影を担当した司徒慧敏は、この時期に東京美術学校で学んでおり、日本で社会主義リアリズムに触れている。日中の間には新しい質の連帯も芽生えつつあった。

しかし、満洲事変の勃発以降、中国の政治状況と日中関係のあり方は一変する。国際的圧力によって日本軍を満洲から撤兵させようとした中国政府は、その期待が空しく終わるにつれて、国内の民族主義的世論を前に大きな困難に直面した。政権中枢で文化統制の総責任者という立場にあった邵元冲自身、一方では日本の侵略を非難し中国の国力強化をめざす民族主義に立った主張を展開しながら、他方では対日譲歩を進める蔣汪合作政権の一翼を担うという苦衷の中にあった。それに対し一九三〇年代に上海の映画界に入った聶耳は、上海の左翼的な映画人のネットワークの中で生き、日本の侵略への抵抗を呼びかける「義勇軍行進曲」を作曲した。しかし、その聶耳にしても、日本の全てを否定しようとしていたわけではない。まさに「義勇軍行進曲」を作曲したその年、聶耳は年来の夢であった日本への留学を果たし、日比谷公会堂でオーケストラを聴き、築地小劇場に通うという生活を始めていたのである。来日してから三カ月半で、湘南海岸での溺死という不幸な出来事によって中断されることがなかったら、聶耳の日本留学はもう少し続き、さまざまなことを学んでいたことであろう。

しかし近代中国の知識人にとって、日本は決して終着点ではなかったことに注意しなければならない。近代世界に目を開いた中国の人々にとって、その入口にあったのが日本だったに過ぎない。だから日本に留学した邵元冲は、後にソ連を含む欧米視察の旅に出ているし、日本の影響が強い女子教育を受けた妻の張默君は、教員生活を中断し欧米に留学している。世界を見て回ることを夢見ていた聶耳も、まず最初に日本を訪れただけのことであって、日本が最終目的地ではなかった。一九二〇年代に日本に留学し、一九三五年に「嵐の中の若者たち」を制作することになった田漢、許幸之、司徒慧敏らは、日本で欧米発のロマン主義や社会主義リアリズムに触れている。

聶耳や田漢たちの日本に対する思いは単純ではない。日中関係が緊迫した原因の多くは日本側の侵略行動にあり、彼らがそれに対する強い反発と批判を意識していたことは確かである。しかし同時に彼らは、近代日本が生みだした社会と文化を深く理解していた。それゆえにこそ日本の侵略を批判したともいえる。聶耳は一九三五年に亡くなり、田漢も一九六八年に世を去ったため、その頃の彼らの複雑な思いを確かめることはできない。しかし映画「嵐の中の若者たち」の監督を務めた許幸之は長寿を得て、中央美術学院の教授などを歴任した。彼は、晩年、次のような回想を書き残している。

図 13　許幸之「晩歩」(1926 年)

昨秋(一九八〇年)のある日の午後、旧作の絵を整理していたら、東京に留学したころの習作を発見した。この絵は、解放前の苦しいときも、いわゆる「文化大革命」の十年の動乱のなかでも手許に残してきた、最も初期の作品だった。それは、「晩歩」といって一九二六年の作品で、東京の水道橋近辺の黄昏を描いたものである。五〇年前の習作の色あせて暗く絵の具がはげ落ちた絵を見ていると、わたしは当時の東京をまざまざと思い出す。水道橋のたもと九段下の坂道をぶらぶら散歩し、若い同級生と上野公園内の美校の校庭に集まっていたことなど、往事のことが絢爛たる走馬灯のように浮んでは消えていく……〔許幸之、一九八二〔日〕、六一頁〕。

日本の侵略への抵抗を呼びかける映画を撮った監督の、その若き日の最も大切な思い出が刻まれた地の一つは、ほかならぬその日本であった。一九三〇年代の、そしてその後の日中関係の展開に改めて思いをいたさざるを得ない。

中華人民共和国が成立した後、聶耳の故郷昆明と彼が青春時代を過ごした上海には記念像が建てられ、彼が亡くなった日本の藤沢市にも、一九五四年に記念碑が建立された*。一九五八年、台風の高波により初代の石碑は流失したが、一九六五年に再建された。さらに一九八六年、聶耳の胸像を建立し、二〇一〇年には中国語を刻んだ記念碑も建った。聶耳が結ぶ縁に因み、一九八一年に昆明と藤沢は姉妹都市協定を結び交流を続けている。本文中で触れた聶耳の兄聶叙倫の来日は、この時、実現した。

*ロシア革命記念の市民集会で、戦前来の著名な左翼思想家であり藤沢市民でもあった福本和夫(一八九四―一九八三年)が一九四九年に提案したのが発端という〔福本、一九五四〕。その後、藤沢市長を会長に推した記念碑建設会が結成され、折から来日した中国の紅十字会長李徳全を迎え、一九五四年一一月一日に除幕式が行われた。

一方、西安事件で亡くなった邵元冲についても、戦後、彼の功績を記念し、その字《あざな》を郷里の学校の校名に冠する計画が新聞に報じられたことがあった〔『申報』一九四七年七月二八日〕。同郷の国民党幹部だった戴季陶らが背後で動いていた。しかしこうした計画が実現した形跡はない。一九四九年、国民党の大陸統治の崩壊とともに、全て潰え去ったのであろう。

邵元冲を失った張默君は、次第に社会的な活動から遠ざかっていった。ただしまったく沈黙したわけではない。たとえば一九三九年三月八日、日本の侵略と戦う重慶国民政府の統治下にあった昆明——聶耳が生まれ育った街である——で、彼女は国際女性デー記念集会の挨拶に立った〔『中報』一九三九年三月一〇日〕。戦後、張默君は国民党政権とともに台湾に移り、一九六五年に亡くなっている。その間、同じ儒教文化の伝統を持つという観点から、日本に対し国民党政権の擁護を呼びかけたこともあった〔張默君、一九八三、八三—八五頁〕。

近代中国の知識人は、同時代の日本それ自体に価値を見いだしていたわけではなく、日本が世界から採り入れようとしていた近代的な社会制度や文化の内容に価値を見いだしていた。したがって日本をモデルに国づくりを進めた一九一〇年代初め頃は、貪欲に日本に学ぼうとした。その後、第一次世界大戦と国民革命を経て、中国自身が近代国家としての形を整え始めるにつれ、中国の人々が日本を相対化し、日本に対等な関係を求めるようになるのは自然な流れであった。それに対し、日本が自らの立ち位置を客観的に認識せず、常に中国を下に置き中国の主権を脅かす方向に歩を進めるならば、中国は、その日本を厳しく批判することになる。

一九三〇年代半ばに抗日の潮流が高まった背景には幣制改革による通貨の統一・安定化とそれにともなう劇的な景気回復があった。欧米諸国との経済関係も急速に発展する兆しを見せ、中国の人々は近代化の推進に自信を持つようになる。しかし、その矢先、一九三七年に盧溝橋事件が勃発した。武力に頼り権益の維持拡大を図る日本に対し、中国は全力で反撃し抗日戦争を展開する。街には「きれいな花はいつも咲くわけではなく、よい情景はもうやって来ない」〔「好花不常開、好景不再来」〕という一句に思いを込め、周璇《しゅうせん》の「何日君再来《ホーリージュンツァイライ》（君いつ帰る）」〔第Ⅳ章一九六頁参照〕の歌声が流れていった。

八年間の抗日戦争を経て、中国は日本に勝利した。その後、一九四〇年代末に国民党政権の崩壊と共産党政権の成立という激変があり、東西冷戦の下で中国の孤立化が続き、中国と日本の国交が正常化するのは一九七〇年代のことになった。そして七〇年代末から八〇年代にかけての日中友好ブームの後、一九九〇年代から二一世紀にかけ、再び日中関係は冷却化する。日本では、三〇年前、中国に「親しみを感じる」との回答が七一％（一九七八―八八年の平均）に達したのに対し、近年は逆に「親しみを感じない」という回答が八〇％程度を前後するようになった。このような変動の背後で、中国の日本を見る目と、日本の中国を見る目との、微妙な交錯が繰り返されている。

「義勇軍行進曲」の時代における日中両国の歩みを振り返ってみると、日本は、急速に変貌する中国の姿を見失い、しばしば判断を誤っていた。一九三一年の松本亀次郎や一九三七年の矢内原忠雄のように、現実の中国を認識した人々は確かに存在した。しかし、そうした人々は少数にとどまった。こうした状況は、必ずしも全く過去のことではないかもしれない。二一世紀の日本にとっても、一九八〇年代から二〇一〇年代にかけての好感度の極端な変化に見られるような情緒的中国認識をいかに克服していくかは、大きな課題となっている。両国がそれぞれ変化するなか、対等な立場で客観的にお互いを認識することの難しさと大切さとを噛みしめておきたい。適確な相互認識をめざす努力は、絶えず積み重ねられるべきものなのであろう。その意義を、聶耳と邵元冲、それに張黙君らが生きた軌跡は、われわれに示唆しているように思われる。

文献一覧

【日本語書籍】

秋田雨雀、一九三五「日本に於ける支那現代劇（一）」『東京朝日新聞』一九三五年一二月一一日。

秋田雨雀著、尾崎宏次編、一九六五『秋田雨雀日記 第二巻（一九二七年―一九三四年）』未来社。

秋田雨雀著、尾崎宏次編、一九六六『秋田雨雀日記 第三巻（一九三五年―一九四四年）』未来社。

石川禎浩、二〇一〇『革命とナショナリズム 1925-1945 シリーズ中国近現代史③』岩波新書。

石島紀之、二〇〇四『雲南と近代中国――〝周辺〟の視点から』青木書店。

伊藤虎丸、二〇〇七「問題としての創造社――日本文学との関係から」伊藤虎丸『近代の精神と中国現代文学』汲古書院（初出は『創造社研究』アジア出版、一九七九年刊）。

井上學、二〇〇八『日本反帝同盟史研究――戦前期反戦・反帝運動の軌跡』不二出版。

今井航、二〇一〇『中国近代における六・三・三制の導入過程』九州大学出版会。

岩崎昶、一九三六『映画の芸術』協和書院。

岩崎昶、一九七七『日本映画私史』朝日新聞社。

臼井勝美、一九七一『日中外交史――北伐の時代』塙書房。

臼井勝美、一九九八「済南事件交渉経緯」『日中外交史研究――昭和前期』吉川弘文館。

宇高寧、一九二五『支那労働問題』国際文化研究会。

榎本泰子、一九九八『楽人の都・上海――近代中国における西洋音楽の受容』研文出版。

大上末広、一九三七「支那資本主義と南京政府の統一政策」『満洲評論』一二巻一二―一五、一七号。

大笹吉雄、一九八六『日本現代演劇史』大正・昭和初期篇、白水社。

大笹吉雄、一九九〇『日本現代演劇史』昭和戦前篇、白水社。

大野節子、一九六六「一五年戦争前夜の反戦運動」『労働運動史研究』四四号。

岡崎雄兒、二〇一五『歌で革命に挑んだ男――中国国歌作曲者・聶耳と日本』新評論。

尾崎秀実、一九三七『国際関係から見た支那』第二国民会出版部。

小野寺史郎、二〇一一『国旗・国歌・国慶――ナショナリズムとシンボルの中国近代史』東京大学出版会。

金子茂、一九二五「婦人参政権獲得期成同盟会のこと」『婦女新聞』一二八八号。

河合絹吉、一九三八a『昆明』育英書院。

河合絹吉、一九三八b『古詩韻法新説』育英書院。

川島真、二〇一〇『近代国家への模索 1894-1925 シリーズ中国近現代史②』岩波新書。

ガントレット恒、一九四九『七十七年の想い出』植村書店。

北村稔、一九九八『第一次国共合作の研究』岩波書店。

許幸之、一九八二(日)「東京でかいた一枚の絵」人民中国雑誌社編『わが青春の日本――中国知識人の日本回想』東方書店。

久保亨、一九八二「戦間期中国経済史の研究視角をめぐって――「半植民地半封建」概念の再検討」『歴史学研究』五〇六号。

久保亨、一九八四「南京政府成立期の中国国民党――一九二九年の三全大会を中心に」『アジア研究』三一巻一号。

久保亨、一九九三「内陸開発論の系譜」丸山伸郎編『長江流域の経済発展――中国の市場経済化と地域開発』アジア経済研究所。

久保亨、一九九九『戦間期中国〈自立への模索〉――関税通貨政策と経済発展』東京大学出版会。

久保亨、二〇〇五『戦間期中国の綿業と企業経営』汲古書院。

久保亨、二〇一一「同時代日本の中華民国認識――矢野仁一の中国論を中心に」久保亨・嵯峨隆編著『中華民国の憲政と独裁一九一二―一九四九』慶應義塾大学出版会。

久保亨・加島潤・木越義則、二〇一六『統計でみる中国近現代経済史』東京大学出版会。

久保亨・土田哲夫・高田幸男・井上久士、二〇〇八『現代中国の歴史』東京大学出版会。

小島久代、一九九二「魯迅と沈従文──「文学者的態度」から「七論〝文人相軽〟─両傷」まで」魯迅論集編集委員会編『魯迅と同時代人』汲古書院。

故下田校長先生伝記編纂所編、一九四三『下田歌子先生伝』故下田校長先生伝記編纂所。

小谷一郎、二〇一〇『一九三〇年代中国人日本留学生文学・芸術活動史』汲古書院。

小谷一郎、二〇一一『一九三〇年代後期中国人日本留学生文学・芸術活動史』汲古書院。

小谷一郎、二〇一三『創造社研究──創造社と日本』汲古書院。

坂元ひろ子責任編集、二〇一〇『新編 原典中国近代思想史4 世界大戦と国民形成』岩波書店。

櫻井良樹、二〇〇九『辛亥革命と日本政治の変動』岩波書店。

佐藤元英、一九九二『昭和初期対中国政策の研究』原書房。

さねとう・けいしゅう(実藤恵秀)、一九六〇『中国人日本留学史』くろしお出版(一九七〇年刊の増補版には、数頁の資料が末尾に書き足されている)。

幣原喜重郎、一九八七『外交五十年』中公文庫(初版は、読売新聞社、一九五一年刊)。

末次玲子、二〇〇九『二〇世紀中国女性史(シリーズ中国にとっての二〇世紀)』青木書店。

杉本史子、二〇〇八「辛亥革命期の湯国梨と務本女塾──女性教員、女性運動家として」『立命館文學』六〇八号。

須藤瑞代、二〇〇七『中国「女権」概念の変容──清末民初の人権とジェンダー』研文出版。

祖父江昭二著・清水博司企画編集、二〇一六『二〇世紀文学としての「プロレタリア文学」──さまざまな経路から』エール出版社学術部。

高須梅渓、一九〇七『偉人修養の径路』実業之日本社。

陳激、二〇一四(日)『民間漁業協定と日中関係』汲古書院。

東亜学校、一九四〇〔日〕『東亜学校案内』東亜学校。

東亜同文会編、一九一七『支那省別全誌 第三巻』雲南省東亜同文会。

戸川幸夫、一九五四「佐分利公使怪死の秘密――他殺か、自殺か 新事実初めて発表」『文藝春秋』三二巻九号。

中薗英助、一九八八『何日君再来物語』河出書房新社(一九九三年に河出文庫版)。

中西功、一九三七「支那社会の基礎的範疇と「統一」化との交渉――支那統一化をめぐる諸見解を中心として」『満鉄調査月報』一七巻八号。

並木晋作著、プロキノを記録する会編、一九八六『日本プロレタリア映画同盟〔プロキノ〕全史』合同出版。

平野日出雄著、静岡県出版文化会編、一九八二『日中教育のかけ橋――松本亀次郎伝』静岡教育出版社製作。

福島貞子、一九三五『日露戦争秘史中の河原操子』婦女新聞社。

福本和夫、一九五四「聶耳の記念碑――日本で溺死した新中国国歌作曲者の生涯」『改造』三五巻一一号。

藤枝丈夫、一九七八「中国問題研究会の周辺――わが半世紀の回想」『運動史研究』三号、三一書房。

藤枝丈夫・小林文男、一九七四「戦前のプロレタリア科学研究所の中国研究――藤枝丈夫氏に聞く」『アジア経済』一五巻一号。

二見剛史、二〇一六『日中の道、天命なり――松本亀次郎研究』学文社。

増島宏・高橋彦博・大野節子、一九六九『無産政党の研究――戦前日本の社会民主主義』法政大学出版局。

松本亀次郎、一九三一『中華五十日游記 附中華留学生教育小史、中華教育視察紀要』東亜書房。

三石善吉、一九七四「山川均と藤枝丈夫」竹内好・橋川文三編『近代日本と中国 下』朝日新聞社(原載は『朝日ジャーナル』一四巻四二号、一九七二年)。

宮崎蕗苳著、山本晃一編、二〇一四『娘が語る白蓮』河出書房新社。

宮崎龍介、一九二八『民衆政治講座 対支外交論』青雲閣書房(非売品)。

宮崎龍介・実藤恵秀・武田泰淳、一九六七「明治時代の中国人留学生(座談会)」『展望』一〇一号。

宮崎龍介(聞き手・野沢豊)、一九六六「孫文の思い出(対談)」『歴史評論』一九六号。

村松梢風、一九二九『新支那訪問記』騒人社書局。

村山知義、一九三〇『暴力団記』日本評論社(日本プロレタリア傑作選集の中の一冊)。

村山知義、一九七一『村山知義戯曲集』新日本出版社。

矢内原忠雄、一九三七「支那問題の所在」『中央公論』五二巻二号。

矢野仁一、一九二三『近代支那論』弘文堂。

山田純三郎、一九六一「シナ革命と孫文の中日聯盟」嘉治隆一編『第一人者の言葉』亜東倶楽部。

横田実、一九五五「周恩来会見記」『世界』一一九号。

吉田千鶴子、二〇〇九『近代東アジア美術留学生の研究――東京美術学校留学生史料』ゆまに書房。

歴史科学協議会編・野沢豊編集解説、一九七八『歴史科学大系13 アジアの変革(上)』校倉書房。

歴史学研究会編、二〇〇六『世界史史料 第一〇巻』岩波書店。

鹿錫俊、二〇〇一(日)『中国国民政府の対日政策 一九三一―一九三三』東京大学出版会。

魯迅著、飯倉照平・南雲智ほか訳、一九八五(日)『魯迅全集16 日記Ⅱ』学習研究社。


【中国語書籍】


『雲南雑誌』、一九〇六―一一(『中国科学院歴史研究所第三所編、一九五八』が主要論文を採録)。

王懿之、一九九二『聶耳伝』上海音楽出版社。

王杏根ほか編、一九九三『古籍書名辞典』学林出版社。

汪向栄、一九八八『日本教習』三連書店(修訂版は中国青年出版社、二〇〇〇年刊。初版の日本語部分訳は汪向栄、一九九一『清国お雇い日本人』(竹内実監訳)朝日新聞社)。

汪朝光、二〇一三『影芸的政治――民国電影検査制度研究』中国人民大学出版社。

王孫公子、一九三九「日系映画館的印象随想」『満洲映画』三―七。

蓋軍、一九九六『中国共産党白色区闘争史』人民出版社。

季暁宇、二〇一四「電通影片公司重探」『電影芸術』二〇一四―三。

宮浩宇、二〇一一「対電通影片公司電影活動的一次考察」『当代電影』二〇一一―九。

宮浩宇、二〇一七『電影政策与中国早期電影的歴史進程 一九二七―一九三七』中国電影出版社。

許幸之、一九三五「『風雲児女』的自我批評」『電通半月画報』第三期(ただし、下記の複製本に拠った。馮沛齢編『電通半月画報』上海社会科学出版社、二〇一〇年刊)。

許幸之、一九八二「憶聶耳」『人民日報』一九八二年二月一五日。

向廷正、二〇一一「影片『風雲児女』及其主題歌『義勇軍進行曲』」『聶耳全集(二〇一一年増訂版)下巻』。

高夢弼、一九八三「大凝堂年譜」中国国民党中央委員会党史委員会編『張默君先生文集』。

黄玲、二〇一七『電通影片公司探折』東方出版中心。

昆明市政公所総務課編纂、一九二四『昆明市志』昆明市政公所。

下田歌子、一九〇二『新編家政学』作新社(中国語版)。

謝長法、二〇〇六『中国留学教育史』山西教育出版社。

謝長法、二〇一一『中国職業教育史』山西教育出版社。

謝本書ほか、一九九三『雲南近代史』雲南人民出版社。

上海檔案館、一九九四「三十年代上海左翼電影界活動情況 史料一則」『檔案与史学』一九九四―三。

朱有瓛主編、一九八九『中国近代学制史料 第二輯下冊』華東師範大学出版社。

朱有瓛等編、一九九三『中国近代教育史資料彙編 教育行政機構及教育団体』上海教育出版社。

周恩来著、中共中央文献研究室・中国革命博物館編、一九九八『周恩来旅日日記』中央文献出版社(日本語の部分訳は矢吹晋編・鈴木博訳、一九九九『周恩来『十九歳の東京日記』』小学館文庫)。

周立英、二〇一一『晩清留日学生与近代雲南社会』雲南大学出版社。

徐友春主編、二〇〇七『民国人物大辞典』増訂版、河北人民出版社。

蔣介石、一九六〇『蔣総統集』全二冊、国防研究院蔣総統集編輯委員会編。

邵元冲、一九二三「英国的新村運動」『新南社社刊』。

邵元冲、一九二五『工会条例釈義』広州民智書局。

邵元冲、一九二六「工廠労工状況的調査方法及応注意之点」『東方雑誌』。

邵元冲、一九二八『邵元冲先生演講集』商務印書館。

邵元冲、一九五四『玄圃遺著』正中書局。

邵元冲著、中国国民党中央委員会党史委員会編、一九八三『邵元冲先生文集』全三冊、中国国民党中央委員会党史委員会。

邵元冲、一九九〇『邵元冲日記　一九二四―一九三六年』(王仰清・許映湖標注)上海人民出版社(一九二六年一―七月分は欠落、[中国第二歴史檔案館、一九八六a、一九八六b]に掲載)。

蔣作賓、一九六七『蔣作賓回憶録』伝記文学出版社。

蔣作賓、北京師範大学・上海市檔案館編、一九九〇『蔣作賓日記』江蘇古籍出版社。

聶耳、一九八五『聶耳全集』全二巻、文化芸術出版社。

聶耳全集編輯委員会編、二〇一一『聶耳全集　増訂版』全三巻、文化芸術出版社。

章念馳、一九八七「先祖母湯国梨夫人伝略」『文史資料選輯　七』(総一〇七輯)中国文史出版社。

尚明軒・唐宝林、一九九〇『宋慶齢伝』北京出版社。

『神州女報』、一九一二―一九一三(『近代中国史料叢刊』第三編第三八輯、一九八八年に月刊誌のリプリント。ただし表紙は欠落)。

鄒魯、一九六五『中国国民党史稿』台湾商務印書館(初版は民智書局、一九二九年)。

銭曼倩・金林祥主編、一九九六『中国近代学制比較研究』広東教育出版社。

談社英、一九七八『婦運四十年』(談の葬儀で配布された私家版、初版は一九五二年。その基礎になったのは『中国婦女運動通史』一九三六年刊)。

中華全国婦女連合会編著、中国女性史研究会編訳、一九九五『中国女性運動史』論創社(原著書名は『中国婦女運動史(新民主主義時期)』春秋出版社、一九八九年)。

中国科学院歴史研究所第三所編、一九五八『雲南雑誌選輯』科学出版社。

中国第二歴史檔案館、一九八六a「邵元冲日記――一九二六年一月至七月(上)」『民国檔案』一九八六―一(「邵元冲、一九九〇」の欠落部分)。

中国第二歴史檔案館、一九八六b「邵元冲日記――一九二六年一月至七月(下)」『民国檔案』一九八六―二(「邵元冲、一九九〇」の欠落部分)。

中国第二歴史檔案館編、一九九四『中華民国史檔案資料彙編』第五輯第一編、江蘇古籍出版社。

張黙君著、中国国民党中央委員会党史委員会編、一九六〇『大凝堂集』中華叢書編審委員会。

張黙君著、中国国民党中央委員会党史委員会編、一九八三『張黙君先生文集』中国国民党中央委員会党史委員会。

陳旭麓、一九九二『近代中国社会的新陳代謝』上海人民出版社。

陳征平、二〇〇七『雲南工業史』雲南大学出版社。

鄭永福・呂美頤、二〇一〇『中国婦女通史・民国巻』杭州出版社。

程季華主編、一九八〇『中国電影発展史(第一巻)』第二版、中国電影出版社(初版は一九六三年)。

程謫凡編、一九三六『中国現代女子教育史』中華書局。

田漢文集編集委員会、一九八三『田漢文集』中国戯劇出版社。

東京聶耳紀念会、一九三五『聶耳紀念集』東京聶耳紀念会(編集代表は張天虚と黄風)。

馬光仁主編、一九九六『上海新聞史 一八五〇―一九四九』復旦大学出版社。

馬庚存、一九九五『中国近代婦女史』青島出版社。

潘懋元・劉海峰編、一九九三『中国近代教育史資料彙編 高等教育』上海教育出版社。

方漢奇編、一九九二『中国新聞事業通史 第一巻』中国人民大学出版社。

方漢奇編、一九九六『中国新聞事業通史 第二巻』中国人民大学出版社。

方祖猷、二〇一七『晩清女権史』浙江大学出版社。

穆藕初、一九二六『藕初五十自述　付　藕初文録』商務印書館。
万仁元・方慶秋主編、一九九二『蔣介石年譜初稿』檔案出版社。
楊奎松、二〇〇八『国民党的〝連共〟与〝反共〟』社会科学文献出版社。
劉継増・毛磊、一九八六『中国共産党領導工作史綱』河南人民出版社。

【英語書籍】

Holcombe, Arthur N., 1930, *The Chinese revolution: A phase in the regeneration of a world power*, Harvard University Press, Cambridge, Mass.
Smedley, Agnes, 1943, *Battle Hymn of China*, Alfred A. Knopf.（アグネス・スメドレー著、高杉一郎訳、一九五七『中国の歌ごえ』みすず書房）

あとがき

日本で生まれた「義勇軍行進曲」の背後には大きな世界が広がり、一つの時代が凝縮されていた。本書で描きたかったことはそれに尽きる。曲を作った雲南出身の青年は、来日し神田神保町で日本語を学び始めるまで、一九三〇年代上海の映画界で活躍していた。一方、文化・思想統制の要の地位にあって、この曲が挿入される映画の制作を認めた国民党政権の幹部は、若い頃、日本に留学してから欧米を見てまわり、彼の妻も米国留学の経験を持っていた。直接、間接に交流があった日本人を含め、彼らとその周囲の人々が日本や中国、そして世界へ抱いた想いは一様ではない。彼らが生きた世界を広く見わたし、様々な動きや考えが凝縮された結晶としてこの曲を理解し、その時代を描き出したかった。これは、侵略への抵抗を呼びかけた歌でこそあれ、決して単なる愛国主義の歌ではない。

一九四九年、「義勇軍行進曲」は中華人民共和国の暫定的な国歌に採用され、一九八二年から正式の国歌になった。その曲名は二〇〇四年に憲法に書き込まれ、二〇一七年に制定された国歌法には、「全ての公民と組織は、国歌を尊重し国歌の尊厳を擁護しなければならない」(同法第三条)とある。誕生時に比べ、この曲の扱いは一変した。聶耳は喜ぶであろうか。戸惑うであろうか。

日中関係に時として危うさが漂う一因は、変わりゆく相手と自分とを、双方が十分認識しないことにある。本書が、広い世界の中でお互いを理解する助けになり、日本人が読んでも中国人が読んでも、むろんその他の地域の人々が読んでも、それなりに時代に対する見方を広げるものになることを願う。

それは、言い換えれば、一国だけでしか通用しない歴史認識を克服し、世界史的な視野を備えた歴史叙述をめざすということである。そうなっているかどうか、読者の判断に委ねるほかない。

本書は、企画段階から原稿の完成に至るまで、たいへん多くを渡邊勲氏の叱咤激励に負っている。三十数年前、東京大学出版会で編集の陣頭指揮をとっておられた頃から、氏は機会あるごとに筆者の不勉強を叱り、本を書きなさい、と声をかけて下さった。刊行計画が具体化した後は、吉田浩一氏と入江仰氏という二人の編集者から説明不足の箇所を丁寧に指摘していただき、初稿は大幅に改善された。最初の読者代表は編集者という事実を、改めて実感している。三人の方々に深く感謝したい。

南塚信吾氏をはじめ今回のシリーズの執筆メンバーからは、執筆に向けた研究会で報告するたび、何くれとなく御意見、御批判をいただいた。改めて御礼申しあげる。

本書執筆に際し、信州大学、東洋文庫、国立国会図書館、南京図書館、上海図書館などが提供してくれた便宜は、不可欠なものであった。また聶耳、邵元冲、張默君らを詳しく調べることになった最初のきっかけは、大学の講義で人物史を通じ中華民国時代(一九一二―四九年)を語る試みを積み重ねてきたことにある。学生たちの率直な感想や意見がどれほど参考になり、励みになったことか、はかりしれない。最後に記して、心よりの謝意を表しておきたい。

二〇一九年一月

久保　亨

索　引

人名は，姓の読みに拠って排列した
中国人の人名は，日本語の漢字音読みに拠って排列した

な 行

は 行

ま 行

や 行

ら 行

わ 行

久保 亨

1953年生まれ．1976年東京大学文学部東洋史学科卒業，1979年一橋大学大学院社会学研究科地域社会学修士課程修了．信州大学人文学部特任教授．中国近現代史．
『戦間期中国〈自立への模索〉——関税通貨政策と経済発展』(東京大学出版会，1999年)，『戦間期中国の綿業と企業経営』(汲古書院，2005年)，『現代中国の歴史——両岸三地100年のあゆみ』(共著，東京大学出版会，2008年)，『シリーズ中国近現代史4 社会主義への挑戦 1945-1971』(岩波新書，2011年)など．

シリーズ日本の中の世界史
日本で生まれた中国国歌——「義勇軍行進曲」の時代

2019年2月21日 第1刷発行

著 者 久《く》保《ぼ》 亨《とおる》

発行者 岡本 厚

発行所 株式会社 岩波書店
〒101-8002 東京都千代田区一ツ橋2-5-5
電話案内 03-5210-4000
http://www.iwanami.co.jp/

印刷・三秀舎 製本・松岳社

ISBN 978-4-00-028387-8 Printed in Japan